精品课程配套教材
21世纪应用型人才培养“十三五”规划教材
“双创”型人才培养优秀教材

市场营销

SHICHANG YINGXIAO

项目化教程

主　编　孟　省　陈　智
副主编　王　丹　鞠严萍
　　　　宋　丽　范秀玲
　　　　黄智萌

東北大學出版社
Northeastern University Press

图书在版编目（CIP）数据

市场营销项目化教程 / 孟省，陈智主编. -- 沈阳 ：东北大学出版社，2017. 1（2019. 1 重印）

ISBN 978-7-5517-0589-9

Ⅰ. ①市… Ⅱ. ①孟… ②陈… Ⅲ. ①市场营销学-高等职业教育-教材 Ⅳ. ①F713. 50

中国版本图书馆 CIP 数据核字（2014）第 094553 号

出 版 者：东北大学出版社

地　址：沈阳市和平区文化街 3 号巷 11 号

邮　编：110819

电话：024-83680267（社务室）　83687331（营销部）

传真：024-83687332（总编室）　83680180（营销部）

网　址：http：//www. neupress. com

E-mail：neuph@ neupress. com

印 刷 者：北京俊林印刷有限公司

发 行 者：东北大学出版社

幅面尺寸：185mm×260mm

印　张：12. 25

字　数：256 千字

印　次：2019 年 1 月第 2 次印刷

责任编辑：孙　锋

责任校对：李　鸥

封面设计：唐韵设计

责任出版：唐敏志

ISBN 978-7-5517-0589-9　　定价：32. 00 元

精品课程配套教材
“双创”型人才培养优秀教材 编写委员会

前　言

市场营销课程是市场营销专业的一门专业主干核心课程，是对市场营销基本岗位要求中营销方案策划与运用能力培养的最基本、最综合的思维训练课程，是市场营销人员市场开发、营销策略运用、商务策划、客户关系管理等活动开展的理论和操作指南。

本课程在学习市场营销基本理论的基础上，使学生了解市场营销活动开展的基本流程，掌握市场营销方案的制定方法和思路，使得学生能够在现代市场营销观念的指导下，具备熟练开展市场营销策划方案制定和运用的能力。通过本课程的学习，学生的理论知识达到高级营销员资格证书的要求，操作技能方面，能够根据设定的目标制定市场营销整体活动方案及实施。

本课程是以高等学校市场营销专业的学生就业为导向，在行业专家的指导下，按照市场营销人员岗位所要求的职业能力：市场营销策划能力，进行任务与职业能力分析，以实际工作任务为引领，以企业市场营销活动中涉及的调研分析和市场策划为主线，以市场营销的岗位能力要求和职业资格考核要求为依据，以就业为导向，彻底打破原有课程的理论教学体系，突出课程的应用性和操作性。

本课程的整体框架是按照如下思路设计的：按照营销岗位的工作内容和任务流程为顺序把课程内容整合成分析市场机会、选择市场机会、制定营销方案三个学习情境，每个学习情境又根据实际工作需要划分为若干工作任务。为完成某项目（产品）营销工作任务，在教学中，将全班学生组建成每组4-8人的项目团队，将某项目（产品）的全部营销工作任务在课程教学中交予学生项目团队合作完成，教师在其中主要起指导与配合的作用。以项目为载体，以更为具体的工作任务驱动，边学边干，学生从组建团队开始，要完成从市场机会分析、市场调研、调研报告撰写到各种层次营销方案的策划与实施等若干个工作任务，这些工作项目都由学生团队自主负责，在团队成员分工与协作的基础上完成，锻炼学生通过自主学习、自我管理来掌握工作思路与方法的能力，使学生在项目（产品）市场营销策划运作环境中真枪实战地全过程锻炼实际工作岗位的操作能力。使得学生能够在做中学，老师能够在做中教。

本书可作为高等院校、成人高校管理学基础课的教材，也可作为企业管理人员的培训教材和参考书。

编　者

目　录

学习情境一：

分析市场机会

子情境一：导入市场营销

【学习目标】

●知识目标

1. 理解市场营销含义。
2. 掌握市场营销观念的演变。
3. 掌握现代市场营销观念思想。
4. 掌握市场营销方案的内容框架。

●技能目标

学生能够体会并应用现代市场营销观念，能够针对一个具体的营销策划项目（产品），描绘出该项目营销策划的大概步骤、逻辑程序，并写出该项目营销策划方案的大体框架。

任务一：给予学生一个具体的营销策划产品，让学生能够描绘出该项目营销策划的大概步骤、逻辑程序，并写出该项目营销策划方案的大体框架。

【导入案例 1-1】

到非洲卖鞋的故事

美国一鞋业公司的老板派他的财务主管到一个非洲国家去了解公司的鞋能否在那里找到销路。一星期后，这位主管打电报回来说："这里的人都不穿鞋，因而这里一点市场都没有。"接着该鞋业公司的总经理决定派最好的推销员到这个国家进行仔细调查。一星期后，推销员打电报回来说："这里的人都不穿鞋，是一个巨大的市场。"鞋业公司的总经理为弄清情况，又派他的市场营销副总经理去解决这个问题。两星期后，市场营销副总经理打电报回来说：这里的人不穿鞋，但是他们有脚疾，穿鞋对脚有好处。他们的脚比较小，所以我们必须再行设计我们的鞋子，而且我们必须在教育"懂得穿鞋有益"方面花一笔钱，在开始之前还必须得到部落首领的同意。这里的人没有什么钱，但他们生产有我未曾尝过的最甜的菠萝。我估计市场发展潜力在 3 年以上，因而我们的一切费用包括推销菠萝给一家欧洲超级市场的费用都将得到补偿。总的算起来，我们还可赚得垫付款 30% 的利润。我认为，我们应该毫不迟疑地去干。——菲利普·科特勒《市场营销管理——分析、规划、执行和控制》，科学出版社，1991 年。

【导入案例1-2】

营销“流水声音”

费涅克是一名美国商人。在一次休假旅游中，小瀑布的水声激发了他的灵感。他戴上立体声录音机，专门到一些人烟稀少的地方游逛。他录下了小瀑布、小河流水、鸟鸣等声音，然后回到城里复制出录音带高价出售。想不到他的生意竟十分兴隆，尤其买“水声”的顾客络绎不绝。费涅克知道许多城市居民饱受各种噪音干扰之苦，却又无法摆脱。这种奇妙的商品，能把人带入大自然的美妙境界，使那些久居闹市的人暂时忘却尘世的烦恼，还可以使得许多失眠者在水声的陪伴下安然进入梦乡。

【导入案例1-3】

把梳子卖给和尚

这是奇妙公司创业之初发生的一个故事。为了选拔招聘市场人才，公司要求每位应聘者必须经过一道测试：以赛马的方式推销100把奇妙聪明梳，并且把它们卖给一个特别指定的人群：和尚。这道立意奇特的难题、怪题，可谓别具一格，用心良苦。

几乎所有的人都表示怀疑：把梳子卖给和尚？这怎么可能呢？搞错没有？许多人都打了退堂鼓，但还是有甲、乙、丙三个人勇敢地接受了挑战……一个星期的期限到了，三人回公司汇报各自销售实践成果，甲先生仅仅只卖出一把，乙先生卖出十把，丙先生居然卖出了一千把。同样的条件，为什么结果会有这么大的差异呢？公司请他们谈谈各自的销售经过。

甲先生说，他跑了三座寺院，受到了和尚无数次的臭骂和追打，但仍然不屈不挠，终于感动了一个小和尚，买了一把梳子。

乙先生去了一座名山古寺，由于山高风大，把前来进香的善男信女的头发都吹乱了。乙先生找到住持说：“蓬头垢面对佛是不敬的，应在每座香案前放把木梳，供善男信女梳头。”住持认为有理。那座庙共有十座香案，于是买下十把梳子。

丙先生来到一座颇负盛名、香火极旺的深山宝刹，对方丈说：“凡来进香者，多有一颗虔诚之心，宝刹应有回赠，保佑平安吉祥，鼓励多行善事。我有一批梳子，您的书法超群，可刻上‘积善梳’三字，然后作为赠品。”方丈听罢大喜，立刻买下一千把梳子。

思考题：

1. 营销和推销的区别在哪里？
2. 谈谈你对市场营销的理解？

【知识链接】

市场营销是以满足人类各种需要和欲望为目的，通过市场将潜在交换变为现实交换的一系列活动和过程。全面理解和掌握市场营销的含义，还必须掌握它所涉及的一系列核心概念。

1. 需要、欲望、需求

这是市场营销定义中三个最基本的概念，它们既密切相关又有明显的区别。

需要：是指人类因为某些基本的东西没有得到满足而产生的一种心理感受。

欲望：是指得到那些满足基本需要的特殊物品的愿望。

需求：是指对某种产品有购买能力且有购买意愿的欲望，具备了购买能力，欲望便成为需求。

2. 产品

是指任何提供给人们的用以满足其需要或欲望的东西。包括：实物、服务、人员、地点、组织和主意。

3. 市场

是指有着某种特定的需要或欲望，并且愿意和能够通过交换来满足这种需要或欲望的全体潜在消费者。

市场 = 人口 + 购买力 × 购买欲望系数

4. 营销、推销

营销(Marketing)：密切注意消费者不断变化的需求，进而调整企业的产品、服务及销售方式，以满足市场的需要。

推销(Sales approach)：企业鼓励推销员去硬性销售产品，并给那些前来购买产品的消费者以优惠的价格或折扣，这种对待市场疲软的方法，叫推销。

区别：

营销者在拜访一个顾客时说：“请告诉我，怎样做才能使你花少量的钱却能让你的目标得以实现?”

推销员在拜访一个顾客时说：“只是在今天我才可以把低价产品卖给你。”

表 1-1　市场营销组合

4P 策略	4C 策略

【阅读与思考 1-1】

王麻子剪刀：老字号申请破产

在得知王麻子剪刀厂向法院提出破产申请时，人民日报的记者在报道中写道：迄今已有 352 年历史的著名老字号王麻子剪刀厂，难道会就此终结？

“北有王麻子，南有张小泉”。在中国刀剪行业中，王麻子剪刀厂声名远播。历史悠久的王麻子剪刀，早在(清)顺治八年(1651 年)就在京城菜市口成立，是著名的中华老字号。数百年来，王麻子刀剪产品以刃口锋利、经久耐用而享誉民间。即使新中国成立后，“王麻子”刀剪仍很“火”，在生意最好的 80 年代末，王麻子剪刀厂一个月曾创造过卖 7 万把菜刀和 40 万把剪子的最高纪录。

但从 1995 年开始，王麻子剪刀厂好日子一去不返，陷入连年亏损地步，甚至落魄到借钱发工资的境地。审计资料显示，截至 2002 年 5 月 31 日，北京王麻子剪刀厂资产总额 1283万元，负债总额2779万元，资产负债率高达 216. 6%，积重难返的王麻子剪刀厂，只有向法院申请破产。

曾经是领导品牌的王麻子剪刀为什么会走到破产的境地呢？长期以来，王麻子剪刀厂的主要产品一直延续传统的铁夹钢工艺，尽管它比不锈钢刀要耐磨好用，但因为工艺复杂，容易生锈，外观档次低，产品渐渐失去了竞争优势。而王麻子剪刀厂却没能提出措施，及时引进新设备、新工艺；数十年来，王麻子剪刀的外形、设置也没有任何变化。固步自封、安于现状，王麻子剪刀终于被消费者抛弃。

思考题：

如果你是这家企业的厂长，你如何为“王麻子”剪刀开拓新的市场？帮助企业摆脱困境。

【导入案例 1-4】

“无所不洗”的海尔洗衣机

创立于 1984 年的海尔集团，经过 19 年的持续发展，现已成为享誉海内外的大型国际化企业集团。1984 年海尔只生产单一的电冰箱，而目前它拥有包括白色家电、黑色家电、米色家电在内的 96 大门类 15100 多个规格的产品群。海尔的产品出口到世界 160 多个国家和地区。2003 年，海尔在全球的营业额达到 806 亿元。2003 年，海尔再次荣获中国最有价值品牌第一名。2004 年 1 月 31 日，世界五大品牌价值评估机构之一的世界品牌实验室编制的《世界最具影响力的 100 个品牌》报告揭晓，海尔排在第 95 位，是唯一入选的中国企业。2003 年 12 月，全球著名战略调查公司 Euromonitor 公布了 2002 年全球白色家电制造商排序，海尔以3.79%的市场份额跃升至全球第二大白色家电品牌。2004年8月号《财富》中文版评出“中国最受赞赏的公司”，海尔集团紧随IBM中国有限公司之后，排名第二位。

冰箱、空调、洗衣机等产品属于白色家电。作为在白色家电领域最具核心竞争力的企业之一，海尔有许多令人感慨和感动的营销故事。

1996年，四川成都的一位农民投诉海尔洗衣机排水管老是被堵，服务人员上门维修时发现，这位农民用洗衣机洗地瓜(南方又称红薯)，泥土大，当然容易堵塞。服务人员并不推卸自己的责任，而是帮顾客加粗了排水管。顾客感激之余，还说如果能有洗红薯的洗衣机，就不用烦劳海尔人了。农民兄弟的一句话，被海尔人记在了心上。海尔营销人员调查四川农民使用洗衣机的状况时发现，在盛产红薯的成都平原，每当红薯大丰收的时节，许多农民除了卖掉一部分新鲜红薯外，还要将大量的红薯洗净后加工成薯条。但红薯上沾带的泥土洗起来费时费力，于是农民就动用了洗衣机。更深一步的调查发现，在四川农村有不少洗衣机用过一段时间后，电机转速减弱、电机壳体发烫。向农民一打听，才知道他们冬天用洗衣机洗红薯，夏天用它来洗衣服。这令张瑞敏萌生了一个大胆的想法：发明一种洗红薯的洗衣机。

1997年海尔为该洗衣机立项，成立以工程师李崇正为组长的4人课题组，1998年4月投入批量生产。洗衣机型号为XPB40-DS，不仅具有一般双桶洗衣机的全部功能，还可以洗地瓜、水果甚至蛤蜊，价格仅为848元。首次生产了1万台投放农村，立刻被一抢而空。

一般来讲，每年的6至8月是洗衣机销售的淡季。每到这段时间，很多厂家就把促销员从商场里撤回去了。张瑞敏纳闷儿：难道天气越热，出汗越多，老百姓越不洗衣裳？调查发现，不是老百姓不洗衣裳，而是夏天里5公斤的洗衣机不实用，既浪费水又浪费电。于是，海尔的科研人员很快设计出一种洗衣量只有1.5公斤的洗衣机——小小神童。小小神童投产后先在上海试销，因为张瑞敏认为上海人消费水平高又爱挑剔。结果，上海人马上认可了这种世界上最小的洗衣机。该产品在上海热销之后，很快又风靡全国。在不到两年的时间里，海尔的小小神童在全国卖了100多万台，并出口到日本和韩国。张瑞敏告诫员工说：“只有淡季的思想，没有淡季的市场。”

在西藏，海尔洗衣机甚至可以合格地打酥油。2000年7月，海尔集团研制开发的一种既可洗衣又可打酥油的高原型“小小神童”洗衣机，在西藏市场一上市，便受到消费者欢迎，从而开辟出自己独有的市场。这种洗衣机3个小时打制的酥油，相当于一名藏族妇女3天的工作量。藏族同胞购买这种洗衣机后，从此可以告别手工打酥油的繁重家务劳动。

在2002年举办的第一届合肥“龙虾节”上，海尔推出的一款“洗虾机”引发了难得一见的抢购热潮，上百台“洗虾机”不到一天就被当地消费者抢购一空，更有许多龙虾店经营者纷纷交定金预约购买。这款海尔“洗虾机”因其巨大的市场潜力被安徽卫视评为“市场前景奖”。

5 月是当地特产龙虾上市的季节，龙虾是许多消费者喜爱的美味。每到这个季节，各龙虾店大小排档生意异常火爆，仅在合肥大小龙虾店就有上千家，每天要消费龙虾近 5 万斤。但龙虾好吃清洗难的问题一直困扰着当地龙虾店的经营者。因为龙虾生长在泥湾里，捕捞时浑身是泥，清洗异常麻烦，一般的龙虾店一天要用 2 ~ 3 人专门手工刷洗龙虾，但常常一天洗的虾，不及几个小时卖得多，并且人工洗刷费时又费力，还增加了人工成本。针对这一潜在的市场需求，海尔洗衣机事业部利用自己拥有的“大地瓜洗衣机”技术，迅速推出了一款采用全塑一体桶、宽电压设计的可以洗龙虾的“洗虾机”，不但省时省力，而且洗涤效果非常好，价格定位也较合理，极大地满足了当地消费者的需求。过去洗 2 公斤龙虾一个人需要 10 ~ 15 分钟，现在用“龙虾机”只需 3 分钟就可以搞定。

“听说你们的洗衣机能为牧民打酥油，还给合肥的饭店洗过龙虾，真是神了！能洗荞麦皮吗?”

2003 年的一天，一个来自北方某枕头厂的电话打进了海尔总部。海尔洗衣机公司在接到用户需求后，仅用了 24 小时，就在已有的洗衣机模块技术上，创新地推出了一款可洗荞麦皮的洗衣机，受到用户的极力称赞，更成为继海尔洗地瓜机、打酥油机、洗龙虾机之后，在满足市场个性化需求上的又一经典之作。明代医学家李时珍在《本草纲目》中有一则“明目枕”的记载：“荞麦皮、绿豆皮……菊花同做枕，至老明目。”在我国，人们历来把荞麦皮枕芯视为枕中上品。荞麦皮属生谷类，具有油性，而且硬度较高，如果不常洗或者晒不干又容易滋生细菌。但荞麦皮的清洗与干燥特别费劲，因为荞麦皮自身体积微小，重量极轻，很难晾晒，如果在户外晾晒更容易被风刮走。荞麦皮的清洗和晾晒问题就成了荞麦皮枕头厂家及消费者的一大难题。海尔开发的这款既可以用来洗衣，又可以用来洗荞麦皮枕头的“爽神童”洗衣机，除了洗涤、脱水等基本功能外，还独有高效的 PTC 转动烘干、自然风晾干两种干燥技术，同时专门设计了荞麦皮包装洗涤袋，加上海尔独有的“抗菌”技术，非常圆满地解决了荞麦皮枕头的清洗、干燥难题。

专家指出，目前洗衣机市场已进入更新换代、需求快速增长期。始终靠技术创新领先市场的海尔，通过多年以来的技术储备和市场优势的积累，在快速启动的洗衣机市场上占尽先机。世界第四种洗衣机———海尔“双动力”是海尔根据用户需求，为解决用户对波轮式、滚筒式、搅拌式洗衣机的抱怨而创新推出的一款全新的洗衣机。由于它集洗得净、磨损低、不缠绕、15 分钟洗好大件衣物、“省水省时各一半”等优点于一身，迎合了人们新的洗衣需求，产品上市一个月就创造了国内高端洗衣机销量、零售额第一名的非常业绩，成为国内市场上升最快的洗衣机新品，在日前刚刚结束的第 95 届法国列宾国际发明展览会上一举夺得了世界家电行业唯一发明金奖。

赛诺市场研究公司 2004 年 4 月的统计数据显示，海尔洗衣机市场份额继续高居全国第一，尤其在我国华北、东北、华东、西北、中南、西南六大地区市场上分别稳居第一，且与竞争对手的距离进一步拉大。在西北地区，海尔洗衣机的市场份额已接近 40%，超出第二名近3倍；在其他五大地区，海尔洗衣机的市场份额也都有明显上升，均超出了第二名近2倍。

（资料来源：中国营销评论网，有改动）

【知识链接】

所谓市场营销观念，是指企业在开展市场营销管理的过程中，处理企业、顾客和社会三者利益关系方面所持的态度、思想和观念。了解市场营销观念的演变，对于企业更新观念，加强市场营销管理，具有十分重要的意义。

无论是西方国家企业还是我国企业，市场营销观念的演变都经历了由“以生产为中心”到“以顾客为中心”的转变过程。现代企业的市场营销观念可归纳为：生产观念、产品观念、推销观念、市场营销观念和社会市场营销观念。阅读相关资料，请填制表1－2。

表1－2　　市场营销观念发展表

营销观念	时　间	关注点	内　容
生产观念			
产品观念			
推销观念			
营销观念			
社会市场营销观念			

【阅读与思考1-2】

福特公司与通用公司

美国福特汽车公司是1903年由亨利·福特与詹姆斯·卡曾斯·道奇兄弟等创办的，由福特任总经理。1912年福特汽车公司聘用詹姆斯·库兹恩任总经理。库兹恩上台后实施了三项策略：

1. 对主产品“T型车”做出了降价的决定，即由1910年制定的售价每辆950美元降到850美元以下；

2. 按每辆“T型车”850美元售价的目标，着手改革公司内部的生产线，在占地面积为278英亩的新工厂中首先采用现代化的大规模装配作业线，使过去12.5小时生产一辆“T型车”，降到了9分钟生产一辆，大幅度地降低了成本；

3. 在全世界设置7000多家代销商，广设销售网点。

这三项决策的成功，使“T型车”驶向了全世界，市场占有率居美国汽车行业之首。

1919年，亨利·福特成为福特公司的老板，他解雇了库兹恩，自任总经理。福特一方面采用低价策略抢占市场，1924 年，每辆"T 型车"的售价已降到 240 美元，1926 年福特车产量已占美国汽车产量的 1/2；另一方面又提出"不管需要什么，我的车都是黑色的"，实行以产定销的策略，以"黑色车"来作为福特汽车公司的象征。结果"T 型车"在竞争中日益失利，终于在 1927 年 5 月被迫停产。1928 年，福特汽车公司的市场占有率被通用汽车公司超过，退居到第二位。

美国通用汽车公司于 1908 年成立，由杜邦财团控制。1928 年以前，它是市场占有率远远低于福特汽车公司的一个弱势企业。1921 年斯隆就职于通用汽车公司，针对当时通用汽车公司松散的权力分散状况写了《组织研究》一文，提出了"集中决策控制下的分散作业"的思想，使集权和分权得到很好平衡。1923 年，斯隆任通用汽车公司总经理，改革了经营组织，使公司高层领导人专门抓经营、抓战略性决策，日常的管理工作则由事业部去完成。同时，他还提出了"汽车形式多样化"的经营方针，以满足各阶层消费者的需要。1923 年通用汽车公司的市场占有率达到了 30% 以上，超过了福特汽车公司；1956 年通用汽车公司的市场占有率达到了 53%，成为美国最大的汽车公司。

思考题：

1. 试分析"T 型车"最初成功的原因？使通用汽车公司后来居上的基本因素是什么？
2. 通过以上实例，比较两家汽车公司的市场观念。

【导入案例 1-5】

中秋节的月饼营销

月饼是一种极具民族文化特征、体现特定假日氛围的传统食品。在上海有数家全国著名的月饼生产企业。2001 年 8 月下旬似乎离月饼的传统消费时节还有一段日子，这些企业却都因早早盼望着这天的到来而摩拳擦掌。与过去那种对市场需求行情十分淡漠的表现大相径庭，这些月饼生产企业在五一节刚过，就开始对月饼市场需求的信息表现出特殊的关注。在对各种相关信息的综合分析后，提出今年是"月饼消费大年"。这些厂家的信誓旦旦使人们确信这一结论绝非空穴来风。厂家们提出的各种"重要而又显而易见的理由"可以归纳成这样几条：

第一，2001 年的中秋节是在十月一日，而这天正好是国庆节。喜逢双节，节日的气氛更加浓烈。政府有关部门早在年初就决定，国庆节将有 7 天长假，这使人们有更多的时间来欢度良宵，品尝月饼。

第二，据上海市权威部门的统计数据表明，今年上海市城市和农村居民人均可支配收入将分别增长 9.3% 和 8.4%。这无疑将对推动节日消费产生巨大影响。

第三，时逢第九届 APEC 会议将在上海召开，根据上海旅游部门的不完全统计测算，在国庆—中秋节期间，到上海来旅游观光的国内外游客人数比去年同比增长 10% 以上。

第四，上海月饼生产企业的月饼生产技术已有长足的进步，不仅在品种上满足了消费者更需多样化的需求特点的要求，还改进了包装质量，使月饼的保质期得以延长，让身处海外的游子能够品尝到新鲜、美味的月饼。

第五，将各种月饼投放于上海各处的超市、大卖场，以拓展月饼的市场销售渠道，使月饼与广大市民更加接近，更加方便市民购买……

看了上述“市场信息”，大概没有人再会怀疑“今年是月饼消费大年”这一判断结论的正确性了。

思考题：

1. 市场需求有哪几种？企业如何适应和调节市场需求？
2. 对于上海月饼市场的需求，你有何更好的建议？

【知识链接】

市场营销管理是指为了实现企业目标，创造、建立和保持与目标市场之间的互利交换和关系，而对营销过程的计划、组织和控制。它是一个包括分析、计划、执行和控制的过程；涵盖理念、商品和劳务；并以交换为基础，其目标是满足顾客需求。市场营销管理的实质就是需求管理。企业在开展市场营销的过程中，一般要设定一个在目标市场上预期要实现的交易水平。然而，实际需求水平可能低于、等于或高于这个预期的需求水平。换言之，在目标市场上，可能没有需求、很小需求或超量需求。市场营销管理就是要对付这些不同的需求状况。

根据需求水平、时机(时间)和性质的不同，可归纳出八种不同的需求状况。在不同的需求状况下，市场营销管理的任务有所不同。阅读参考书，填制表1－3。

表1－3　　市场营销需求管理表

需求状况	需求特点	市场营销管理任务
负需求		
无需求		
潜伏需求		
下降需求		
不规则需求		
充分需求		
过量需求		
有害需求		

【实战指导】

参考文案

阳春羊奶营销策划方案

一、企业简介

阳春(集团)公司始创于1998年，2005年由部队牧场改制。目前，公司注册资金4000万元，下设山东阳春羊奶乳业有限公司、山东阳春天润牧业有限公司及27个养殖合作社，6个标准化养殖牧场，奶山羊存栏量17万只，公司总资产3.2亿元，羊奶年加工能力达45000余吨。

公司被山东省委、省政府批准为“山东省农业产业化重点龙头企业”，被潍坊市委、市政府批准为“市级农业产业化重点龙头企业”。

公司始终坚持“以发展民族产业为己任，以造福人类健康为使命”的指导思想，倾力打造中国羊奶一流品牌。

二、市场分析

(一)企业的目标和任务

公司羊奶产业的发展对于调整农业产业结构，促进农民特别是山区农民增收，解决大学生和复转军人就业，以打造潍坊城市品牌为目标。

2012年，力争将阳春羊奶建成一个1500亩15万只大型奶山羊生态养殖基地，新成立奶山羊养殖合作社15个，中型养殖基地15个，优质奶山羊存栏量总数力争达到40万只；以山东为中心，辐射河南、江苏、安徽、河北等地形成“大山东”市场，确保今年实现2个亿的销售目标，力争3个亿的销售目标，全国市场销售目标保3亿争5亿。同时，阳春乳业进入国内中小板上市辅导阶段。

未来几年，羊奶产业崛起的速度将会明显加快，在中国乳业市场所占的份额将会大幅提升。让老百姓喝有营养的优质奶、放心奶是阳春羊奶永远的追求，同时，是春羊奶将打造国内第一羊奶品牌为目标。

(二)市场策略

1. 市场现状

自20世纪90年代，中国奶业就走上了发展的快车道，进入快速增长期。乳制品加工企业加大了体制改革和技术改造力度，大力实施产业化经营。通过股份制和强强联合等方式，出现了一批有实力的奶业集团。乳制品正在逐渐成为中国居民每天的生活必需品。中国乳制品的消费市场以超过预期的速度快速增长，已成为市场消费热点。但是，近来牛奶以及奶制品问题频出，对消费者造成了一定的消费阴影。使众多的奶制品企业陷入困境。牛奶作为一个市场成熟品类，经营秩序混乱、窜货乱价、恶性竞争的现象此起彼伏，早已进入微利时代。但羊奶作为一个新兴产品，消费者接受程度高，已经成为渠道成员新的利润增长点，其市场推广的积极性自然也就空前高涨。

2. 公司策略

(1)立足于羊奶市场，将经营重点转向羊奶行业，并创立奶羊合作联社，创造出公司+基地+联社的经营模式，建立生态养殖牧场；

(2)注重打造一流的奶制品品牌，高度重视质量，把质量管理融入到公司管理的每一个环节。加强对员工的质量意识培训，投资引进国内外先进的原奶检测设备，从奶源上把好质量关，倾力打造老百姓信赖的奶制品品牌；

(3)引进、加大对脱膻技术的投入，保留羊奶奶味香浓、纯正的特点，消除消费者对羊奶膻味担忧；

(4)情感诉求点：家乡奶，放心奶，喝奶就喝阳春羊奶。

(三)主要竞争对手及其优劣势

	优　势	劣　势
顶羊羊奶 (临沂)	1. 顶羊羊奶企业是集奶羊养殖、鲜奶加工、生产、销售于一体，是目前国内建厂时间最早的专业羊乳生产企业； 2. 把山东作为主要的目标市场，顶羊羊奶作为山东的本土企业，与阳春羊奶抢夺目标市场。	1. 规模较小； 2. 技术相对落后； 3. 产品宣传相对较少。
圣妃羊奶 (深圳、陕西)	1. 是国内首家液态羊奶生产线，是目前国内规模最大、品类最全的羊奶专业化生产企业； 2. 车间采用万级净化系统，品种最为齐全、设备最为先进的专业化羊乳制品生产企业。	1. 作为奶企没有自己的奶源基地，实现生产、加工、销售“一体化”； 2. 以山东为市场销售，圣妃的运输保鲜令人担忧，并且自然保鲜效果差； 3. 以牧草为饲料达到除膻味的目的，不能起到很好的效果。
各种品牌的牛奶	1. 牛奶作为朝阳产业，已经普遍为人们所接受，并且不论在国内还是山东市场都已经发展的较为成熟，得到很好地推广； 2. 牛奶的产业链延长，附加值多，产品多样化，可以满足不同消费人群的需求； 3. 价格方面，牛奶的价格普遍低于羊奶价格。	1. 牛奶相对于羊奶来说，分子较大，不易吸收； 2. 牛奶作为一个市场成熟品类，经营秩序混乱、窜货乱价、恶性竞争此起彼伏，早已进入微利时代； 3. 目前，牛奶行业质量问题层出不穷，造成消费者消费心理阴影。

(四)营销外部环境分析

1. 人口因素

人口是构成市场的第一因素，人口的多少直接决定市场的潜在容量。人口越多，市场规模就越大。营养学专家介绍，羊奶在国际营养学界被称为“奶中之王”，在西方国家，人们对羊奶的认可度远远高于牛奶。伴随着西方餐饮文化的传入，中国人对羊奶的需求量也在逐年增长。

2. 环境因素

介于前段时间三聚氰胺牛奶事件的发生，对其消费产生一定的负面影响。伴随着羊奶的逐渐传入，工艺的逐步改善，接受羊奶价格及口味的人越来越多。

3. 经济因素

伴随着我国商品经济发展速度越来越快，社会市场经济制度得到不断发展，居民收入不断增长，购买力增强，羊奶也开始走入大众寻常百姓家。虽然目前价格较牛奶有一定的差距，但是，羊奶本身的营养价值已逐渐被人们接受。

4. 政治—法律因素

在十二五期间，国家重视羊奶产业的发展，并加强了对羊奶产业的支持力度，保证羊奶行业健康、稳定的发展。阳春羊奶以前瞻性的眼光转产羊奶产业，很好地把握了羊奶发展的机遇，并在形成了广泛的社会认同和良好的客户口碑的同时，引领着中国乳制品行业朝一个科学、健康的方向发展，并逐步成为国内羊奶产业的领军品牌。

5. 社会—文化因素

今天，羊奶在国际市场上都出现了旺盛的销售势头，在欧美一些发达国家，羊奶甚至成为高层次群体的生活必需品。专家认为，“羊奶营养全面、好吸收等优点在国内得到越来越多消费者的认可，在北京、上海等地区已经掀起一场‘羊奶热’风潮。”

（五）SWOT 分析

1. 优势分析

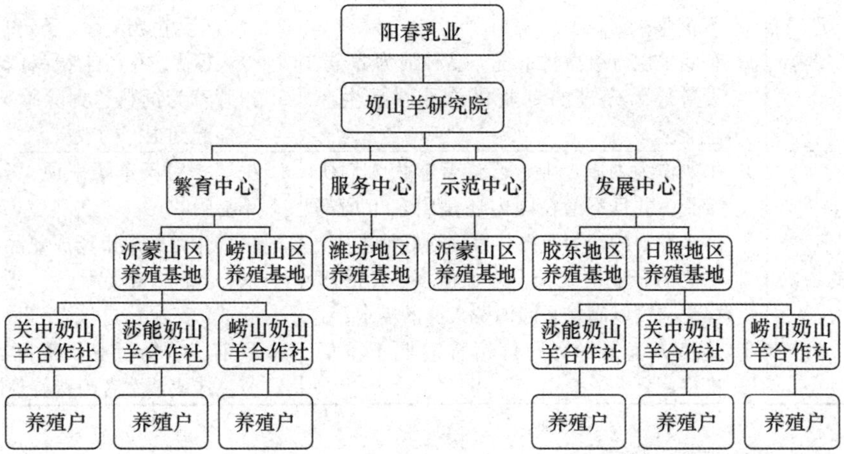

①阳春羊奶将养殖基地分布在山东各个重点市场，就近提供奶源，保证羊奶新鲜；

②引进、加大对脱膻技术的投入，保留羊奶奶味香浓、纯正的特点，消除消费者对羊

奶膻味担忧；

③集奶羊养殖、鲜奶加工、生产、销售于一体，保证羊奶新鲜的同时，削减了成本。

2. 劣势分析

①阳春羊奶的品牌影响力相对较弱；

②虽然现如今国内的生产企业已经改善羊奶的膻味，但是消费者原有的老观念还是很难改变。

③羊奶产量高峰期是在春夏季，正是消费淡季；牛奶产量高峰期在冬季，正是消费旺季，这也制约了羊奶市场的发展。

3. 威胁分析

①随着人们对羊奶的认识不断加深，其销售增长速度定将会使一些牛奶大品牌感到恐慌，因此他们会利用其雄厚实力、资格老，市场体系完善的优势，加大广告投放力度，开发新的消费概念，引导消费取向，实现从目标消费者层面和消费文化层面对羊奶的封杀；

②牛奶产业链延长，加大功能性牛奶的生产，优质的功能性(降脂、纤体等)牛奶大行其道，其功能性弱化了羊奶的优势；

③同顶羊羊奶抢夺山东市场，对阳春羊奶来说，是一种威胁。

4. 机会分析

①同牛奶相比，羊奶更易消化吸收，无蛋白过敏反应，更能增加人体抵抗力；

②虽然液态羊奶业发展蓬勃，但由于牛奶的总体生产成本相对羊奶的要低很多，两者在目标消费群体上的冲突也较小，现今根本对牛奶造成不了很大的冲击，因此各大牛奶品牌稳坐钓鱼台，依旧对其不管不问，这就给行业的发展减少了很大的竞争压力；

③近年来，牛奶市场问题层出不穷，羊奶适时推出，迎合了消费者的需求。

三、营销策略

(一)营销目标

阳春羊奶营销团队针对近年阳春羊奶市场销售额不断增加，市场份额不断扩大的现状制订了阳春羊奶品牌发展的“五年规划”。

2012 年，力争 3 个亿的销售目标，全国市场销售目标保 3 亿争 5 亿。

2013 年，在精耕“大山东”市场的基础上进入全国市场全面攻坚阶段，确保实现销售收入 8 个亿，力争实现 10 个亿的目标。

2014 年，打造出目前中国最大的羊奶产业。将阳春乳业的品牌打造成为中国羊奶产业的第一品牌，赢得社会各界的高度赞誉。

2015 年，实现国内 A 股上市。

（二）目标市场描述

目标人群	人群描述	消费特点
白领女性人群	消费水平较高，重视皮肤和身体的保养。	追求能够养颜，保持健美身材的高营养价值的奶产品。
公司高层管理男士	消费水平高，购买高档产品较多。	注重大脑，身体的保养，喜欢购买高营养价值的补品。
退休老年人	经济独立，身体虚弱。	恢复元气、预防各种老年疾病的奶产品。
小　孩	对奶产品的营养价值要求高，喜欢接近母乳的奶产品。	父母注重在孩子的成长期营养价值需求，愿意花费金钱寻求高营养价值的奶产品。

（三）市场定位

根据质量功能定位法，阳春羊奶作为一种高营养价值、高品位，健康安全的奶产品，其核心卖点是高营养，放心奶。从推广角度看，新产品预热足够长。品牌、包装吊人胃口。从生产过程看，阳春公司设有奶山羊研究院，有着优质的奶源，生产流程严格要求，整个生产线安全卫生，避免了像牛奶层出不穷的安全问题。

阳春羊奶产品定位于乳制品中的中高端，目标消费人群也是乳制品的中高端消费者。属于差异化产品，满足了市场上不同人群（比如，牛奶过敏者、老人和小孩对钙质及营养的特殊需求，以及广大的爱美女士）对乳制品的需求。

（四）营销组合描述

1. 产　品

阳春羊奶目前共分为四个系列：纯羊奶系列、调味羊奶系列、营养多系列和妙客壹品系列。

A. 百利包系列——纯羊奶

B. 百利包红枣羊奶和苗条砖草莓营养多

C. 利乐枕早餐羊奶

D. 利乐枕核桃羊奶

2. 分　销

①渠道嫁接策略。羊奶销售可以嫁接到蛋糕店，有利于在全国各大城市迅速建立网点，还可以借知名蛋糕店来提高阳春的知名度；其次寻找一些与羊奶产品相关的食品经销商，通过他们已经较为完善的销售渠道来走货，凭借他们与商场超市良好的关系，降低羊奶的进入门槛。

②学校超市策略。学校是液态羊奶产品目标消费群体集中的场所，可以建立以下分销渠道：开发出专门适用学生消费的产品。此类产品只在学校超市销售，是一个独立的分销体系，此渠道只做学生产品，学生产品不进入其他流通渠道，其他产品也不进去此流通

渠道。

③健身美容场所终端策略。利用羊奶的营养健康性，把健身馆、游泳馆、运动馆等场所成为产品销售的终端市场。可以利用羊奶对人体抗炎美容和延缓衰老的功效，与美容场所合作，让美容师成为羊奶的“促销者”，让美容院成为女性目标群体的销售终端。

④邮政渠道合作策略。邮政渠道的优势，邮政渠道有着先天的优势，主要体现在以下两点。一是网络优势，目前国内最强大的物品运递力量和跨省的海陆空长途运递网。二是投递队伍优势，配送到户、到人的服务非常发达。通过邮政渠道，将产品送货上门，满足消费者需要，并可定期对长期顾客做满意度调查，以解决售后服务问题。

3. 定　价

非整数定价法：将阳春羊奶不同系列和品牌的产品均采用非整数定价法，让消费者从心里愿意接受。

此外，还在网络上采取团购价，每箱比原价便宜 10 元，但团购数量不得低于 10 箱。

4. 促　销

①人文关怀，品牌推广。在销售淡季，增加目标群体所需的产品生产量，制作 2 万把小摇扇，每一把小摇扇上面都印有企业的 LOGO 和“愿我们的真诚给您带来一丝清凉”的宣传标语，然后派人到人流量大的地段专门发放。

②转移促销成本。利用一些实际价值模糊的产品，将它们作为促销品，借机转移促销成本。很多人都有早上将牛奶加面包作为早餐的习惯，有面包送，即使羊奶贵一点也没有关系。

③联合促销策略。针对女性目标消费群体，首先让促销员在街头或商场向其介绍羊奶具有的特殊功效。其次与美容院合作开展联合促销，到美容院美容，赠予精美的促销精装羊奶，借美容师为羊奶做宣传。

④会员促销，是捆绑忠实顾客的纽带。会员制是许多行业都喜欢使用的操作模式，既能促进消费，又能聚拢人心，是一个双赢的促销策略。我们同样也采取会员制的方式，保留住长期顾客，发展潜在消费者。

四、行动策划案

（一）制定活动步骤

1. 在最受山东百姓喜欢、收视最高的山东卫视齐鲁频道、影视频道、综艺频道，都投入广告，广泛宣传。

附：阳春乳业影视及齐鲁频道广告播放时间表

	播出位置	每天播出时间	播出形式
影视频道（自2012年1月25日起播出）	大片场一集至六集片头 大片场一集至六集片尾 情感剧场一集至五集片头 情感剧场一集至五集片尾 首播剧场五集片尾 首播剧场四集片尾	约6：23/7：35/8：42/9：24/10：16/11：00 约7：04/8：16/9：22/10：14/10：58/11：42 约13：46/14：30/15：13/16：16/17：11 约14：28/15：11/15：54/16：57/17：53 约22：25(周一至周五播出) 约21：40(周六至周日播出)	每天23次 5秒三维贴片有声
齐鲁频道（自2012年1月19日起播出）	《拉呱》后天气预报(青岛、潍坊)	约18：10	5秒三维无声

2. 免加盟费：公司不收取任何加盟费用，消除代理商的后顾之忧。

3. 保姆式营销：公司全方位跟踪服务，定期派出业务代表对代理商市场及业务培训。

4. 常规助销品支持：展台、展板、海报、DM单页等。

5. 重点市场的支持：重点市场，公司进行广义的广告投放。

6. 在各大超市(如银座、中百、大润发等)进行定期促销活动。

（二）预　算

活　动	项　目	费用/万
广　告	山东齐鲁卫视、山东影视频道、山东综艺频道	15 + 20 + 10 = 45
保姆式营销	代理商培训	10
常规助销品支持	展台、展板、海报、DM单页	5
重点市场广告支持	地方广告投入	5
超市促销	海报、促销产品	10
		合　计：75

（二）评估流程

1. 成功的依据

①扩大了阳春羊奶在山东的知名度，使更多地区更多的人民了解并接受了阳春羊奶这个品牌。

②提高了阳春羊奶在山东地区的销量，各大超市和各地市代理商的销量都有所提升，并且增加了各地区的下设经销商的数量。

③在活动现场，免费品尝和广告宣传活动，让消费者更加相信阳春羊奶的营养价值和安全，更加深刻地接受了阳春羊奶的品牌理念，促进了消费者对其产品的购买。

2. 收集成功依据的方法

①综合指标分析法——根据一定时期的资料和数据，从静态关系上对总体的数量特征

进行分析。

②案头调研——利用企业网站信息和网络、书籍上的信息资料进行搜集、分析、研究和利用。

③德尔菲法——经过多轮的专家意见征询后，整理分析专家的意见，做出符合本行动策划案的判断。

④目标评估法——将促销实际业绩与目标进行比较分析，再通过促销人员向顾客询问一些与目标有关的问题。

⑤前后对比法——将开展促销活动之前与促销活动结束后的营业额情况进行比较，按营业额的提升状况分出成功、得不偿失和适得其反等几种效果。

⑥消费者调查法——通过对消费者进行调查问卷，评估活动的效果。

子情境二：分析营销环境

【学习目标】

●**知识目标**

1. 掌握市场营销环境的概念、构成和内容。
2. 理解市场营销环境对企业营销活动的影响。
3. 熟悉市场营销环境分析的基本方法。
4. 领会企业应如何针对不同环境提出不同对策。

●**技能目标**

1. 学生能够掌握市场营销宏观环境的影响因素和分析方法，能够根据特定的营销策划产品，通过二手数据信息的搜集，整理分析影响其营销活动开展的宏观环境因素，并形成宏观环境分析报告。

2. 学生能够掌握市场营销微观环境的影响因素和分析方法，能够根据特定的营销策划产品，通过二手数据信息的搜集，整理分析影响其营销活动开展的微观环境因素，并形成微观环境分析报告。

3. 学生能够根据特定的营销策划产品，在分析市场营销环境的基础上，针对不同环境提出不同对策，制定SWOT报告。

任务一：给予学生一个具体的营销策划产品，学生能够通过二手数据信息的搜集，整理分析影响其营销活动开展的宏观环境因素，并形成宏观环境分析报告。

任务二：根据特定的营销策划产品，学生能够通过二手数据信息的搜集，整理分析影响其营销活动开展的微观环境因素，并形成微观环境分析报告。

任务三：给予学生一个具体的营销策划产品，学生能够在分析市场营销环境的基础上，针对不同环境提出不同对策，制定SWOT报告。

【导入案例1-6】

营养过剩的“大白兔”

在中国，大白兔奶糖可是大名鼎鼎。1959年，“大白兔”为国庆十周年献礼而诞生；1972年，周恩来总理将大白兔奶糖作为礼物赠给美国总统尼克松……然而今天，当“大白兔”与精神抖擞的“金丝猴”等糖果新品同处一个市场时，曾经是中国食品业掌上明珠的

"大白兔"似乎是"病"了，不仅当年销量第一、影响力第一的宝座难保，甚至有人认为"大白兔"有一天会销声匿迹。

为了给"大白兔"治病，近年来，上海冠生园集团采取了一系列行动：换配方、换包装、换口味，产品也从单一的奶糖拓展到鲜乳牛奶糖、太妃糖、奶油话梅糖、花生牛轧糖等新品种，连续两年在中央电视台黄金时段广告招标中成功中标。

然而，一系列的把脉问诊虽然使"大白兔"的销量节节攀升，但是没有能在中国市场上恢复当年超一流品牌的地位，混同在雅客、马大姐、黎祥等"出身寒微"的糖果品牌堆里，唯一能够炫耀的是曾经拥有过的辉煌。

"大白兔"为什么会陷入今天这种"亚健康"困境？

"大白兔"号称6颗奶糖冲一杯奶，因此，在物资匮乏年代，"大白兔"不仅仅是糖果，还是营养滋补佳品。今天在"大白兔"的网站上，还有这样的记载："周总理工作非常辛苦，为国操劳，常常要加班到深夜。而他的办公桌上总是会放上一袋大白兔奶糖，加班的时候，时不时吃上一颗。就这样，大白兔奶糖成了周总理的加班好伴侣"。毫无疑问，兼具休闲食品与营养滋补食品双重属性，为"大白兔"成为超一流品牌打下了坚实的基础。

然而，在物质极其丰富的今天，休闲食品和营养滋补品遍地开花，而"大白兔"始终守着"6颗奶糖冲一杯奶"的荣耀不变，必然要被消费者冷淡。近年来，残酷无情的市场竞争让"大白兔"发现自身在品牌经营中存在的问题，于是它们由单一的奶糖拓展了鲜乳牛奶糖、太妃糖、奶油话梅糖、花生牛轧糖等新品种。遗憾的是这些所谓的新产品，几乎全是一身奶味。奶是非常好的营养品，但是在营养过剩、小胖子多得让家长犯愁的今天，奶呀、糖呀这些高蛋白、高热量的产品让家长和崇尚前卫的年轻人，唯恐避之不及。"大白兔"在奶锅里开发出来的这些新产品，又能够在多大程度上吸引消费者呢？

思考题：

1. 是什么原因影响了"大白兔"开展市场营销活动？
2. 针对当前的情况，"大白兔"如何调整自己的营销活动？

【导入案例1-7】

肯德基的"入乡随俗"

1973年9月，中国香港市场的肯德基公司突然宣布多间家乡鸡快餐店停业，只剩下四间还在勉强支持。到1975年2月，首批进入中国香港的美国肯德基连锁店集团全军覆没。

此前，为了取得肯德基家乡鸡首次在中国香港推出的成功，肯德基公司采取了声势浩大的宣传，在新闻媒体上大做广告，采用该公司在世界性宣传口号"好味到舔手指"。

凭着广告攻势和新鲜劲儿，肯德基家乡鸡还是红火了一阵子，很多人都乐于一试，一时间也是门庭若市。可惜好景不长，三个月后，就"门前冷落鞍马稀"了。在世界各地拥有数千家连锁店的肯德基为什么唯独在中国香港遭受如此厄运呢？经过认真总结经验教训，发现是中国人固有的文化观念决定了肯德基的惨败。

首先，在世界其他地方行得通的广告词“好味到舔手指”在中国香港人的观念里不容易被接受。舔手指被视为肮脏的行为，味道再好也不会去舔手指。人们甚至对这种广告产生了反感。

其次，家乡鸡的味道和价格不容易被接受。鸡是采用当地鸡种，但其喂养方式仍是美国式的。用鱼肉喂养出来的鸡破坏了中国鸡的特有口味。另外家乡鸡的价格对于一般市民来说还是有点承受不了，因为抑制了需求量。

此外，美国式服务难以吸引回头客。在美国，顾客一般是驾车到快餐店，买了食品回家吃。因此，在店内是通常不设座的。而中国人通常喜欢一群人或三三两两在店内边吃边聊，不设座位的服务方式难寻回头客。

十年后，肯德基带着对中国文化的一定了解，卷土重来，并大幅度调整了营销策略。广告宣传低调，市场定位符合当地消费水平，市场定位于16岁至39岁市民。1986年，肯德基家乡鸡新老店的总数在中国香港为716家，占世界各地分店总数的十分之一强，成为中国香港快餐业中的重要部分，与麦当劳、汉堡包、必胜客一并成为四大快餐连锁店。

思考题：

1. 以上案例中有哪些因素影响市场营销活动的开展？
2. 讨论洋(外地)品牌进入中国(本地)市场失败的案例中的经验教训？

【导入案例1-8】

汽车购置税下调给营销者和消费者带来了什么

2009年1月14日，送别多灾多难2008年的中国人，终于在2009年新年开始之际，在千呼万唤之中，迎来了属于小排量车的春天。这一天，国务院总理温家宝召开国务院常务会议，审议并原则通过了汽车产业和钢铁产业调整振兴规划。会议明确表示，从2009年1月20日开始到12月31日，对1.6升及以下排量乘用车按5%征收车辆购置税，比以前征收的10%购置税下调了50%。

车辆购置税下调政策的出台，被认为是在金融风暴下，政府出手拯救车市的最直接和最有效的手段，尤其是对1.6升及其以下排量的小型车来说，肯定会迎来又一个春天。在中级家用车中，1.6升排量一贯被称为“黄金排量”，源于这个排量的发动机大多数可以基本满足日常使用，而且燃油经济性也比较好。同时，在目前1.6升及其以下排量车型中，除了目前畅销的日系和德系车以外，其中有很大一部分也是国产汽车厂家赖以生存的车型。国产汽车厂家比亚迪、奇瑞和吉利等厂家，目前在销车型中，1.6升排量是其销售的黄金车型。因此，此次购置税的下调，也被称为是促进国产汽车厂家发展的催化剂。

有人给车辆购置税下调后，消费者购买1.6升及其以下排量车型可以节约多少费用算了一笔账。由于目前车价中都包含了增值税，所以在计征车辆购置税时，必须先将17%的增值税剔除。所以，购置税=发票价÷1.17×购置税率。以一辆价值10万元的1.6升排量小车为例，在购置税未下调之前，需要缴纳的购置税是100000元÷1.17×10%=8547元；而购置税下调之后，需要缴纳的购置税就是100000元÷1.17×5%=4273元，相比之下节约了4274元。

在国家下调车辆购置税政策的同时，广大消费者普遍对这一政策持欢迎态度，尤其是经济型车辆的潜在消费者，基本上在等待国家下调车辆购置税这一利好政策。在得到车辆购置税下调的消息后，纷纷摩拳擦掌，准备出手购买自己心仪已久的车型，以便能够在走亲访友、外出以及部分商务活动时，开上自己相中已久的靓车。易车网的调查显示，在消费者确定所选购的车型之前，平均会安排一个月的时间前往4S店去咨询、试驾，在网上查找关于该车型的资料，并与其竞争车型进行详细的比较，包括配置、价格、优惠政策、售后服务、保险、品牌等，以便确定自己所钟爱的车型并产生购买行为。调查表明，汽车消费作为目前普通消费者仅次于房产消费的第二大支出，广大消费者的消费行为还是非常谨慎和理智的。笔者就多次在4S店看到，部分消费者试车的时候都是全家出动，并不急于出手，跟买房消费的情景如出一辙。

然而，在消费者翘首企盼的车辆购置税出台之际，也是消费者心动又心痛的时机到来之时。在车辆购置税下调的传闻传出之际，相信很多消费者都是处于持币待购状态，即使是接近年关的销售旺季到来之际，广大消费者也是捂紧口袋，任你经销商采取何种促销政策，就是不采取购买行为。对于消费者来说，谁都会去算这种账，尤其是经济型车型的消费者，好几千元的差别对他们来说，也许就是半年的养车费用，所以，就是等上一两个月，那又何妨。所以，任凭经销商如何吆喝，采取更加激进的促销策略，消费者仍采取“任你巫山云雨，我自岿然不动”的态势。而对于经销商来说，这是非常痛苦的阶段，望着消费者的口袋望洋兴叹，但又无可奈何，只得憋了一口闷气。在这种时间与金钱的博弈中，显然是持币待购的消费者占了上风，钱在我消费者口袋里，为了省5%的购置税，晚一点购车又何妨，反正以前那么长时间都没有车，不是都过来了吗？等车辆购置税下调政策一出，就马上出手，成为有车一族。

但消费者很明显是失算了，他们万万没有想到汽车经销商在车辆购置税下调之后还有杀手锏。在车辆购置税调整之前憋了一口闷气，过了很长时间苦闷日子的经销商，在这个时候终于变被动为主动了，显示出了“买的没有卖的精”的态势。在这个时候买车的消费者，在苦苦等来购置税下调的好消息之后，发现带给自己的不仅仅是心动，也有心痛。

据易车网调查，在车辆购置税下调之后，针对1.6升排量及其以下车型，尤其是目前的畅销车型，普遍采取优惠缩水的方式。在所调查的几款车型中，包括目前畅销的广本飞度、广丰雅力士、一汽丰田花冠、上海大众的朗逸、斯柯达、东风日产的骐达、颐达等车型，优惠幅度普遍缩水大半，而且有些车型需要提前一个月预定，不能提取现车。笔者曾经在网上看到一篇文章，讲的是一款在销日系车型，在购置税没有下调之前，优惠幅度之大让人吃惊，本来基本配置不到10万的车型优惠幅度竟然达到了接近3万元，然而等车辆购置税一下调，优惠幅度马上就降到了1.2万。如此算来，消费者在购置税下调之后买车，即使除去购置税下调之后省掉的几千元钱，比购置税下调之前，还要多付一万多元，这对于车辆购置税的下调来说，不能不说是一个巨大的讥讽。有消费者在对4S店走了一圈之后，在发现很多经销商取消购置税政策出台之前的优惠促销措施之后，都无奈地摇了摇头，采取了一走了之的方式，留下一个无可辩说的身影。

思考题：

1. 谈谈以上案例中有哪些因素影响到市场营销活动的开展？
2. 讨论分别作为营销者和消费者如何应对这种情况？

【知识链接】

市场营销环境是指影响企业市场营销活动能力及其营销效果的力量和因素。具体可将市场营销环境分为微观市场营销环境和宏观市场营销环境两大类。

宏观市场营销环境是指那些给公司造成市场机会和环境威胁的主要社会力量，阅读参考书目，填写表1-4和表1-5。

表1-4　　体会市场营销环境的特点

市场营销环境特点	含　义

表1-5　　宏观市场营销环境分析要素

宏观市场营销环境要素	含　义

【阅读与思考 1-3】

中国糖果行业新品研发趋势

中国的市场经济虽然经过了 30 多年改革的洗礼，各行各业均出现了日新月异的崭新局面。尤其在某些行业例如互联网，我国的制造及研发水平已接近世界顶尖水平并超过世界平均水平。讲到这里，回头看一看我国的糖果行业，由于历史的原因和行业的特性决定了中国的糖果行业仍然处在产业结构整体偏低，整体行业科技含量偏低及产品高度同质化的尴尬阶段。这让我们许多糖果行业的工作者为之汗颜。

在当今世界糖果市场上，糖果的品种超过了 1. 2 万种，而在我国销售的糖果品种不会超过3000种，其中不乏很多“舶来品”，我国独有知识产权及专利的产品简直是屈指可数。现在许多世界领先的大型糖果企业都把新品的研发列入企业的领先性战略中去。例如：卡夫公司每年的产品研发经费就达到4000万美元，相当于我国一个大型本土糖果企业的年营业额。由此可见，要从根本上颠覆我国糖果行业的落后现状必须从糖果新品的研发入手，才有可能扭转糖果行业现在的尴尬局面！

随着我国科技的进步，世界经济的一体化，这都给我国的糖果工业的快速发展带来了前所未有的契机。笔者经过多年的工作实践，总结出未来中国糖果行业新品的研发趋势有以下九个变化。

一、产品营养化

从 2008 年起，中国人口结构已发生了根本性的变化，中国的城市化已达到了 49. 6% ，中国人对糖果消费的特征已从过去的必需型向休闲型转化。消费者对糖果的诉求已从口感诉求向营养诉求改变。

二、配方无糖化

据国家统计局的资料分析得出，从 2000 年起，我国进入老龄化阶段。这对糖果的配方组成起了决定性的作用。越来越多的消费者将会更多地选择一些无糖配方的糖果制品做为他们的选择。

三、食用便利化

中国的消费形态已从过去的温饱型向休闲型和享受型过渡，这也给我们糖果企业在新品研发的食用设计上提出了更高的要求。

四、包装个性化

休闲糖果的消费群主要是以 80 后和 90 后的消费群为重度消费群。他们更多喜欢的是有个性的产品。年轻、活力、另类、自我是吸引新生代消费群的核心因素。

五、功能杂交化

在高科技的今天，无论是手机还是其他一些产品。他们都有一个共同点——那就是功能杂交化。一个产品却能集多样功能。例如雅客的维生素糖，就是功能杂交化的最好体现。

六、规格迷你化

15—35 岁年龄段的女性消费者是休闲糖果消费的主力群体。她们对任何产品的要求都是越迷你越好。女孩子的包越来越小，可里面要装的东西却越来越多，吃的、喝的、用的、涂的……都放在她们的“百宝箱”里。所以糖果的规格将向着迷你化发展。

七、口味多元化

口味的多元化延伸一向是众多食品行业新品研发的主要方向，糖果行业也不例外，如何最大程度地满足消费者对不同口味的需求是糖果企业都必须认真对待的事情。

八、原料天然化

2008 年食品行业的信任危机加上“大白兔”等众多知名品牌陷入“质量门”，消费者对食品的安全更加看重。所以原料天然化的新品研发将是糖果企业间差异化经营的一个大方向。

九、个性定制化

据权威机构统计，中国在 2008 年已超过法国成为世界上奢侈品消费量第二的国家，仅比日本落后 8%。由此可见，在糖果新品的研发上我们可以往高端的个性定制化方向发展。在渠道上首先可以从婚礼的糖果定制入手，从品类方面可以从巧克力入手。

思考题：

根据以上材料，独立思考形成新产品概念，并阐明原因，适合何种企业。

【知识链接】

关于二手数据

市场营销调研部门将大量的时间与精力用在收集数据上，因为只有收集到充足的原始数据，才有可能得出正确的市场营销调研结果。所以，企业市场营销管理人员必须对收集数据的各主要方法有所了解。

解决某一问题所需要的信息，也许目前已经存在，也许尚不存在。那些经过编排、加工处理的数据，称为二手数据。那些亲自收集的数据称为一手数据或原始数据。

一、二手数据的主要来源

市场营销调研人员应首先注意利用现有信息来源收集解决问题所需的数据。这些数据可能存在于企业信息系统内，也可能存在于经销商、广告代理商、行业协会信息系统内，也可能出现于政府出版物或商业、贸易出版物上，还可能需要从提供市场营销信息的企业购进。假如研究人员所需的数据能从现有来源找到，则可省去大量时间与费用。但是，研究人员无论如何也要认真评估二手数据的质量，因为这种数据是在过去出于不同目的或在不同条件下收集来的，其实用性自然会受到限制。某些市场营销调研人员每当发现他所长期寻找的数据已印成文字时，往往欣喜若狂，不严格审查、评估就直接引用。这是相当危险的，往往招致不可挽回的损失。所以市场营销调研人员及管理人员对业已存在的数据必须进行严格审查与评估。

二、评价二手数据的标准

审查与评估二手数据的标准有以下三个。

1. 公正性

所谓公正性，是指提供该项数据的人员或组织不怀有偏见或恶意。一般来讲，研究人员都会认为政府提供的统计数字或商业组织提供的数据没有歪曲或偏见。在某些情况下，个别民间组织（如行业协会等）所出版的某些数据可能故意被用来显示某行业好的一面。这种情况的出现，也不一定是捏造事实，而是由于其统计测量方法及样本的选择有问题，因而得出的结果势必存在片面性。

2. 有效性

所谓有效性，是指研究人员是否利用了某一特定的相关测量方法或一系列相关测量方法来收集数据。例如，利用各个不同历史时期的钢铁价格来测量钢铁的实际价格，就不具备有效性。因为钢铁的价格在不同的历史时期势必有所不同。

3. 可靠性

所谓可靠性，是指从某一群体中抽出的样本数据是否能准确反映其整个群体的实际情况。例如，从随机抽出的5000个样本所得出的数据，可能要比随机抽出50个样本更能准确地反映实际情况。

【实战指导】

参考文案（2012 年 7 月）

中国空调产业营销环境分析

作为中国制造产业的一支重要力量，空调产业与其他产业一样，其自身的发展与外部宏观环境的变化息息相关。国家对国民经济的宏观调控以及其他产业的发展状况都会对空调产业产生重要影响。而在中国空调产业所处的国民经济大环境中，以宏观经济运行、居民收入水平、居民消费习惯和消费能力、房地产的发展、产业政策等为主的外部因素对空调产业的影响较为直接。

一、宏观经济运行

从社会各界对2006年宏观经济预测来看，2006年宏观经济仍将保持平稳增长的态势，根据有关资料显示，2006年一季度，我国GDP增长10.2%。为空调消费市场的发展提供了稳定的基础。

二、居民收入水平及消费习惯、消费能力

国家统计局在国务院新闻办新闻发布会上发布的数据显示，2005年，中国城镇居民人均可支配收入10493元，扣除价格因素，比上年实际增长9.6%，增幅比上年提高1.9个百分点；农民人均纯收入3255元，实际增长6.2%，回落0.6个百分点。而居民的收入水平与其消费能力虽然不能等同而喻，但也关系密切。

三、国家对房地产业的宏观调控效果开始显现

与其他因素相比，房地产行业的发展对空调市场的影响更为直接，但从2005年冷冻年度开始，国家紧缩银根、宏观调控的效果开始显现，国家政府对房地产的宏观调控，使得空调大受影响。尤其在一级城市市场，房地产的发展曾经极大地拉动了空调的销售，而现在，房地产经济被遏制，空调一级市场的空间也小了。

四、产业政策的调整

在空调行业高速发展阶段，厂商得到的丰厚收益掩盖了产业内存在的诸多问题，随着空调市场陷入过度竞争的泥潭，原来沉在繁荣表象下面的问题逐渐浮出水面，最近两年，针对这些问题进行的产业政策调控开始一条条在落实或制定之中。

在节能方面，由国家发展与改革委员会和国家标准化管理委员会指导、全国能源基础与管理标准化技术委员会归口组织修订的国家标准GB12021.3《房间空气调节器能效限定值及能源效率等级》，确定了14kW以下房间空调器的能效等级指标，并于2005年9月1日开始实施。

在出口退税方面，出口退税率的下调对出口导向型行业和出口企业的平均利润产生了重大影响；但是就国内空调行业而言，国际市场是空调企业规避国内过度竞争的风险、寻求新利润源的必然途径之一。

作为我国家电行业技术性标准的《房间空调器安装质量检验规范》(试行)(以下简称

《规范》)，由中国家用电器维修协会于2006年3月14日在京发布。另外，由中国家电维修协会制定的《家用空调器深度清洗技术规范》已经于2006年5月正式出台，与此相关的空调“深度清洗”节能服务认证也有望在今年内推出。

同时，还有已于2006年7月1日正式实施的《关于在电子电气设备中禁止使用某些有害物质指令》(即ROHS指令)及《关于报废电子电器设备指令》(WEEE)。据了解，这两项指令的实施，将可能导致我国出口欧盟的空调价格上涨10%，从而对企业竞争力产生较大的影响。

随着空调产业的发展进入一个稳定期，政策性因素对企业的影响将越来越大，甚至能左右一个企业的生死。所以，空调企业在不断地适应市场发展步伐的同时，对产业政策的落实与适应，也是其能长期立足于市场竞争的必经之路。

任务要求：

1. 各小组选择一种产品，搜集资料整理分析影响该产品营销活动开展的宏观环境因素，并形成宏观营销环境分析报告。
2. 分析报告要尽量详细涵盖宏观环境的六要素，并分析环境机会和威胁。
3. 分析报告注明小组各成员具体分工。

任务评价标准：

评价要素	要素一	要素二	要素三	要素四	要素五	要素六	机会分析	威胁分析	文案整合	团队协作	合计
分值	10分	10分	10分	10分	10分	10分	10分	10分	10分	10分	100分

小组文案满分为100分，评价标准参照上表；

个人得分=∑小组得分/10。

【导入案例1-9】

云南红葡萄酒的成功之路

云南红葡萄酒是我国葡萄酒行业中的新秀。在其成立之初，云南的葡萄酒市场是“长城”和“王朝”的天下，“长城”占了云南葡萄酒市场70%～80%的份额，“王朝”也占有10%～20%的份额。云南红葡萄酒业成立后，经过五年的拼杀，取得了云南葡萄酒市场70%的份额，被誉为云南“红塔山后有一红”。分析云南红葡萄酒的成功，主要得益于以下几点。

1. 采用先进的酿造技术。

云南红葡萄酒由法国波尔多地区酿酒世家第五代传人担任酿造顾问，国内优秀的酿酒师、国际级品酒师担任总工程师，采用最先进的酿酒工艺，完全按照国际标准来精心酿造。

2. 当地政府的大力支持。

云南的葡萄和葡萄酒产业是云南省政府在继烟草之后重点扶持的又一经济支柱产业，

云南红酒业作为该产业的龙头企业，得到了地方各级政府的大力支持。

3. 充分利用社团活动推销自己。

“云南红”成立不久，正值第六届暨全国首届海峡两岸葡萄酒酿酒企业的经理研讨会在昆明举行，云南红酒业的营销人员充分利用这次机会，详细介绍云南葡萄的种植特点，及由此带来的云南葡萄酒的特点；云南红酒业的营销人员又利用“云南红”进入钓鱼台，成为国宾馆国宴特供酒这一契机，强调能进国宴的云南红酒的优秀品质。

4. 利用新闻媒介宣传自己。

“云南红”在《春城晚报》、地方电视台等媒体进行轰炸式的广告宣传，并组织大量的文化活动，如世界名曲欣赏会、交响音乐会，制造新闻事件，力求达到借力发力的传播效果。

5. 重视终端营销。

在终端营销上，“云南红”把注意力对准了终端，采取买断终端的做法，通过对一个商场的垄断，排挤其他品牌的进入，同时采取一系列“优惠”活动打动消费者的心，使“云南红”的销量直线上升。

【导入案例 1-10】

联想 CPU 的供应商

2004 年以前，联想电脑所用的 CPU 全部采用英特尔公司的奔腾系列，但英特尔公司利用其在 CPU 行业中的垄断地位制定垄断价格，攫取了 PC 制造业的大部分利润。联想作为中国乃至亚洲 PC 厂商的龙头老大，自然不想处处受制于英特尔。在自己后向一体化进入 CPU 生产领域不现实的情况下，联想选择了与英特尔的竞争对手——AMD 合作。2004 年 6 月初，联想和 AMD 合作，开始试探性地在其“锋行”系列家用电脑上安装 AMD 的 CPU，以观英特尔的反应，然而英特尔对此“并没有什么表示”，不肯降低对联想的 CPU 供货价格。

于是联想决定放手一搏：采用 AMD 新的 64 位的 CPU，并大幅度降低售价，希望能够迅速扩大市场份额，利用其规模优势，在向 AMD 采购中获得更大的折扣。联想希望自己的这一策略能够迫使英特尔为保住联想这个大客户不被 AMD 独占，会在未采用 AMD 的 CPU 的其他联想电脑上给予更好的政策。

联想成功的因素是多方面的，供应商选择的成功无疑是其成功的因素之一。

【导入案例 1-11】

立邦漆广告在中国引起的争议

2004 年 9 月的《国际广告》杂志刊登了一则名叫“龙篇”的立邦漆广告作品，画面上有一个中国古典式的亭子，亭子的两根立柱各盘着一条龙，左边的立柱色彩暗淡，龙紧紧攀附在柱子上；右边的立柱色彩光鲜，龙却跌落在地上。

画面旁附有对作品的介绍，大致内容是：右立柱因为刷了立邦漆，连盘龙都滑了下来。评论称："创意非常棒，戏剧化地表现了产品的特点……结合周围环境进行贴切的广告创意，这个例子非常完美。"

然而，就是这样一则广告，在中国网络各个论坛引起了轩然大波。有的网民说："这个广告乍一看还觉得挺有意思，可仔细一想就觉得别扭了。龙是中国的象征，怎么能遭到这样的戏弄！这个创意应该赶快改掉。"更多的网民则认为，"发布广告者别有用心"，而且"恶劣程度比'霸道广告'有过之而无不及"。

传播领域专家评论说："龙是中国的图腾，在一定意义上是中华民族的象征。每个国家对传统文化的理解不同，在我国的文化中，龙的内涵非常丰富。广告一旦忽略了与文化的联系，就会使受众感到不舒服甚至产生厌恶。"

你对这则立邦漆广告有什么看法?

【知识链接】

微观市场营销环境是直接影响企业营销能力和营销效果的力量和因素。

微观市场营销环境分析要素

微观市场营销环境要素	含　义

从消费者的角度对竞争者的划分

竞争者	含　义	举　例

同一行业竞争者之间的竞争策略

竞争策略	含　义

【阅读与思考1-4】

美的：帮出来的好汉

2000年11月8日，对美的空调事业部总经理方洪波来说，是一个很高兴的日子。这天，美的空调2001年工商恳谈会在广东顺德召开，来自全国各地的300多名供应厂商聚在一起，共同探讨在新经济条件下，谋求下一步战略合作和长远发展的问题。据有关数据显示，2000年销售年度，美的空调销售165万套，实现销售收入60亿元，同比增长40%，占全国空调市场13%左右的市场份额。对此，总经理方洪波说，取得这样的成绩，除了严格按照市场策略行事外，美的还有四大优势：一是规模和品牌优势，二是技术优势，三是美的集团多元化发展的辐射力，四是渠道优势。美的目前的渠道建设是两块：

一是和上游供应商之间的战略伙伴关系，二是和销售商之间的合作关系。目前，美的已与很多供应商之间达成了战略伙伴关系合作协议。美的空调自1996年开始创建性地提出与供应商建立永久性的战略合作伙伴关系以来，三年多的生产实践证明，与供应商之间离不开上下游企业的发展，上下游企业的发展不能离开美的空调长期的市场策略。“同超越”则是指：美的空调是创新领导者，创新的本质在于不断地自我否定，不断地自我超越。经历了多年的发展，上下游企业都会不可避免地遇到进一步发展的瓶颈，因此上下游各企业都应该抛弃旧有的思想习惯，改变旧有的行为方式，共同突破发展的瓶颈，共同实现新一轮的快速增长。

思考题：

1. 企业为什么要与供应商搞好关系？
2. 企业与供应商之间存在哪些关系？

【实战指导】

参考文案

中国空调产业营销环境分析

一、(略)

二、上游配件及原材料行业分析

最近几年，原材料价格的不断上涨一直困扰着我国空调行业，自2003年初开始上涨的原材料价格目前依旧持续着强劲的上升势头，特别是作为空调主要元器件的原材料铜，其价格一直处于螺旋式上升的状态。

2006年2月份，铜以50650元的每吨单价历史性地首次突破5万元大关，随后便有所平稳回落。在经过了一个半月的稳定期之后，即从3月底开始，铜价又陡然上涨，其中有几天平均以近千元的幅度往上涨。至4月7日，上海现货铜的每吨均价达到了53950元。

而空调产品主要元器件的另一大原材料钢的价格从3月初也开始稳步上扬。据商务部市场运行司消息，3月上半月，我国流通环节钢材平均价格比2月底上涨4.44%，达到4327元/吨，每吨上涨184元。其中，板材上涨尤其明显，6mm普通中板价格上涨9.32%，达到3767元/吨，每吨上涨321元；0.5无取向冷轧硅钢片价格上涨4.2%，达到7450元/吨，每吨上涨300元；1mm冷轧普通薄板价格上涨4.02%，达到4811元/吨，每吨上涨186元；3mm热轧普通薄板价格上涨5.91%，达到3800元/吨，每吨上涨212元。3月底，钢价市场的晴雨表宝钢推出了其二季度政策，再度上调了热轧产品价格，从而引起了铁矿、钢材、板材等市场一系列的连锁涨价反应。

同时，在原材料价格上涨的压力下，压缩机产品在2005年度也进行了两次价格上调，空调企业来自上游的成本压力继续加大。

三、空调流通渠道竞争环境分析

中国目前空调渠道格局不但存在有越来越强势的家电连锁卖场，还有传统的家电专业渠道，百货零售业态，甚至连国外企业也是虎视眈眈，颇有春秋时期群雄逐鹿的态势。

虽然目前家电连锁卖场在一级市场占有较大的市场份额，但是在广大的二三四级市场上专业经销商还是占有竞争的主动权，而且在一些一二级市场百货商场还与大连锁在艰难地抗衡着。同时，外资企业十分看好中国市场，正在积极谋划进军国内。因此，家电流通领域在经过前几个阶段的变革后，在今后相当长的一个时期内家电销售渠道还将处于一种变革、整合的状态。

1. 连锁卖场模式成为主流

在当今家电流通领域几大业态中，家电连锁大卖场是发展最为迅速的，也是最为惹眼的。尤其是2005年国内家电市场连锁的四处布局和完成的几起并购，使得家电连锁不断地成为新闻的焦点。在全国部分一级市场，家电连锁大卖场已经毫无争议地取得了垄断性地位。而在去年国美和苏宁电器相继完成全国一级市场布局后，他们又开始转战二三级市场。

但在他们快速扩张的同时，我们也应该看到其背后隐藏的风险。目前中国家电连锁业的管理还处在一个粗放的时期，还没有形成科学化、精细化的管理，从而使得他们的核心竞争力大打折扣。

同时，在粗放式的扩张过程中，中国家电连锁业的发展正面临着门店效益不高，整体经营利润偏低，厂商之间矛盾频频等诸多问题。尤其是厂商矛盾已经达到了尖锐的地步，挤压供应商利润作为盈利的主要途径。据了解，2005年上半年，国美电器销售收入78.12亿元，毛利6.75亿元。其他收入3.15亿元，其中向供应商收取的促销费、管理费、进场费和上架费合计2.01亿元，净利润3.50亿元。向供应商收取的各种费用占净利润的57%，而这种不平等的利益分配严重损害了一些合作厂家的信心。一些厂家试图自己建立流通渠道就是明显的例证。

因此，对家电连锁大卖场而言，目前最重要的就是提高企业管理水平，规范与供应商的交易，构建和谐的经营环境。即将出台的《零售商与供应商进货交易管理办法》也是一个佐证。

2. 百货业经营不容忽视

虽然在空调流通领域第一次变革当中，不少百货商场退出了空调经营，但我们也可以看到，在部分一级市场和绝大部分二三级市场，很多百货商场依然有着与连锁卖场相抗衡的能力。这些百货商场根据市场形势，及时调整了经营思路，不仅是零售，还是一些空调品牌的区域代理商。所以说，在目前的空调流通渠道还不能忽视百货业的存在。

3. 专卖、代理等销售模式继续发挥作用

随着连锁卖场逐渐占据一二级市场，不少小空调经销商退出了历史舞台，这在一定程度上也压缩了传统代理商的生存空间。面对市场竞争的压力，虽然有一些代理商转行退出家电流通行业，但也有不少家电代理商积极探索新的发展方向，有的尝试建立区域性、地区性家电连锁企业；有的利用自己已形成的资金能力、信贷能力和物流服务能力，成为更大型的供货商；还有的缩小规模、降低成本，将业务局限于工程机和维修业务等。而根据当前厂商之间这种不平等的利益分配，再加上格力专卖店的成功，专卖店似乎有愈演愈活的趋势。

4. 外资的进入和新业态的诞生

中国宣布零售业对外资进一步开放后，早就对中国家电零售业虎视眈眈的外资企业就迫不及待地进入中国，目前，美国家电零售巨头已圈定上海作为其中国首店所在地。但其想在中国家电市场上分得“一杯羹”，必须尽快克服“水土不服”的毛病。

另外，一种新兴的营销方式即网络营销正在兴起。

总的说来，未来几年中国家电流通领域既不可能是大型连锁企业一家独大、垄断整个行业的格局，也不可能回到群雄并起，数万个家电经销商鱼目混杂的局面。应该是一个大型家电连锁企业和以现代家电代理商为核心的家电加盟零售卖场，以及其他新型的家电零售企业共存的局面。

四、空调行业经营现状及未来发展分析

1. 内销市场

(1)我国目前空调市场运行特征

①淡季市场成为角逐焦点。目前，随着消费者消费逐渐趋于理性，淡季市场越来越成为众多厂家角逐的焦点，传统“淡一旺三”的局面不复存在。

②天气因素仍占主导。尽管制造厂家力图改变这种状况，加大淡季市场推广力度，但空调产品的特殊性还是无法颠覆其“靠天吃饭”的特点。

③各种炒作层出不穷。行业利润空间越来越小，各厂家在放下“价格屠刀”的同时以其他形式开始炒作，诸如“健康”“节能”“服务”等方面的概念炒作层出不穷。

④三四级市场成开发热点。随着一二级市场的逐渐饱和和竞争加剧，大部分厂家把眼光投到了广袤的三四级市场，从2005年度开始，各厂家就纷纷加大了开拓三四级市场的力度，有的厂家在制定年度销售目标时，甚至规定了乡镇市场销售量必须达到一定的比例。

⑤产品步入彩板时代。从2005年度开始，国产品牌一改往日单调的“白色”，开始纷纷推出各种花色的彩色面板空调。至2006年度，工厂对彩色面板产品的开发和推广更为大胆和豪放，格兰仕甚至将彩板空调申请了专利；而从现已面市的新产品来看，单一白色的空调产品少之又少。中国家用空调产品正在步入彩板时代。

⑥健康、节能成市场的主旋律。尽管中国的家用空调产品在技术的发展上一直备受争议，但在目前的行业环境下，众厂家对健康、节能的大力炒作加上国家新能效等级的出台实施，使得具有这些功能的空调正越来越受到消费者的追捧。能效比国家标识的实施，对空调行业来说应该是件好事。实行能效标识制度，不仅仅能提高我国空调产品的节能水平，也提高了行业门槛，有利于行业的整合。

⑦价格均线曲线拉高。原材料价格的逐渐上涨，前期市场的无序竞争所带来的“后遗症”使得空调制造厂家的利润空间被进一步压缩，不堪重负的厂家纷纷通过各种方法曲线抬高空调价格，如加大对新产品的推广，减少特价机的市场投入，等等。

(2)2006年中国空调市场发展趋势

①价格战从厂家转至渠道。在目前行业大背景下，空调行业的内销市场必将由规模扩

张向效益集约转型，由价格战向价值战转型。通过简单的低价格寻求规模扩张的战略在当前的行业环境下已没有现实基础。相对于制造领域的相对理性，目前的空调渠道正处于整合阶段，在没有找到其他更有效的方法之前，要想扩大规模，占据更大的市场份额，价格战可能会是他们的必然选择。

②品牌集中度进一步提升。自从在2005年度中海尔、格力、美的三大主导品牌对三四级市场进行发力后，主流品牌及其他中小品牌的生存空间再次受到挤压，以销售量为计，海尔、格力、美的三大主导品牌2005年度的销售总量达到了1260万台，占年度市场总销量48.48%的比重，比2004年度的42.58%提升了5.9个百分点。而1260万台的总量比2004年度的1090万台提升了170万台，增长率为15.6%，远远超过行业1.56%的增长率。而从目前2006年度淡季开盘的情况来看，品牌集中度有进一步提升的趋势。

③上山下乡困难多。空调企业竞相高调发布了大举进军乡镇市场的宣言，并摆开了阵容，准备在乡镇市场打一场硬战。但农村市场不像城市一二级市场，空调企业可以借助家电卖场在区域市场的整合优势进行分销。农村市场零散、规模小、管理难、服务跟不上、促销的组织更难，一旦做不好就极易失去乡镇消费者的信赖。因此，要想赢得农村市场就得先赢得农民的心，从渠道的信誉度、产品的满意度到服务的质量，正是这些细节决定了该品牌在当地的信誉与影响力。因此，对于进入乡镇市场，空调企业稳扎稳打比一味地扩充版图要实惠得多。

④服务营销盛行。中国空调业目前正已站在产业成熟的拐点上，这从不合理竞争手法与落后营销方式的退场可以看出。新冷冻年的到来，各企业的竞争重点除了在外观的设计上较劲外，还延伸到了售后的服务上。首先是由海尔、海信、LG、美的、松下、大金、格力、科龙、日立、三菱等国内外空调生产和专业维修服务企业共同审议通过的空调安装规范问题，接着，美的空调以"绿色节能"为主题，发布了自己的空调节能"深度清洗"服务及其企业标准。无论是"深度清洗"还是"五段全程标准服务"，都带动了空调行业服务竞争的升级，在众多空调厂家为产能和规模拼命时，服务将使行业从价格竞争中解脱出来，向提高品质和增强实力升级。

⑤产品趋于高端。松下空调继全球同步上市自动清洁滤网机器人空调不久，日前又高调推出可支持"泛网智控"远程遥控功能的全线新品。而在此之前，卷土重来的LG空调一次性发布6大系列空调新品，旗帜鲜明地提出由"本土化"战略向"高端"转型，全面杜绝特价产品投放。进入中国十多年的三洋空调，亦一气推出20多个新品。而大金、三菱电机、三菱重工等，今年也纷纷推出了各自的高端产品。

而对国内主流空调厂商而言，利润率在一步步走低，迫于经营压力，国内主流厂商在市场地位日渐稳固的情况下，进军高端空调市场就显得尤为迫切，与国外空调厂商的竞争也将日益显现。

2. 出口市场

2005年度的出口市场承袭了上一年度良好的发展势头，全年度国内空调企业（含在华投资的合资、独资企业）的出口总量达到了2750万台，超过内销量150万台；比2004年度的2680万台增长了2.61%。无论是绝对量还是增长幅度均超过了内销市场，全年度外销市场的销售额将近39亿美元，比2004年度的35亿美元上升了11.43%。其中，国产品牌占主导。继2004年度超越外资品牌之后，国产品牌在2005年度的外销市场份额再次扩大。全年度所有国产品牌总的出口量达到了1705万台，占全国出口总量的62%，比2004年度的1150万台增长了48.26%。

相比2006年年度低迷的内销市场，2006年度空调企业的出口形势相当喜人。据艾肯空调资讯网监测的数据显示，2006年2月，中国空调出口总量达到296万台，同比增长23.33，环比增长率为49.49%，而1月份中，全行业出口总量也同比增长10%，而环比增长率达到了67.80%之高，而实际上出口市场真正的旺季还没有到来。从地区需求来看，中国空调出口主要靠北美市场支撑，欧洲市场正在缓慢复苏，中东、非洲、大洋洲、亚洲及其他地区的需求也正在逐步增加。

但值得注意的是，2006年，海外市场的操作难度将加大。这首先是由于世界市场开始呈现饱和状态，特别是欧美等发达地区；与此同时，由于有越来越多的国内企业走向国际市场，并且在相对有限的国际市场空间争夺订单，造成国内企业争夺订单现象日益突出，使国际市场单品价格趋于下降，随时随地都面临反倾销的危机和风险。有关人士认为，中国空调行业在2006年度将面临一股反倾销高峰。

其次，是原材料涨价导致成本压力增加。近段时间，钢材、塑料等原材料价格一再上升，空调生产成本增加，而出口价格上涨幅度有限，国内厂家的利润空间进一步缩小，并进而导致企业在科技研发、产品创新和自创品牌方面的投入更显困难。

再次，是欧盟的“环保壁垒”更为严厉。欧盟有关废旧家电和电子产品的环保指令将于2006年8月中旬开始生效，据了解，由此每台空调的成本将增加10欧元。再加上人民币的升值，都提高了空调出口的成本压力。

面对这种状况，部分企业已经开始调整企业的战略计划，如一些企业则根据自身的情况，制订并实施了一些稳健的国际化运作策略，像海尔、TCL、格力、春兰、新科等企业在不同的国家和地区采用了自建生产工厂的方法。但如果真正要规避风险，中国空调企业必须改变目前这种单纯的“质优价平”理念，不能只守着低端市场不放，而应当全方位占据国际市场的低、中、高端市场，同时加大自有品牌出口力度。此外，在销售网络建设方面，必须持互利、诚信态度，逐步建立健全全球自有销售网络，全面理解国际市场运作规则，规避出口国际市场政治风险、反倾销的风险、不能融入当地文化的风险以及金融风险等潜在风险，最终确立中国空调企业在国际市场上的强势地位。

任务要求：

1. 各小组选择一种产品，搜集资料整理分析影响该产品营销活动开展的微观环境因素，并形成微观营销环境分析报告。

2. 分析报告要尽量详细涵盖微观环境的六要素，并分析企业优势、劣势。

3. 分析报告注明小组各成员具体分工。

任务评价标准：

评价要素	要素一	要素二	要素三	要素四	要素五	要素六	优势分析	劣势分析	文案整合	团队协作	合计
分　值	10 分	10 分	10 分	10 分	10 分	10 分	10 分	10 分	10 分	10 分	100 分

小组文案满分为 100 分，评价标准参照上表；

个人得分 = ∑小组得分/10。

【导入案例 1-12】

格兰仕光波炉：营销非典时刻

格兰仕光波炉在 2001 年 7 月问世的时候，这个产品的使命非常清晰。在经过近十年激烈的市场拼杀之后，格兰仕已经占领了中国微波炉市场的 70%，世界微波炉市场的 40%。然而格兰仕在中国消费者的心目中，定位为低价格、低技术的品牌。

在完成对中国市场的垄断之后，格兰仕的营销战略需要调整——从追求市场占有率的低价格扫荡，回归到追求高利润率上来。光波炉承担着扭转格兰仕"价格屠夫"形象，树立高端品牌的重任。2002 年格兰仕以"杀菌更彻底，营养更美味"为诉求的光波炉闪亮登场，只用了短短一年，光波炉就取得了良好的业绩。

2003 年 3 月，一场突然到来的瘟疫给格兰仕提供了提升光波炉的良机。非典刚露出端倪，格兰仕就开始在全国范围内投放宣传光波炉杀菌功能的广告。与此同时，格兰仕迅速取得了中立机构关于对产品"杀菌"功能的监测证书，并联合媒体召开杀菌家电研讨会。

此后格兰仕开始向当时媒体关注的中心——医院，大规模赠送能够杀菌的"光波炉"。赠送活动在向北京小汤山捐赠时达到了高潮。

格兰仕在推广光波炉"消毒杀菌"功能的过程中，时刻让自己处于媒体关注的中心，并且高明地将舆论引导到有利于自己的方向。在非典肆虐的几个月里，格兰仕可能是最受公众关注的家电企业。巧妙借势、营造新闻事件、完美的炒作，在非典期间，家电企业一片悲叹之中，格兰仕却赢了个满堂彩，不少地方出现断货。

格兰仕非典期间对于"杀菌"功能的强调也产生了一定的负面效应——格兰仕下半年在某些地方采取的"送钻表""以旧换新"等过度促销行为，无疑是前半年对"杀菌"功能过度强调的结果。

【导入案例 1-13】

威露士借“SARS”营销

在“SARS”横行之前，威露士在中国市场的销售一直是不温不火，毕竟是一个注重家庭卫生和安全的时代还未完全到来。而在“SARS”事件之中，威露士果断采取的一系列“非典”营销实验迅速奠定了它在消毒市场的霸主地位，并狠狠提升了一把品牌的美誉度。这一备受营销界首肯的“非典”营销实验，绝非投机取巧，而是乘势而上，敏锐地预见“非典”商机。

威露士的“非典”营销实验共分三个阶段：

第一阶段(2 月 10 日至 2 月 13 日)为启动阶段。2 月 10 日，以生产消毒药水著称的外商独资企业莱曼赫斯公司(中国)营销人员通过收集各方面的信息，敏锐地预见到“非典”商机，迅速成立了专门的应急小组。

第二阶段始于 2 月 11 日。这天，广州市政府召开新闻发布会，正式公布了广东存在非典型性肺炎，告知市民要注意手的清洁和消毒。于是，威露士在广州主流报媒推出平面广告“预防流行性疾病，用威露士消毒药水”，从而拉开了消毒市场的第一轮战役。2 月 12 日南方都市报的消毒水广告改为“防止病从手入，请用威露士洗手液”。值得称道的是，这个广告刚好和市政府召开的新闻报道会同日出现，从而增加了广告的可信度。此后，2 月 12 日、13 日、17 日、19 日头版都推出了威露士通栏广告。

第三阶段(2 月 17 日至 2 月 26 日)，在通过广告充分传达整个品牌概念之后，威露士开始启动品牌营销，以达到巩固自身品牌地位的目的。在第三阶段，威露士一举将原来强调功能和品牌的广告语改为公益广告——“巩固健康生活请用威露士”，从而博得公众好感。同时针对其直接竞争对手“滴露”的广告语“专业消毒选滴露”，威露士推出新广告词“专业化、更出色，家庭消毒选威露士”，从而将自身品牌诉求更快地圈定在“家庭消毒”这一块。

值得一提的是，在营销的第三阶段，众多洗手液的广告开始出现，此刻威露士先发制人，率先与南方都市报合作，借助后者的影响力和订户网络，向广州、深圳地区无偿捐赠 37 吨价值 100 万元消毒洗手液。这是当时继“非典”事件出现后第一个率先大规模捐物的品牌——6 万多瓶洗手液先后派送到 2000 多家学校和企事业单位，亦引起媒体的高度关注。

可以说，威露士通过“非典”一举确立了自己在消毒液市场的霸主地位。在总结此次“非典”时期的营销实验时，威露士认为：在突发事件面前，首先要反应快；其次信息收集要全面，要有专人负责信息采纳；再次，市场决策要快。

【导入案例 1-14】

日本汽车企业趁机抢占美国汽车市场

20 世纪 70 年代，日本汽车在进入美国市场时，面对的是美国十分发达的汽车制造同行，但日本汽车抓住当时世界性能源危机、石油价格飞涨这一机会，适时开发出节能型小轿车来打入美国市场，此类节能小轿车深受美国民众喜爱，日本汽车在美国的市场份额迅速增加。而同一时期的美国汽车制造商对能源危机现象反应迟钝，仍倾向于生产传统的多座位、高油耗的豪华型轿车，结果其市场份额逐渐被日本汽车夺取。同样面对能源危机，日本汽车商与美国汽车商的结局却完全不同。日本汽车成功地将能源危机作为环境机会来加以利用。

思考题：

从以上三个案例中，我们能得到什么启示？营销如何与环境相结合？营销如何化“危”为“机”？

【知识链接】

SWOT 法

营销环境分析经常使用的方法是 SWOT 法，是指 strength（优势）、weakness（劣势）、opportunity（机会）、threat（威胁）的缩写。在进行环境分析时，应把所有的内部因素（公司内所有的优势和劣势）都集中在一起，然后用外部力量对这些因素进行评估。

一、环境威胁和机会分析

对某一特定企业而言，营销环境基本上分为两大类：一类是环境威胁，另一类是市场营销机会。

所谓环境威胁，是指对企业营销活动不利或者限制企业经营发展的因素。如果不采取果断的市场营销行动，这种不利趋势或因素将伤害到企业的市场地位。企业市场营销人员应善于识别所面临的威胁，并按其严重性和出现的可能性进行分类，并制定相应计划及措施，以规避威胁或把威胁造成的损失降低到最低限度，变被动为主动。

所谓市场营销机会，是指对企业在市场上存在的或者潜在的消费者需求。同一个环境机会，对于不同的企业可能有不同的反应，它可能对某个企业是有利的，而对其他企业则可能是有害的。企业营销人员要善于寻找和识别市场机会，判断其大小及本企业可能成功的概率，一旦发现企业机会，就要分析评估并迅速行动抓住不放。

例如，假设某烟草公司通过其市场营销信息系统和市场营销研究部门了解到以下足以影响其业务经营的动向：

①有些国家政府颁布了法令，规定所有的香烟广告包装上都必须印上关于吸烟危害健康的严重警告；

②有些国家的某些地方政府禁止在公共场所吸烟；

③许多发达国家吸烟人数下降；

④这家烟草公司研究实验室很快就发明用莴苣叶制造无害烟叶的方法；

⑤发展中国家的吸烟人数迅速增加。

显然，上述动向中，①，②，③条给这家烟草公司造成了环境威胁；④、⑤条造成了使公司可能享有“差别利益”的市场机会。

二、企业优势和劣势分析

每个企业都要定期检查自己的优势和劣势，企业可检查其营销、财务、制造、人力资源、组织能力等。每个要素都要按照特强、稍强、中等、稍弱、特弱划分等级。构成企业内部环境的主要因素有财务状况、产品线与竞争地位、市场营销能力、研发与开发能力、组织结构、员工素质等。分析企业的内部环境主要采用价值链分析法。企业生产是一个创造价值的过程，包括设计、生产、销售、服务及外部环境等。企业要对每一项活动进行分析评估，发现企业的优势和劣势以及价值链中各项活动的关系。

【阅读与思考1-5】

暴雪来袭，企业如何营销？

2008年1月中旬以来，持续的大范围灾害性雨雪天气，给交通运输、能源通信和人民生活生产带来了极其严重的影响，这一大范围的灾害性天气也严重影响了卡巴斯基产品的运输，大量产品滞留在运输途中，使得许多受灾地区的用户无法及时获取卡巴斯基产品。

春节期间往往是计算机病毒高发期，没有受到反病毒软件保护的电脑存在极大的安全隐患。为满足广大用户的急切需求，卡巴斯基决定利用互联网迅速将卡巴斯基产品送到消费者手中，让广大消费者能够过一个“安全无毒”的祥和春节。据卡巴斯基相关人士表示，卡巴斯基将根据灾情发展的具体情况决定此次大规模赈灾活动的持续时间，以保证所有消费者能够迅速和便捷地获取卡巴斯基产品。

此次赈灾活动是卡巴斯基继2007年中国台湾海域地震造成海底光缆断裂推出应急服务并为广大网友提供免费服务之后的又一次大规模活动，其及时响应的效率和大规模投入的决心都体现了卡巴斯基“一切为了用户安全”的核心理念。正如卡巴斯基亚太地区董事、总经理张立申先生所说：“想消费者所想，为所有消费者提供安全是卡巴斯基矢志追求的目标，灾情就是命令，在消费者需要的时候，我们愿意分享我们的技术和资源，为用户营造一个安全祥和年。”

思考题：

1. 请你对卡巴斯基公司的营销活动进行评价。

2. 想一想因雪灾受困的群众会有哪些需求，会给企业带来市场机会吗？

【实战指导】

参考文案

克莱斯勒汽车公司的SWOT战略组合

	优势(S)	劣势(W)
企业内部环境	1. 1985—1987年产品质量提高35% 2. 劳动力成本比福特和通用低 3. 在航天工业中处于领先地位 4. 盈亏平衡点从240万辆降为150万辆 5. 拥有50%的小型面包车市场	1. 购买美国汽车公司的负债资本比例上升为60% 2. 固定资产占40% 3. 缺少合资企业 4. 经营区域仅局限于美国、加拿大、墨西哥
	机会(O)	劣势(T)
企业外部环境	1. 美元贬值 2. 航天工业每年增长20% 3. 消费者税后收入每年增加5% 4. 利息率下降 5. 通用公司的一种新车计划遇到问题	1. 外国汽车增加了对美国市场的占有 2. 中东局势不稳定使油价上涨 3. 福特公司有一种节油型的新车推出
	WO 战略	SO 战略
	1. 建立一个航天工业的合资企业 2. 在欧洲建立一个生产小轿车的工厂	1. 收购一个航天行业内的公司 2. 增加50%的小型面包车的出口量
	WT 战略	ST 战略
		1. 增加广告费50%

任务要求：

1. 各小组选择一种产品，在搜集资料整理分析影响该产品营销活动开展的营销环境的基础上，完成SWOT分析报告。

2. 分析报告注明小组各成员参与情况及具体分工。

任务评价标准：

评价要素	S	W	O	T	WO	SO	WT	ST	合计
分值	10分	10分	10分	10分	15分	15分	15分	15分	100分

子情境三：分析消费者行为

【学习目标】

●**知识目标**

1. 掌握消费者市场的含义，理解消费者市场的特点。
2. 熟悉影响消费者购买行为的主要因素及消费者购买行为的类型。
3. 掌握市场调查的内容、数据收集、步骤、方法及技术。
4. 能够熟练运用所学知识进行市场调研。

●**技能目标**

学生能够体会消费者购买行为分析的含义，能够针对一个具体的营销策划项目（产品），设计市场调查问卷，熟练应用市场调查的技术和方法，开展市场调查活动，并完成市场调查分析报告。

任务一： 给予学生一个具体的营销策划产品，学生能够设计市场调查问卷，开展市场调查活动，了解消费者购买行为等情况，并完成市场调查报告。

【导入案例 1-15】

王女士的周末购物

每周去超市前，王女士都会把要买的必需品列在一张清单上。这个周末也一样，王女士拿着购物清单进入超市购买每周都需要用的日常用品。想到家里的牙膏快用完了，她就向牙膏区域走去。当她回到家中发现，除了她常常多买的东西，如新口味的泡面、口味酱、各种糖果、包装可爱的纸巾和各类看着便宜的小东西之外，她居然买下了八支不同的牙膏：竹盐牙膏买一送一，觉得实在划算，买下；高露洁的直立包装蛮新鲜，买来试试；李宇春代言的佳洁士，令她联想起偶像蹦蹦跳跳的广告，也买下；旅行套装，出差可以用……

按一支牙膏用一个半月计算，她买下的牙膏起码可以用一年！虽然她每周都会去一趟超市。实际上，像王女士这样的"冲动购物"，在超市和商场中并不是少数，相反，非计划的冲动购买甚至高达60%。

思考题：

谈谈自己的购买行为，或者观察超市消费者的购买行为，并分析购买动机。

【导入案例1-16】

“月光族”

现在有这么一群年轻人：他们经常没钱，经常透支；挣得不多，花得却多；有钱时哪都敢去，什么都敢买；没钱时便一贫如洗艰难度日。拿着丰厚的薪水却扛着贫穷的大旗，这些每月收入全都花光的消费群体被戏称为“月光族”。月光族们偏好开源，讨厌节流，他们认为花出去的才是钱。所以每个月辛苦挣来的“银子”，到了月末总是会花得精光，别指望在他们的银行户头上看见存款。老年人看不惯，叫他们“败家子”，但他们却认为这是一种生活方式，自己活得很充实、快乐！

出生于20世纪70年代后期至80年代的独生子女们，由于特定的历史机遇和经济环境，他们现在成了“月光族”的主力军。国外经济专家们也注意到了这一动向。欧洲经济专家认为，这些中国独生子女们已经成长为社会消费的主力军，他们追求超前消费，而非积蓄，中国的经济增长模式有望从投资拉动型变为消费拉动型；韩国经济专家们分析说，“月光族”引导着中国新的消费文化，2008年后，“月光族”将成为中国消费市场的核心力量。因而，外国专家们不约而同地认为，应认真研究中国出现“月光族”消费形态的原因。

思考题：

请你从营销的视角分析“月光族”消费的原因与动机。

【导入案例1-17】

本田摩托车从改变美国人的观念入手

本田摩托车刚进入美国市场时，面临的美国消费者的信念和态度并不有利，因为大多数美国人对摩托车没有好的印象，他们将摩托车同黑皮夹克、弹簧刀和犯罪联系在一起。为了打开美国市场，本田公司采取了改变美国消费者的信念和态度的市场营销措施。该公司发动了一场大规模的“骑上本田迎亲人”的宣传活动，结果很成功，使许多美国人改变了对摩托车的不好印象，美国的摩托车市场逐渐被打开，本田公司同时也取得了很好的收益。

美国苹果打开日本市场

经过长达24年的协商和谈判，日本政府终于准许美国苹果于1995年1月在日本限量销售。为了成功地打入日本市场，美国苹果种植主协会仔细分析日本市场竞争因素，深入研究日本人的苹果消费习惯，拟定出一套有效的销售计划，结果一炮打响。

美国苹果进入日本市场面临着两项挑战：日本苹果种植主的抵制和日本消费者的接

受。市场研究发现：日本人吃苹果的方式和美国人大不一样。大多数美国人把苹果当作午餐或零食，咬着吃，不削皮。然而，在日本，苹果大多用作饭后甜食，削了皮切成小块再吃。此外，日本苹果一般要比美国苹果个大得多。针对这些市场特点，美国苹果种植主协会为苹果的定位是：有益于健康的方便零食。很明显，美国苹果在日本的定位，目的在于创造新的市场需求，避免与现有日本苹果市场的直接竞争，从而消除日本苹果种植主的抵制。更为重要的是：因为日本苹果市场是个成熟而饱和的市场，如果美国苹果与日本苹果直接竞争，很难在短期内占领一定市场。然而，如果能够创造出一种新的市场需求，美国苹果在日本的销售潜力将大得多。

改变消费习惯，创造市场需求，谈何容易！美国苹果种植主协会认为：日本消费者能否把美国苹果当作方便零食来吃，关键在于人们是否接受咬着吃整个苹果的习惯。针对这个问题，美国苹果种植主协会在日本开展了一系列旨在改变日本消费者食用苹果习惯与观念的促销活动，其中精彩的一项是“咬苹果大赛”。美国苹果在日本上市的第一天，美国苹果种植主协会在东京闹市区搭起高台，人们自愿登台参赛，能一口咬下最大块苹果者，获得一件印有美国苹果图案的运动衫。旁观者每人赠送 3 个美国红元帅苹果。这项有趣的活动获得日本大众媒介的充分报道。日本消费者在一笑之中了解到美国人吃苹果的方式并留下深刻的印象。

促销活动的另一特点是：充分利用美国在日本的形象。大多数日本人，特别是年轻人对美国和美国产品的印象比较好。美国苹果种植主协会希望这种一般印象有助于日本消费者接受美国苹果。美国苹果在日本上市的前一天，美国总统克林顿在美日贸易会谈结束仪式上，把一篮子美国红元帅苹果赠给日本首相。对此，美国和日本的电视台都给予报道。日本的两家大报《朝日新闻》和《读卖新闻》也刊载了新闻照片。为了直接影响日本消费者，销售美国苹果的商店还都插上美国国旗。

与这些公共关系活动相配合的是美国苹果的定价策略。日本苹果的价钱，每个从 1.5 美元到 5 美元不等。然而，美国苹果在日本售价仅为每个 75 美分。这个价钱很有竞争力，而且与美国苹果为方便零食的定位也是一致的。尽管美国苹果的定价偏低，多数吃过美国苹果的日本消费者并不认为美国苹果的质量差。有趣的是：这个价钱仍然高于美国国内苹果的价格。

这些促销活动帮助美国苹果成功地进入了日本市场。日本政府允许 1995 年进口的 70 万箱美国苹果到 1995 年 4 月份即销售完毕。人们可以相信，美国苹果种植主协会将会有新的招数促进 1996 年美国苹果在日本的销售。

（资料来源：《国际广告》1996 年第 3 期，琳达·史蒂文、李海容。）

思考题：

1. 美国人和日本人是如何改变对方的消费习惯的？
2. 你帮助美国人和日本人思考一下还有什么策划活动可以改变对方的消费行为习惯？

【知识链接】

消费者市场是指为满足生活需要而购买商品或服务的个人和家庭。所有企业，无论是生产企业还是商业、服务企业，也无论是否直接为消费者服务，都必须研究消费者市场，因为只有消费者市场才是商品的最终归宿，即最终市场。其他市场如生产者市场、中间商市场等，虽然购买数量很大，常常超过消费者市场，但最终服务对象还是消费者，仍然以消费者的需要和偏好为转移。所以，从这个意义上可以说，消费者市场是一切市场的基础，是最终起决定作用的市场。

体会消费者市场的特点

消费者市场的特点	含 义

影响消费者购买行为的因素

影响消费者购买行为因素	具体内容

消费者购买决策过程

消费者购买决策过程	思考内容

消费者购买角色

消费者购买角色	含　义

消费者购买行为类型

消费者购买类型	含　义

【阅读与思考 1-6】

老年服装厂的营销之道

消费心理是消费者在满足消费需要活动中的思想意识，它支配着消费者的购买行为。进入老年后，由于生理器官的变化，必然地引起心理上的变化。研究老年人的心理特征，有助于了解老年消费者的消费心理，为企业的营销决策提供依据。某服装企业在为老年人提供服装时采用了以下一些营销措施：

(1)在广告宣传策略上，着重宣传产品的大方实用，易洗易脱，轻便、宽松；

(2)在媒体的选择上，主要是电视和报刊杂志；

(3)在信息沟通的方式方法上主要是介绍、提示、理性说服，而力求避免炫耀性、夸张性广告，不邀请名人明星；

(4)在促销手段上，他们主要是价格折扣，展销会；

(5)在销售现场，生产厂商派出中年促销人员，为老年消费者提供热情周到的服务，为他们详细介绍商品的特点和用途，若有需要，就送货上门；

(6)在销售渠道的选择上，他们主要选择大商场，靠近居民区，并设立了老年专柜或老年店中店；

(7)在产品的款式、价格、面料的选择上分别采用了以庄重、淡雅，民族性为主，以中低档价格为主，以轻薄、柔软为主，适当地配以福、寿等喜庆寓意的图案。

在老年顾客的接待上，厂家再三要求销售人员在接待过程中要不徐不疾，以介绍质量可靠，方便健康、经济实用为主，在介绍品牌、包装时注意顾客的神色、身体语言，适可而止，不硬性推销。

某一天，在该厂设立的老年服装店里来了大约四五位消费者，从他们亲密无间的关系上可以推测出这是一家子，并可能是专为老爷子来买衣服的。老爷子手拉一位十来岁的孩子，面色红润、气定神闲、怡然自得，走在前面，后面是一对中年夫妇。中年妇女转了一圈，很快就选中了一件较高档的上装，要老爷子试穿；可老爷子不愿意，理由是价格太高，款式太新，中年男子说反正是我们出钱，你管价钱高不高呢。可老爷子并不领情，脸色也有点难看。营业员见状，连忙说，老爷子你可真是好福气，儿孙如此孝顺，你就别难为他们了。小男孩也摇着老人的手说，好的好的，就买这件好了。老爷子说小孩子懂什么好坏。但脸上已露出了笑容。营业员见此情景，很快将衣服包扎好，交给了中年妇女，一家人高高兴兴地走出了店门。经过这七个方面的努力，该厂家生产的老年服装很快被老年消费者所接受，销售量急剧上升，企业得到了很好的经济效益。

思考题：

1. 这七个方面体现了老年消费者怎样的消费心理和购买行为，企业这样做的营销依据是什么？他们和青年人、妇女等在消费心理、购买行为上有什么区别，这样的心理和行为是怎样形成的？

2. 请用刺激—反应模式和需求层次理论分析老年人的购买行为。

3. 请分析这户人家不同的购买角色和营业员的销售技巧。

【阅读与思考 1-7】

消费者对“原产国”的认识

消费者对于产品品牌“原产国”的认同性的不同，会产生不同的评价。产品的“原产国”对潜在的购买者有着正面、中性或负面的影响。比如，世界上大多数国家的消费者都喜欢标有“意大利制造”的服装，都认同日本制造的家用电器和德国的汽车等。认为他们的质量、节能性、可靠性等值得信赖。而波兰制造的汽车与家电给消费者的印象就很差。处于这两个极端之间的那些原产国对其形象影响不大的产品，通常是原材料与自然资源，如尼日利亚的石油和加拿大的木材。

消费者基于其个人背景、经历以及对不同国家产品的质量、可靠性与服务的印象等形成了自己的喜好。因此，购买者会断定德国制造的新型汽车质量要比保加利亚制造的好。

一项关于“原产国”的研究得出以下结论：

(1)原产国的影响随产品的不同而各异。消费者需要了解汽车的出产国，但并不会想到制造润滑油的产地。

(2)通常工业发达国家的消费者对国产货评价较高，而发展中国家的消费者更喜欢进口的消费品。

(3)如果消费者认为国产货不如进口货，那么，提倡购买国产货的宣传活动就不可能获得成功。

(4)某些国家在一些特定的产品上享有盛誉，如日本的家用电器，美国的高科技产品、软饮料、卷烟和牛仔裤是著名产品，法国的葡萄酒、香水和奢侈品也誉冠全球。

(5)某个国家形象越是受欢迎，越应该突出“某国制造”的标志，以促销产品。

(6)对“原产国”的态度是动态变化的。比如新中国成立前后的国家形象发生了根本改变，尤其是改革开放以来的经济发展使得国家逐渐富强起来，世人对“中国制造”有了新的认识。

思考题：

由此资料，你想到一些什么问题？

【导入案例1-18】

高校学生使用手机情况的调查问卷

为了更好地了解高校学生对手机各方面的需求，以便推出一批适合高校学生需要的手机，特此展开此次问卷调查，多谢大家的支持和配合。

1. 你是大几的学生？(　　)

A. 一　　B. 二　　C. 三

2. 选出您最喜欢的手机品牌(最喜欢打6分，最不喜欢打1分，依次打分)

A. 诺基亚(　　)　　B. 三星(　　)　　C. 摩托罗拉(　　)　　D. 波导(　　)

E. 联想(　　)　　F. 其他(　　)

3. 你喜欢的手机样式是(　　)。

A. 直板　　B. 翻盖　　C. 滑盖　　D. 旋盖

4. 在您心目中您想拥有一款什么颜色的手机？(　　)

A. 白色　　B. 银白色　　C. 黑色

D. 红色　　E. 其他

5. 您对手机的外观有何要求(　　)。

A. 小巧型　　B. 大方型　　C. 个性型　　D. 商务型

6. 您买手机的主要原因是(　　)。

A. 身份显示　　B. 方便联络　　C. 时髦流行　　D. 生活需要

7. 您购买手机时所能接受的价位是(　　)。

A. 低于 600 元　　B. 600 ~ 900 元　　C. 900 ~ 1200 元　　D. 1200 元以上

8. 您使用手机的月话费是(　　)。

A. 30 元以下　　B. 30 ~ 50 元　　C. 50 ~ 80 元　　D. 80 元以上

9. 您选择一款手机对它的基本功能以外的要求是(　　)。

A. MP3，MP4 功能　　B. 游戏功能　　C. 移动 QQ 功能　　D. 学习功能

E. 摄像功能

10. 您认为选择手机最重要的标准是(　　)。

A. 品牌、价格　　B. 使用方便、美观

C. 价格、质量　　D. 售后服务、品牌

E. 功能、价格

11. 请问您对所需手机的看法(每项分 1 ~ 5 个等级，在认为合适的等级上划钩)

质量 1 - 2 - 3 - 4 - 5

价格 1 - 2 - 3 - 4 - 5

功能 1 - 2 - 3 - 4 - 5

外观 1 - 2 - 3 - 4 - 5

12. 您觉得目前您所使用的手机的售后服务如何？(　　)

A. 非常好　　B. 很好　　C. 一般

D. 不太好　　E. 非常不好

13. 请问您对校园手机服务还有哪些建议？

答：

【导入案例 1-19】

海尔公司对上海地区热水器拥有量及购买意向的市场调查

本公司以科学方法挑选，您是选中的代表之一。需要听取您的意见，耽误您几分钟的时间，谢谢您的合作。(填表注意：对选中的答案，在该答案后的方框“□”中填写“√”符号。在有“________”的地方，必要时请填写相应的情况或意见。)

1. 您家里有热水器吗？

有□　　没有□

2. 若“有”请回答：

①什么时候买的？

2000 年以前□　　2000 年—2004 年□　　2004 年—2009 年□

②是什么类型的？

电热水器□　　燃气热水器□

③是什么牌子及产地？________

④使用过程中，最大的缺点是：

比较耗电(气)□　不太安全□　　易出故障□　　操作不方便□

出水量太小□　　其他□

3. 若“没有”，请回答：

①未购买的原因。

收入低□　　住房条件不好□　　怕不安全□　　其他□

②如您要购买，您喜欢哪种类型的？

电热水器□　　燃气热水器□

③若要购买，您打算什么时候购买？

2009 年底前□　　2009 年—2010 年□　　2010 年以后□

④如以下条件不能同时满足您，您最优先考虑选择那一种？

省电(气)的□　　出水量大的□　　操作方便的□

不易出故障的□　其他□

4. 被调查人信息资料：

姓名：____________　　住址：____________________

邮政编码：________　　电话：____________________

家庭收入：________　　居住面积：__________平方米

调查员姓名：________

调查时间：______年____月____日

【导入案例 1-20】

牛奶消费者调查问卷

问卷编号______　调查员______　时间______　地址____________________

1. 您知道的酸奶品牌有：

□A. 蒙牛　□B. 伊利　□C. 光明　□D. 君乐宝　□E. 其他______

2. 您曾经购买过的酸奶品牌有：

□A. 蒙牛　□B. 伊利　□C. 光明　□D. 君乐宝　□E. 其他______

3. 您现在最常购买的酸奶品牌是________，原因是____________(最多五项)

□A. 时尚　□B. 包装美观　□C. 品质好　□D. 档次高　□E. 广告吸引

□F. 容易买到　□G. 口味口感　□H. 促销　□I. 导购服务　□J. 价格合理

□K. 品牌有名气　　□L. 老品牌　□M. 亲友介绍　□N. 营养成分

4. 您是否购买过君乐宝酸奶＿＿＿＿＿（请在以下四项前画"√"；②③选项需进一步答题）

①没购买过

②曾经买过君乐宝酸奶，但后来换成＿＿＿＿＿品牌，原因是＿＿＿＿＿＿

□A. 亲友介绍 □B. 导购员介绍 □C. 店面广告 □D. 促销　□E. 产品品质

□F. 广告　□G. 价格　□H. 其他＿＿＿

③原先购买＿＿＿＿＿品牌酸奶，后来换成君乐宝，原因是＿＿＿＿＿＿＿

□A. 亲友介绍 □B. 导购员介绍 □C. 店面广告 □D. 促销　□E. 产品品质

□F. 广告　□G. 价格　□H. 其他＿＿＿

④一直使用君乐宝酸奶，没换过品牌

5. 您或您的家庭出于何种原因而食用酸奶＿＿＿＿＿（可多选）

□A. 增加营养和补钙　□B. 增强体质与免疫力

□C. 助消化，对肠胃好　□D. 当早餐

□E. 享受（好喝）　□F. 促进睡眠

□G. 美容养　□H. 其他＿＿＿＿

6. 您购买酸奶时候考虑的关键因素有＿＿＿＿＿（最多5项）

□A. 品牌有名气　□B. 老品牌　□C. 口味口感　□D. 营养成分

□E. 品质　□F. 价格　□G. 促销　□H. 包装美观　□I. 容易买到

□J. 广告吸引　□K. 产地　□L. 食用方便　□M. 新鲜卫生

7. 您家庭经常在＿＿＿＿＿＿地方购买酸奶（可多选）

□A. 大型商超　□B. 中小型超市　□C. 便利店　□D. 夫妻杂货店

□E. 送奶到户　□F. 奶站

8. 您是通过什么渠道获得酸奶信息的＿＿＿＿＿

□A. 中央电视广告　□B. 省级电视广告　□C. 地方电视广告

□D. 报纸杂志广告　□E. 广播　□F. 店面广告

□G. 店内看到产品　□H. 促销员介绍　□I. 亲友介绍

9. 您喜欢什么类型的代言人代言酸奶＿＿＿＿＿

10. 当您听到君乐宝时，您想到什么＿＿＿＿＿

□A. 是个老牌子　□B. 值得信赖的　□C. 品质不错　□D. 价格实惠的

□E. 亲切的　□F. 有活力的　□G. 时尚的　□H. 先进的

□I. 没感觉　□J. 其他＿＿＿＿

11. 您认为君乐宝是生产什么的＿＿＿＿＿

□A. 奶粉　□B. 牛奶　□C. 酸奶　□D. 米粉

□E. 其他________

12. 您认为什么样的酸奶品牌是个好品牌____________

□A. 质量好 □B. 大公司生产 □C. 广告经常看到

□D. 价格公道 □E. 老品牌 □F. 大家都说好

□G. 服务好 □H. 感觉有面子 □I. 产品使用后感觉不错

□J. 国外的 □K. 其他________

13. 您的性别____________

□A. 男 □B. 女

14. 您的年龄____________

□A. 18 岁以下 □B. 18～23 岁 □C. 24～33 岁

□D. 34～43 岁 □E. 43 岁以上

15. 您的文化程度____________

□A. 初中及以下 □B. 高中/中专 □C. 大专 □D. 本科及以上

16. 您的婚姻状况____________

□A. 未婚 □B. 已婚无小孩 □C. 有小孩

17. 您的月收入____________

□A. 1000 元及以下 □B. 1001～1500 元 □C. 1501～2000 元

□D. 2001～2500 元 □E. 2501～3000 元 □F. 3001～3500 元

□G. 3501～4000 元 □H. 4000 元以上

下面是关于君乐宝、蒙牛、伊利、光明四个酸奶品牌的一些说法，我们想听听您对此的同意程度。请针对您知道的品牌，对每个句子按照同意程度在 1～10 之间打分，分数越高代表同意程度越高。不知道的品牌或无法回答的问题，给 0 分。

	同意程度：1～10 分，分数越高代表同意程度越高。			
品质/价值认知方面	**君乐宝**	**蒙　牛**	**伊　利**	**光　明**
1. 我觉得这个品牌物有所值				
2. 我觉得这个牌子质量很稳定、可靠				
3. 这个品牌用起来很方便				
4. 这个品牌产品更新换代能力很强				
5. 这个品牌的产品营养成分很好				
6. 这个品牌的产品口味口感很好				
7. 这个品牌有很多系列产品供我选择				
8. 这个品牌服务很好				
公司声誉方面	**君乐宝**	**蒙　牛**	**伊　利**	**光　明**
9. 生产这个品牌的公司很有实力				

续表

公司声誉方面	君乐宝	蒙　牛	伊　利	光　明
10. 这个品牌的公司创新能力很强				
11. 这个品牌的信誉很好				
12. 这个品牌所属的公司在业界具有领导地位				
13. 这个品牌所属的公司名气很响				
品牌知名度方面	**君乐宝**	**蒙　牛**	**伊　利**	**光　明**
14. 别人经常提起这个品牌				
15. 我很难想起这个牌子是什么样子的				
16. 这个品牌很出名				
17. 这个品牌家喻户晓				
18. 我经常看到这个品牌的广告				
19. 这个品牌的广告给人印象很深				
20. 我很容易从同类产品中识别出这个牌子				
品牌忠诚度方面	**君乐宝**	**蒙　牛**	**伊　利**	**光　明**
21. 我下次不会再购买这个品牌				
22. 我会一直坚持购买这个品牌				
23. 我认为我忠实于这个品牌				
24. 我愿意向朋友推荐这个品牌				
25. 我已习惯用这个品牌				
26. 这个品牌是我的第一选择				
27. 只要商店有这个品牌的产品，我不会购买其他牌子的同类产品				
品牌调价能力方面	**君乐宝**	**蒙　牛**	**伊　利**	**光　明**
28. 这个品牌降价说明质量缩水了				
29. 这个品牌即使降价，我也认为不应该买				
30. 这个品牌涨价是有合理理由的				
31. 这个品牌涨价多半是因为产品质量改进了				
32. 这个品牌不应该涨价，除非所有品牌都涨价了				
33. 这个品牌的降价是在给顾客回报和优惠				
品牌延伸能力方面	**君乐宝**	**蒙　牛**	**伊　利**	**光　明**
34. 这个品牌出的新产品一定很受欢迎				
35. 这个品牌推出的新产品会比其他品牌的好				
36. 这个品牌推出的新产品品质会更好				
37. 这个品牌有足够的能力在奶粉、牛奶、米粉、八宝粥等产品上推出新产品				

思考题：

指出调查问卷设计中存在的问题，并加以改正。

【知识链接】

市场营销调研

所谓市场营销调研，是指系统地设计、收集、分析并报告与企业有关的数据和研究结果。现代市场经济条件下，各企业的市场营销调研部门都在扩充其研究活动和研究技术。其中，最主要的研究活动有：市场特性的确定、市场潜量的开发、市场占有率分析、销售分析、竞争状况分析。

市场调研的内容

市场调研的内容	因　素

市场营销调研的步骤

市场营销调研的步骤	具体工作安排

调研方法

调研方法	优　点	缺　点

【实战指导】

参考文案一

××公司市场前景调查问卷分析报告

一、问卷设计

本问卷基本内容设计如下：

隐形眼镜在大学生中的市场前景调查书

首先感谢各位同学的协助。本调查的目的在于了解隐形眼镜在大学生中的使用情况，以期对这一市场的发展前景作出初步预测。耽误您宝贵的时间，再次向您致谢！

请您就以下问题在您认为合适的地方打“√”。

1. 请问您现在戴哪一种眼镜？

□框架眼镜　□隐形眼镜　□未配眼镜　□视力好，不需配

2. 假若您已经近视尚未配眼镜，您准备：

□配框架眼镜　□配隐形眼镜　□不配镜

3. 您选择框架眼镜是因为：

□价格适中　□方便　□一般近视者都戴　□其他

4. 您未配隐形眼镜是因为：

□价格过高　□怕伤眼睛　□未听说过　□其他

5. 戴眼镜给体育运动带来了一些不便，对此您持何种态度？

□无所谓　□无可奈何，不戴不行

□运动时少戴　□换成隐形眼镜

6. 长期戴框架眼镜，会使眼睛不同程度的变形，对此您持何种态度？

□无所谓　□无可奈何　□尽量少戴　□换成隐形眼镜

7. 您现有的眼镜价格大约是多少？

□框架眼镜价格　□隐形眼镜价格　□未配价格

8. 如果您想买隐形眼镜，请问您最高能承受以下哪一种价格？

□100 元左右(普通型)　□100～400 元(精品型)

□400 元以上

9. 您购买眼镜的经济需求，家里是否会予以满足？

□是　□否　□其他

10. 请您将所知道的隐形眼镜的品牌写下来：

①　②　③

④　⑤　⑥

二、调查样本的选择

调查样本是××市重点大学的大学生。

三、调查方法

以校为单位发放问卷，然后统一收回。

四、调查结果分析

1. 隐形眼镜目前的市场占有率仍很低，有很大的市场发展潜力。

二年级的大学生经过14年的苦读，大多与眼镜结下了难解之缘。所调查的对象中，近视率为66.7%，其中有一个班的近视率高达86.7%。在近视患者中，配框架眼镜的占80.6%；配隐形眼镜的占9.7%；尚未配眼镜的占9.7%。

隐形眼镜目前的市场占有率低，主要有三个原因：一是怕伤眼睛，50%以上的调查者都持这种态度。二是价格过高，有35%的人持这种看法。框架眼镜平均在80元左右，也有少数人的框架眼镜在150元左右。而隐形眼镜的价格在150元以上，还需要眼睛清洗液、清洁药片、隐形眼镜片盒等长期消费。三是怕麻烦，有12.9%的人认为隐形眼镜每天至少得取下来清洗一次，比较麻烦。

从以上原因来看，拓展在大学生中的隐形眼镜市场是有潜力的，关键在于厂家的宣传促销活动。因为在50%以上的怕伤眼睛的人中，大部分只是听亲戚、好友和医生说戴隐形眼镜会伤眼睛，就信以为真，并不知道为什么会伤眼睛以及如何预防。所以，只要厂家科学地宣传戴隐形眼镜的优点及注意事项，消除人们对隐形眼镜的误解，就可以争取这一部分人的市场。

2. 大学生有购买隐形眼镜的需求和经济能力。

由于大学生受教育程度高，对个人形象的要求也相对较高。对于“长期戴框架眼镜，会使眼睛不同程度的变形，对此您持何种态度?”这一问题，有58.8%的人选择“尽量少戴”的答案，16.1%的人选择了“无可奈何”的答案。这说明大学生也意识到了框架眼镜的弊端，而隐形眼镜正好能弥补框架眼镜的这一弊端。因此，只要宣传及时，隐形眼镜可以满足大学生们注重个人形象的需求。

大学生们虽没有独立经济收入，但现在一家出一个大学生也是不容易的，尤其是一些进入名牌大学的，家里更引以自豪，因而对大学生的需求，家长都尽量满足。在“你购买眼镜的经济需求，家里是否会予以满足?”的问题中，回答“是”的占93.5%。由于有家里作“经济后盾”，74.2%的人表示能够承受100元左右的隐形眼镜价格，22.6%的人表示能够承受100元到200元的价格，极少数人愿意承受200元以上的价格。

这说明只要隐形眼镜的价格能保持在中等偏下的水平，市场潜力就会十分巨大。

参考文案二

乌龙枣茶市场调查报告

(一)调查目的

“乌龙枣茶”作为一种绿色天然饮料，准备大规模进军竞争本已十分激烈的饮料市场，但是茶叶作为一种饮料，被人们所接受的程度究竟如何呢？长期以来形成的泡热茶的消费心理在人们的心中根深蒂固，“乌龙枣茶”作为冷茶饮料，将向这种传统的消费心理挑战，并在竞争激烈的饮料市场中争得一席之地。通过此次调查，将了解消费者对冷茶饮料特别是“乌龙枣茶”的喜好程度，对“乌龙枣茶”的包装、价格的接受程度和意见，并据此预测“乌龙枣茶”的市场前景，选定好目标消费者，为“乌龙枣茶”大规模进行市场的总体营销及广告策略提供依据和参考意见。

(二)调查贡献

本次调查共发出调查问卷1350份，收回有效问卷798份，对消费者的消费心理、习惯、场合、依据、产品的知名度、质量以及竞争对手情况等进行了调查了解，取得了可靠的第一手资料，为“乌龙枣茶”大规模进军市场提供了事实依据和理论依据。

1. 产品知名度的调查

“乌龙枣茶”在A省市场已投入前期广告经费20万元人民币，并已试销，但它的效果如何？是不是为“乌龙枣茶”大规模占领湖南市场初步扫除了人们的认识障碍？为此，设计了有关产品知名度问题，对762人进行调查。在四个备选答案中，“没听说过”的占42.73%，“喝过”的仅占12.37%，“只听说过”的占19.5%，“想买来试一试”的占38.14%。由此可见，前期的广告策略不是最好的，产品的知名度还有待于进一步提高。

2. 消费者消费心理的调查

冷茶能否长期保质，是人们普遍关心的问题。经过调查，认为“也许能”的占43.84%，认为“不能”的20.7%，认为“能”的占35.39%。

3. 消费者消费习惯的调查

消费习惯对消费者的消费行为有着决定性的影响作用，有63.88%的消费者对饮料属刚购买或随意购买，但看重品牌的也占一定比例。

4. 消费场合的调查

流动人口多的地方是产品的主要消费场合。

5. 消费者消费依据的调查

把“口味”作为选择依据的占有11.09%，选“品牌”的占6.95%，把饮料的“解渴”功能作为选择依据的占42.63%，选“洁净卫生”的占39.31%。

6.“乌龙枣茶”产品本身的调查

带着样品对部分消费者进行了访谈，对“乌龙枣茶”的质量、外观、价格等进行了调查。

①“乌龙枣茶”作为新一代绿色保健饮料，欣赏它的洁净卫生的占22.9%；欣赏它携带方便的占38.19%；欣赏它的品味的占12.13%；欣赏它的保健功能的占26.87%。从数据上分析，人们把“乌龙枣茶”还是划入了大众饮料的行列，人们对“乌龙枣茶”的了解还是不够的。同时也要重视，那26.87%的比例，尽管比38.1%少了近11个百分点，但它代表了消费者消费饮料的趋势。

②“乌龙枣茶”外观造型的好坏对产品的销售有着直接的影响。调查结果表明，产品的外观造型还不尽如人意。

③“乌龙枣茶”作为新产品投放市场，适宜的价格有助于它迅速占领市场份额，而作为饮料，又属敏感价格产品，价格的微小变动都会对销量产生巨大的影响。调查结果表明，对照市场上其他饮料的价格，消费者对“乌龙枣茶”的价格的理解还是比较合理、公正的。

（三）调查问题的解答

部分消费者使用样品后，对“乌龙枣茶”的包装、质量、价格等方面提出了他们的意见。

现销产品的包装不尽如人意，还需要很大的改进。首先，密封不严，甚至漏水，这样将会影响产品的保质期和质量；其次，泡沫太多，这跟密封问题不能说没有关系，由于泡沫太多，在调查中许多消费者都不敢品尝，在现实销售中，这将会使销售量大幅度降低。

现销产品的外观，造型特别是外部那层薄膜，可以说是粗制滥造，降低了“乌龙枣茶”的档次。

质量是产品的生命，优质才有优价。作为新产品，并且是即开即食与消费者健康密切相关的饮料来说，质量更为重要，从样品来看，现销“乌龙枣茶”的质量还亟待提高，沉淀物应尽量减少。

（四）可行性建议

“乌龙枣茶”正处于投入期——成长前期。“乌龙枣茶”要想迅速进入成长期和成熟期，在产品开发方面应着重考虑下面几点。

①集中技术力量克服新产品质量不稳定的弊病。

②现销产品的包装陈旧落后，与它“中档”以上产品定位不相符合，在正式推入市场前，必须紧急研制出一种新的受大众认可的包装。

③不同消费者对喝茶有不同的爱好，公司目前还只开发出一种茶饮，为满足不同消费者的需求，公司应在巩固完善现有品种的基础上，开发生产不同品种，不同口味的茶饮，形成系列化，有效地占领市场份额。

④在产品的包装设计上应采用异类型包装策略和等级包装策略，不同的包装风格和色调，可以满足不同消费心理的消费者。

⑤采用名人、品牌策略。借助国内外知名人士，公司可以采用名人效应，进行有效的策划宣传，以创名牌为目标，把其广告投入额最大限度地变成无形资产，巩固和提高品牌形象。

任务要求：

1. 各小组选择一个合适的具体的营销策划产品，设计市场调查问卷，开展市场调查活动。

2. 回收市场调查问卷，完成市场调查报告。

3. 市场调查报告附录中要求有：市场调查问卷、市场调查活动开展具体分工、市场调查报告撰写具体分工。

任务评价标准：

内　容		外　观	
要　素	分值/分	要　素	分值/分
内容完整性	30 分	封面设计	2 分
资料客观、充实性	15 分	前言设计	2 分
分析条理	5 分	目录设计	2 分
分析正确	20 分	附录安排	2 分
调查问卷设计	20 分	文案美观	2 分
合　计	90 分	合　计	10 分
总　分	100 分		

学习情境二：

开发产品市场

【学习目标】

●**知识目标**

1. 掌握目标市场营销的三个步骤，即市场细分、目标市场的选择和市场定位的含义。
2. 了解消费者市场和组织市场细分的主要标准和有效细分的条件。
3. 理解企业目标市场选择的三种战略及其运用条件。
4. 掌握通过市场定位获得竞争优势最大化的方法。

●**技能目标**

学生能够熟练运用市场细分、目标市场的选择、市场定位的知识，针对一个具体的营销策划项目(产品)，分析和设计其市场细分状况，目标市场的选择及市场定位活动开展。

任务一：给予学生一个具体的营销策划产品，让学生熟练运用市场细分、目标市场的选择、市场定位的知识，分析和设计其市场细分状况，目标市场的选择及市场定位活动开展。

子情境一：市场细分

【导入案例 2-1】

欧莱雅集团进军中国市场

一、公司背景

法国欧莱雅集团为全球500强企业之一，由发明世界上第一种合成染发剂的法国化学家欧仁·舒莱尔创立于1907年。历经近一个世纪的努力，欧莱雅从一个小型家庭企业跃居为世界化妆品行业的领头羊。2003年初，欧莱雅荣登《财富》评选的2002年度全球最受赞赏公司排行榜第23名，在入选的法国公司中名列榜首。欧莱雅集团的事业遍及150多个国家和地区，在全球拥有283家分公司及100多个代理商，5万多名员工、42家工厂和500多个优质品牌，产品包括护肤防晒、护发染发、彩妆、香水、卫浴、药房专销化妆品和皮肤科疾病辅疗护肤品等。

1996年，欧莱雅正式进军中国市场；1997年2月，欧莱雅正式在上海设立中国总部。目前，欧莱雅集团在中国拥有约3000名员工，业务范围遍布北京、上海、广州、成都等30多个城市。

二、中国市场环境分析

顾客与公众：

2001年，中国化妆品市场销售总额为400亿元，2002年，销售增长速度为14%～15%，实际销售总额大约为450亿～460亿元。2003年，化妆品行业发展速度保持稳定增长，增幅不低于15%，销售总额达到500亿元。国内化妆品生产企业已达2500家，品种3万余种，市场总额居亚洲第二位，在全世界范围内而言已经成为一个美容大国。

因此，世界名牌化妆品一致看好中国大陆的消费潜力，几乎无一遗漏地抢滩大陆，进驻中国市场，并且受到中国广大消费者的青睐，在中国市场上大放异彩。

竞争者：

目前欧莱雅集团在中国的主要竞争对手也是国际名牌化妆品，主要有雅芳(Avon)、雅诗兰黛(Este'e Lander)、倩碧(Clinique)、P&G公司的玉兰油(Oil & Ulan)、Cover girl、SKII系列、露华侬(RevLon)、圣罗兰(YSL)、克里斯汀·迪奥(Christian Dior)、歌雯琪(Givenchy)、旁氏(Ponds)、凡士林(Vasekine)、克莱伦丝(Chrins)、妮维雅(Nivea)、威娜(Wella)、花牌(Fa)、资生堂(Shiaeibo)等。这些品牌在国内都具有极高的知名度、美誉度和超群的市场表现。除了世界品牌在国内的混战外，欧莱雅集团还面临着国内本土品牌的袭击和进攻。国内的大宝、小护士、羽西(合资)、上海家化依然占有不少的护肤市场份额。

所以，目前国内的化妆品市场可以说是处于战国时代，群雄逐鹿，市场竞争极端的惨烈，不时有品牌从市场上消失或者被其他公司吞并。为此，各化妆品公司无不如履薄冰，不敢大意。

企业内部：

虽然欧莱雅于1996年才进入中国市场，但早在20世纪80年代起就在巴黎成立了中国业务部，专门从事对中国市场的研究。90年代欧莱雅在其香港的分公司里设立了中国业务部，准备开拓中国市场，并在广州、北京、上海等地都设立了欧莱雅形象专柜，测试中国消费群体对欧莱雅产品的市场反响。为进入中国市场，欧莱雅其实花费了将近20年的时间做准备!

营销中介：

欧莱雅采取以目标客户来选择销售渠道的策略，如：针对高端客户生产的兰蔻等产品，只有在高档的商店才可以买到；而走大众路线的美宝莲，则在普通商场及超市就可以买到。盖保罗的理想还不止于此，他希望有一天，大家买美宝莲就像买可乐一样方便。因为欧莱雅给美宝莲的定位是“国际化的品牌，平民化的价格，要让中国的消费者买得起，且便于购买”。

和欧莱雅的销售策略一样，广告策略也是和品牌定位及目标客户相匹配的。美宝莲是一个大众化的品牌，所以要在覆盖面最广的电视媒体做广告，让更多的消费者知道。而薇姿和理肤泉因为是在药房销售，卡诗和欧莱雅专业美发在发廊销售，兰蔻等高端品牌只有在高档商店才有，网点并不像美宝莲那么多。宣传渠道一定要针对目标群体才有效。

三、市场细分策略

巴黎欧莱雅进入中国市场至今，以其与众不同的优雅品牌形象，加上全球顶尖演员、模特的热情演绎，向公众充分展示了“巴黎欧莱雅，你值得拥有”的理念。目前已在全国近百个大中城市的百货商店及超市设立了近400个形象专柜，并配有专业美容顾问为广大中国女性提供全面的护肤、彩妆、染发定型等相关服务，深受消费者青睐。回顾上述成功业绩，关键取决于欧莱雅公司独特的市场细分策略。

首先，公司从产品的使用对象进行市场细分，主要分成普通消费者用化妆品、专业工作消费者使用的化妆品，其中，专业使用的化妆品主要是指美容院等专业经营场所所使用的产品。

其次，公司将化妆产品的品种进行细分，如彩妆、护肤、染发护发等；同时，对每一品种按照化妆部位、颜色等再进一步细分，如按照人体部位不同将彩妆分为口红、眼膏、睫毛膏等；再就口红而言，进一步按照颜色细分为粉红、大红、无色等；此外，还按照口红性质差异将其分为保湿型、明亮型、滋润型等。如此步步细分，光美宝莲口红就达到150多种，而且基本保持每1～2个月就向市场推出新的款式，从而将化妆品的品种细分几乎推向极限地步。

再次，按照中国地域广阔特征，鉴于南北、东西地区气候、习俗、文化等的不同，人们对化妆品的偏好具有明显的差异。如南方由于气温高，人们一般比较少做白日装或者喜欢使用清淡的装饰，因此较倾向于淡妆；而北方由于气候干燥以及文化习俗的缘故，一般都比较喜欢浓妆。同样东西由于地区经济、观念、气候等的缘故，人们对化妆品也有不同的要求。所以欧莱雅集团敏锐地意识到了这一点，按照地区推出不同的主打产品。

最后，又采用了其他相关细分方法，如按照原材料的不同有专门的纯自然产品，按照年龄细分等。

总之，通过对中国化妆品市场的环境分析，欧莱雅公司采取多品牌战略对所有细分市场进行全面覆盖策略，按照欧莱雅中国总经理盖保罗所说的金字塔理论，欧莱雅在中国的品牌框架包括了高端、中端和低端三个部分。

其中，塔尖部分为高端产品，约有12个品牌构成，如第一品牌的赫莲娜，无论从产品品质和价位都是这12个品牌中最高的，面对的消费群体的年龄也相应偏高，并具有很强的消费能力；第二品牌是兰蔻，它是全球最著名的高端化妆品牌之一，消费者年龄比赫莲娜年轻一些，也具有相当的消费能力；第三品牌是碧欧泉，它面对的是具有一定消费能力的年轻时尚消费者。欧莱雅公司希望将其塑造成大众消费者进入高端化妆品的敲门砖，价格也比赫莲娜和兰蔻低一些。它们主要在高档的百货商场销售，兰蔻在22个城市有45个专柜，目前在中国高端化妆品市场占有率第一，碧欧泉则是第四。而赫莲娜2000年10

月才进入中国，目前在全国最高档百货商店中只有6个销售点，柜台是最少的。

塔中部分为中端产品，所包含品牌有两大块：一块是美发产品，有卡诗和欧莱雅专业美发，其中，卡诗在染发领域属于高档品牌，比欧莱雅专业美发高一些，它们销售渠道都是发廊及专业美发店。欧莱雅公司认为，除产品本身外，这种销售模式也使消费者有机会得到专业发型师的专业服务。还有一块是活性健康化妆品，有薇姿和理肤泉两个品牌，它们通过药房经销。欧莱雅，率先把这种药房销售化妆品的理念引入了中国。

塔基部分是指大众类产品，中国市场不同于欧美及日本市场，就在于中国市场很大而且非常多元化，消费梯度很多，尤其是塔基部分上的比例大。在中国大众市场中，欧莱雅公司目前共推行数个品牌，其中，巴黎欧莱雅是属于最高端的，它有护肤、彩妆、染发等产品，在全国500多个百货商场设有专柜，还在家乐福、沃尔玛等高档超市有售。欧莱雅的高档染发品已是目前中国高档染发品的第一品牌。第二品牌是羽西，羽西秉承“专为亚洲人的皮肤设计”的理念，是一个主流品牌，在全国240多个城市的800家百货商场有售。第三品牌是美宝莲——来自美国的大众彩妆品牌，它在全球很多国家彩妆领域排名第一，在中国也毫不例外，目前已经进入了600个城市，有1.2万个柜台。第四品牌是卡尼尔，目前在中国主要是引进了染发产品，它相比欧莱雅更大众化一些，年轻时尚，在中国5000多个销售点有售。第五品牌是小护士，它面对的是追求自然美的年轻消费者，市场认知度90%以上，目前在全国有28万个销售点，网点遍布了国内二、三级县市。

由于欧莱雅公司对中国市场分析到位、定位明晰，因此，2003年时产品中国市场的销售额达到15亿人民币，比2002年增加69.3%，这是欧莱雅公司销售历史上是增幅最高的，比1997年增长了824%。兰蔻在高档化妆品市场、薇姿在通过药房销售的活性化妆品市场、美宝莲在彩妆市场、欧莱雅染发在染发的高端市场已经占据了第一的位置。

思考题：

1. 欧莱雅公司对中国市场环境分析是否全面？你认为还需要关注哪些环境问题？
2. 欧莱雅公司采用怎样的市场细分策略？值得借鉴之处是什么？

任务要求：

在读懂分析此案例的基础上，搜集欧莱雅公司产品的信息，了解欧莱雅公司目前的市场细分状况及市场业绩情况，完成以下任务：

1. 说明欧莱雅公司产品所对应的市场细分状况；
2. 说明欧莱雅公司产品的市场定位及相应的目标市场策略。

【导入案例2-2】

“酷儿”——儿童果汁饮料细分市场的超级霸主

2001年3月，当统一企业在果汁饮料市场上首先推出PET(塑料瓶)包装的鲜橙多时，恐怕连他们自己也没有想到会给国内果汁业带来什么样的变化。短短一年多的时间，果汁饮料市场已经“战火纷飞”了。康师傅的每日C，娃哈哈的鲜橙汁，随后乐百氏、健力宝在此领域也有所动作，每个地区也有一些地方性品牌进入了跟随的行列。不久，饮料巨头可口可乐又借“酷儿”杀进原先在他们看来并不起眼的果汁饮料市场。“酷儿”以其独特的目标市场策略一举成功，成为2002年果汁饮料市场最亮的一道风景线。

2002年元旦前后，仿佛一夜之间，在河南省几个主要城市如郑州、洛阳等地的商场、超市以及街边小店中，随处可见一种名叫“酷儿”的新品果汁饮料，其独特的形象令人过目难忘：

一只头大身小的蓝色娃娃，右手叉腰、左手端看盛满饮料的茶杯，陶醉说“Qoo……”这只可爱的娃娃迅速出现在铺天盖地的招贴上、电视广告中。在有“酷儿”的地方，你都会发现“可口可乐公司荣誉出品”的字样。凭借可口可乐这块金字招牌，“酷儿”在短时间内成功上市，很快成为小朋友的新宠。

“Qoo酷儿”是可口可乐公司针对亚洲市场研发的一种特色果汁饮料，在亚洲市场所向披靡。所到之处“Qoo”声一片！1999年11月“Qoo酷儿”在日本研制成功，2001年即成为可口可乐的第三品牌(继可口可乐和芬达之后)；2001年4月在韩国上市，迅速跃升为当地果汁饮料第一品牌及饮料第二品牌，销售量超过预计量6倍；2001年6月在新加坡上市，迅速成为当地第一果汁品牌；2000年10月，“Qoo酷儿”在中国台湾上市，可口可乐中国台湾分公司对外事务总监王玲玲表示，“Qoo酷儿”果汁的销量远远超过预估量的3倍。上市仅3个多月，单月销售量就为韩国、日本市场的2倍，并且还曾出现通路供不应求的缺货窘境，成为当地消费者最喜爱的果汁饮料；2002年“酷儿”登陆大陆市场。

“Qoo酷儿”果汁饮料成功了，蓝色大头娃娃“酷儿”成为家喻户晓的名人，虽然只是一个虚拟的角色，可其影响力远远超过一些俊男美女。

电视机前，小朋友会跟着广告中的一个蓝色大头娃娃，不自觉地摇头晃脑，唱着“Qoo，有种果汁真好喝……”；幼儿园老师经不住小朋友的请求，带着整个班级到校门口与Qoo牵手、拍合照；家长不得不在办公室里将Qoo电视广告压制成光碟以讨5岁孩子的欢心；小朋友嚷着要父母在夜市里购买印有仿冒Qoo图案的T恤。酷儿形象、酷儿简历、酷儿歌、酷儿舞很快风靡了全中国，酷儿成为小朋友们争相模仿的对象。

这一切都是“酷儿”果汁惹的“祸”！

“酷儿”定位为儿童果汁饮料，“酷儿”在中国市场细分的目标群体是5—12岁的儿童，此举跳出大部分果汁品牌针对女性市场的人群定位，也为“酷儿”角色的引入创造了条件。“酷儿”博得了小孩子的喜爱，成为他们指定购买的果汁品牌。针对直接购买者家长，可口可乐公司还通过理性诉求强调功能利益点：果汁里添加了维生素C及钙，这无疑给注重孩子健康的父母们吃了定心丸。酷儿果汁由此走红。顶着大大的脑袋，右手插着腰、左手拿着果汁饮料，陶醉地说着“Qoo……”的蓝色娃娃在广告和终端活动的推广下，成了家喻户晓的名人，更成为儿童最喜欢的卡通人物之一。

“酷儿”的成功反过来印证了“儿童果汁饮料”这一精确定位的高明：避免与市场领导品牌展开正面较量，寻找细分市场机会，独辟蹊径；所有的沟通行为，无论是渠道策略、价格策略，还是广告表现、媒介策略，都瞄准了同一个目标对象，火力集中，避免浪费，而且噪音小。

思考题：

(1)讨论酷儿形象与目标市场的关系。

(2)“酷儿”的目标市场策略是如何确立的?

(3)结合本案例思考和分析果汁饮料市场的细分状况。

任务要求：

在读懂分析此案例的基础上，搜集果汁饮料市场的信息，了解各公司目前的市场细分状况及市场业绩情况，完成以下任务：

(1)说明各公司目前果汁饮料市场的市场细分状况；

(2)说明各公司产品的市场定位及相应目标市场策略。

子情境二：选择目标市场

【导入案例2-3】

宝洁洗发水的多品牌和市场细分策略

宝洁公司是世界上最大的日用消费品公司之一，公司全球雇员超过10万，在全球80多个国家设有工厂及分公司，所经营的300多个品牌的产品畅销160多个国家和地区，其中包括洗发、护发、护肤用品、化妆品、婴儿护理产品、妇女卫生用品、医药、食品、饮料、织物、家居护理及个人清洁用品。在中国的洗发水领域，该公司推行多品牌的差异化市场细分策略，旗下拥有飘柔、海飞丝、潘婷、润妍、沙宣等多个强势品牌，建立了相当高的品牌忠诚度，在洗发水市场中占据绝对优势地位。

一、中国的市场环境

(1)宝洁进入中国市场前

宝洁公司进入中国市场前，中国的洗发用品市场上，几乎没有什么高档的洗发、护发用品，蜂花、奥尼洗发香波占据市场主导地位，但它们同样靠低价策略来赢得市场，所以在当时，他们已经算是相对比较高档的产品了。

由于传统的生活和消费观念，有更多的中国消费者还在使用洗发膏和散装洗发水。

(2)当今的市场环境

在宝洁公司的全新理念的洗发水进入中国后，又有许多品牌的洗发水出现在中国的市场上。其洗发水市场经历了10多年的发展，逐渐趋于成熟，竞争日益激烈化，由80年代的宝洁时代，进入发展到了如今的状况：

①拥有夏士莲和力士两大洗发水品牌的联合利华在第一集团成为宝洁最强有力的对手。

②处于第二集团的丝宝集团的舒蕾通过有效的营销手段，规避宝洁的强势风头，从“农村包围城市”，成为与漂柔、海飞丝之后进入洗发水市场的前3名。

③另外还有近几年在洗发水市场异常活跃的处于第三集团的好迪、拉芳、亮庄、蒂花之秀等所谓的广东集团，虽然实力不强，但也形成了对宝洁的围攻之势。

二、市场细分

一个市场由购买者所构成，洗发水市场也是有不同的购买者构成。不同的购买者可能有不同的欲望、不同的资源、不同的购买态度或不同的购买行为，正是因为这些差异，一个公司在进入一个市场之前，就一定要先对市场进行细分，而那些所存在的差异就是市场细分化的基础。据此，将一个总体的市场细分为若干个消费者群体，每个消费群便是一个细分市场。

宝洁公司在进入中国的洗发水行业后，首先对整个中国的洗发水市场划分为多个细分的市场。

整个中国的市场可以分为高、中、低档三个部分；同时在每个部分市场又可以根据不同的标准划分出更细的细分市场：如根据适合不同发质的和不同消费者喜好分成各种专用功能市场；如根据市场的人口密度又可以分为都市、市郊和乡村市场；如根据年龄可分为青年、中年和老年市场等。

对于宝洁这样的公司，必须考虑到每个细分出来的市场，并对此加以分析和衡量，根据自身和市场的特点去选择目标市场。

三、目标市场的选择

选择目标市场，从已经细分的市场选择可行性的市场进入，首先要从本身存在的市场条件出发。

(1)最初进入的市场选择

在宝洁开始进入的时候，当时各种中低档的洗发水充斥着中国的市场，而当时正处于中国第二次经济发展的高潮，老百姓的生活水平在提高的同时，各种观念也在更新。

宝洁公司选择在当时进入中国市场，带给中国的消费者一种全新的洗发理念和消费理念，可以说是经过了严密的市场调查和分析的结果，有了对中国市场的初步了解和对消费者的准确拿捏，才有对中国人需在什么样的洗发用品的准确把握。

宝洁公司采用的集中性的营销策略，选择城市市场上比较注重个人形象和生活品位的人群，他们通常收入和教育水平都比较高，能够比较容易接受新鲜事物，只要是好产品，也通常不会太在意价格。明确目标市场后，集中力量打出飘柔等品牌。

所以说，最初，宝洁公司运用集中性的营销策略，将收入水平较高，追求品质的时尚一族作为宝洁最初的目标市场。

(2) 目标市场的选择的进一步发展

经过十几年的发展，宝洁在洗发水市场也越做越大，从集中的策略转向差异化，不再是单一单调的产品，而其他的企业也渐渐崛起。当今的中国洗发水市场呈现三足鼎立的局势：宝洁、联合利华和“广东集团”，竞争的激烈程度可想而知。虽然宝洁的实力强大，但是要在激烈的竞争中获得更多的利润，宝洁必须寻找到可行性的目标市场，通过分析竞争对手的市场战略状况，扬长避短，采用差异性营销的策略，力求在每个细分的市场有一定的占有率，实现更高的销售额。

联合利华作为宝洁的第一对手，既有高档的品牌如“力士”，也有大众品牌如“夏士莲”。其品牌的营销策略有着过人之处，新的“力士”不但换了包装，还启用了香港影星莫文蔚作为形象代言人，这也是力士为降低消费者年龄层次而实施的重要举措。而“夏士莲”以“揭开秀发的自然奥秘”为主题，从大自然中提取营养成分，开发出黑芝麻、人参、绿茶、皂角和核桃仁等系列以天然成分为主的洗发水，让自然黑亮头发的概念深入人心。加之，联合利华的产品，无论是高档品牌力士，还是其大众品牌都在不同程度上下调了价格，和宝洁打起价格战。通过这些，联合利华已经抢占了宝洁的市场分额。

而处于第三集团的广东洗发水行业，也已经在大众洗发水行业蒸蒸日上。而宝洁公司自身，经过在中国十多年的发展，早已通过“一品多牌”的策略，使其产品的品牌意识已经在消费者的心目中确定，在市场的领导地位也已经巩固，通过各种手段，培养了消费者的对本企业的品牌的偏好，提高了忠诚度，很多的消费者信赖宝洁，选择宝洁。所以宝洁进入从功能、价格诸方面所细分的市场，推出多品牌，同其他的厂商竞争，抢占竞争对手的市场份额，同时也令竞争者难以插足。

四、市场定位及营销组合策略

(1) 多角度的产品定位

面对各种的激烈竞争和已经确立的目标市场，宝洁公司运用“矩阵定位”法成功捍卫并进一步拓展市场。

首先，宝洁把自己定位于洗发水的高级市场，生产高档产品。主要的竞争对手就是联合利华。

其次，宝洁选择了根据不同的消费需求划分出来的不同的市场，并在每个市场占有举足轻重的地位，于是将其定位于一个多功能的品牌。

宝洁公司曾先后推出几种洗发水：“海飞丝”、“飘柔”、“潘婷”和“沙宣”，在把它们定位于“呵护秀发专家”高品位的同时，又分别宣传“去头屑、柔顺、营养与保湿”功能。

“海飞丝”的个性在于去头屑，“潘婷”的个性在于对头发的营养保健，而“飘柔”的个性则是使头发光滑柔顺，“沙宣”的个性在于美发定型。而且每个品牌下又有不同的产品，如“飘柔”，就有去头屑的、营养护发的、洗护二合一的等好几种产品；时尚美发大师“沙宣”带来专业发廊护理的三大时尚元素：柔顺，亮泽，充满弹性；而作为宝洁公司的知名品牌，“潘婷”凭借其高质量的产品，准确的市场定位，一直被消费者视为突破性的头发修复及深层护养专家。潘婷推出全新深层护养系列，包括丝质顺滑、弹性丰盈、特效修复及清爽洁净去屑四大系列护发、美发产品。潘婷的产品中均含有维他命原 B5 及复合维他命等营养素，可以深入呵护头发，改善发质。作为头发的护养专家，潘婷为消费者带来的是解决所有头发烦恼的全新方案，让每一个人都拥有健康亮泽的头发；海飞丝则推出了怡神舒爽型(天然薄荷)，海飞丝滋养护理型(草本精华)，海飞丝丝质柔滑型(二合一)，海飞丝洁净呵护型等系列产品。这些产品分别满足了不同的消费者的需求，因而受到了消费者的青睐。宝洁公司通过细分市场，占领了相当的市场份额。

(2)竞争策略

面对外部环境的挑战，宝洁公司选择了多品牌的营销策略。

宝洁公司旗下拥有飘柔、海飞丝、潘婷、润妍、沙宣等多个强势品牌，在洗发水市场中占据绝对优势地位。其旗下品牌通过功能细分牢牢占据了去屑、营养头发、滋润头发等细分市场。

真正的对手——消费者

宝洁有句很经典的话：“在对手关注我之时，我在关注消费者。我们真正的对手只有一个，是消费者。”这句话的另一层意思是：其实，在宝洁的心中，宝洁没有敌人。“宝洁在中国的挑战一方面来自竞争对手，一方面来自市场新的需求。”

事实证明，实施多品牌差异性的营销策略，通过不同的产品和不同的品牌来实现更高的销售额，并在每一细分市场中占据更有利的地位，因而加强消费者对其产品的认同，也能获得购买者更多的重复购买，同时由于能较好地满足消费者不同的需求，有利于对市场的发掘，以创造更高的销售额。这是宝洁根据市场、所在行业和自身的条件做出的正确决策，可以说正确的市场选择策略是今天宝洁成功的重要因素之一。

从市场的角度看，洗发水市场具有很大的潜力，消费者日趋成熟，需求向深层次多样化发展，宝洁正是抓住一点，面对不同的消费需要开发出不同的符合消费者需要的产品。从行业的角度看，洗发水属于日用品，多品牌策略易于成功。从自身条件看，宝洁在中国市场上拥有高度的品牌忠诚度，易于推出新产品。宝洁作为中国洗发水市场的霸主，20世纪 80 年代就进入了中国市场，伴随着中国市场的成熟而不断壮大，占有了大部分的市场份额，品牌知名度及产品竞争力首屈一指，这个有利条件使得宝洁保持以往的营销策略成为可能。

这个跨国公司自 1989 年进入中国以来，在洗发水行业掀起的一个又一个波澜让人叹为观止。改革开放初期的中国，人们生活开始向小康迈进，宝洁公司已经意识到这个庞大的群体将成为未来的消费主流。秀发如此光滑闪亮，一把梳子让松松遍织的发结像波浪般优美飞旋开来，这则经典的海飞丝广告让国人大开眼界，一场倡导洗头的革命也在人们心甘情愿掏钱买海飞丝的时候完成了。紧接着，宝洁公司又告诉人们，光去头屑还不够，营养也很重要，于是潘婷来了，洗完头发，柔顺的感觉才妙，于是飘柔来了。从此，在漫漫十年的时间里，以营养、柔顺、去屑为代表的宝洁三剑客——潘婷、飘柔、海飞丝几乎垄断了中国洗发水市场的绝对份额。想在洗发水领域有所发展的企业无不被这三座大山压得喘不过气来，在宝洁的阴影里难以重见天日。就在国内品牌还在摇旗呐喊的时候，宝洁又神不知鬼不觉地开辟新的战场。"当对手关注我们的时候，我们在关注消费者"，这是宝洁在市场上长胜不衰的秘诀。

找准"卖点"

如果从市场细分上讲是寻找差异的话，那么从营销组合的另一个角度看是找准了"卖点"。卖点也称"独特的销售主张"，英文缩写为USP。这是美国广告大师罗瑟瑞夫斯提出的一个具有广泛影响的营销理论，其核心内容是：广告要根据产品的特点向消费者提出独一无二的说辞，并让消费者相信这一特点是别人没有的，或是别人没有说过的，且这些特点能为消费者带来实实在在的利益。在这一点上宝洁公司更是发挥得淋漓尽致。在中国市场上推出的产品广告更是出手不凡："海飞丝"洗发精，海蓝色的包装，首先让人联想到蔚蓝色的大海，带来清新凉爽的视觉效果，"头屑去无踪，秀发更干净"的广告语，更进一步在消费者心目中树立起"海飞丝"去头屑的信念；"飘柔"，从牌名上就让人明白了该产品使头发柔顺的特性，草绿色的包装给人以青春美的感受，"含丝质润发素，洗发护发一次完成，令头发飘逸柔顺"的广告语，再配以少女甩动如丝般头发的画面，更深化了消费者对"飘柔"飘逸柔顺效果的印象；"潘婷"，用了杏黄色的包装，首先给人以营养丰富的视觉效果，"瑞士维他命研究院认可，含丰富的维他命原B5，能由发根渗透至发梢，补充养分，使头发健康、亮泽"的广告语，从各个角度突出了"潘婷"的营养型个性。

价格竞争

在充分占有功能细分市场的同时，宝洁亦凭其雄厚的实力，运用价格这个强有力的竞争手段，与对手进行激烈的短兵相接。宝洁调低了价格，按照人口变数争取更低收入的社会阶层以赢得更广泛的市场，并对跟其争夺市场份额的势力不强的中低档品牌施以压力。据了解，宝洁曾将飘柔400毫升洗发水商场售价从32元多猛拉至24元，随后又慢慢回升到27元多。宝洁的这一举动给二线品牌造成强大的压力，使得舒蕾等国产品牌洗发水被迫调价。

寻找市场空隙

寻找市场空隙。根据宝洁的市场调查，发达国家约80%的消费者长期使用润发露，在日本，这个数字高达85%。但在中国，专门使用润发露的消费者还不到6%。因此，这里有一个巨大的市场潜力。另一方面，在过去5年中，全球染发剂市场的增长量在4% ~

6%，大约两倍于洗发水的增长速度。据宝洁公司预计，在未来的5到10年内，高品质的润发产品的市场发展空间在30%～40%之间，对这么一块大蛋糕，宝洁当然不会袖手旁观。更让宝洁手舞足蹈的是，国内的厂家还没有真正注意到这一市场空地，竞争相对缓和。于是，宝洁便急不可耐地将“全球染发洗护发产品生产商”的领头地位伊卡璐揽入怀中，想通过伊卡璐著名的“洗护分开”理念拓展一些市场的空白点。这样，先是润妍作“先锋”，其冲洗、免洗两款润发产品刚一上市，便收到不俗的反应。接着，潘婷、飘柔、海飞丝、沙宣纷纷杀将出来，意欲提前将这一“润发”市场炒热。

五、效果及评价

结果显示宝洁的品牌也占据了市场的半壁江山。宝洁的飘柔、海飞丝、潘婷、沙宣几乎占领近70%的市场份额，而在剩余约30%的市场份额中，联合利华(力士、夏士莲)、日本花王(诗芬等)等跨国企业品牌又占去了约25%，总共约有5%的市场份额留给了国有品牌。

以飘柔为例，飘柔是宝洁公司在中国市场上一手做起来的成功品牌。从进入中国市场开始，飘柔就给中国人以全新的洗发、护发理念，使中国人终于知道不同的洗发水洗发效果是如此的不同。尽管当时飘柔的价格是市场普通洗发、护发产品的4～5倍，但还是令消费者趋之若鹜，一时间成为市场的宠儿，从此稳稳地坐上洗发用品市场占有率第一的宝座，并一直保持到今天。

宝洁公司在中国市场的战略是成功的。从以上的分析可以看出，宝洁公司通过品牌策略，在一般人认为没有缝隙的产品市场上寻找到差异，生产出个性鲜明的商品，成功地运用营销组合的理论，将这种差异推销给消费者，并取得他们的认同，进而心甘情愿地为之掏腰包。宝洁公司把握住中国消费者的需求差异，满足不同的消费需求，而且，一直以来寻求并加强能把各种产品“串”在一起的黄金线，一种凌驾于各种产品之上的品牌核心精神，一种给用户带来的始终如一的消费体会。正如其广告词“世界一流产品美化您的生活”所传达的一样，“宝洁”已成为追求高品质生活的象征，也正是因为这样，宝洁公司可以在中国如此酣畅地推行他的多品牌策略。

到目前，宝洁公司还依然在努力发现新的细分市场，开发新的目标市场，并将开始实施对染发市场的挺进与开拓。宝洁还预测如今的洗发水市场，润发护发领域有着极大的发展空间，未来的几年，宝洁将会对润发护发产品进行大力开发，力图在竞争中取得更大的胜利。

思考题：

宝洁公司采用怎样的市场细分策略？值得借鉴之处是什么？

任务要求：

在读懂分析此案例的基础上，搜集宝洁公司产品的信息，了解宝洁公司目前的市场细分状况及市场业绩情况，完成以下任务：

1. 说明宝洁公司产品所对应的市场细分状况；
2. 说明宝洁公司产品的市场定位；
3. 分析其各市场的目标市场策略。

子情境三：市场定位

【导入案例2-4】

“最酷的小车”——奇瑞QQ的销售奇迹

案例主体：奇瑞汽车公司

市场地位：微型轿车市场霸主

市场意义：凭借其品牌战略和市场细分战略，将中国微型轿车带入了营销竞争时代。

市场效果：6个月销售2.8万多台，创造单一品牌微型轿车销售记录。

(1)案例背景

奇瑞汽车公司作为中国地方汽车企业，曾经成功推出奇瑞“旗云”“东方之子”等性价比较高的轿车，并已凭借其自主品牌的优势与合理的价格优势向国外出口轿车产品，已经在全国形成相当的知名度。

微型客车曾在20世纪90年代初持续高速增长，但是自90年代中期以来，各大城市纷纷取消“面的”，限制微型客车。微型客车至今仍然被大城市列在“另册”，受到歧视。同时，由于各大城市在安全环保方面的要求不断提高，成本的抬升使微型客车的价格优势越来越小，因此主要微型客车厂家已经把主要精力转向轿车生产，微型客车产量的增幅迅速下降。从2001年到2003年，微型客车产量的年增长幅度分别为20.41%，33.00%和5.84%。

在这种情况下，奇瑞汽车公司经过认真的市场调查。精心选择微型轿车打入市场，它的新产品不同于一般的微型客车，而是微型客车的尺寸，轿车的配置。QQ微型轿车在2003年5月推出，6月就获得良好的市场反应，到2003年12月，已经售出2.8万多台，同时获得多奖项。

(2)奇瑞QQ 2003年营销事件回放

2003年4月初，奇瑞公司开始对QQ的上市做预热。在这个阶段，通过广泛传播奇瑞公司的新产品信息，引发媒体对QQ的关注。由于这款车的强烈个性特征和最优的性价比，媒体自发掀起第一轮的炒作，吸引了消费者的广泛关注。

2003年4月中下旬，蜚声海内外的上海国际车展开幕了，也是通过媒体，告知奇瑞QQ将亮相于上海国际车展，与消费者见面，引起消费者的更进一步的关注。就在消费者争相去上海车展关注奇瑞QQ的时候，奇瑞QQ以未作好生产准备的原因没有在车展上亮相，只是以宣传资料的形式与媒体和消费者见面，极大地激发了媒体与公众的好奇心，引发媒体第二轮的颇有想象力的炒作。在这个阶段，厂家提供大量精美的图片资料给媒体供炒作，引导消费者对奇瑞 QQ 的关注度走向高潮。

2003 年 5 月，上市预热阶段，就在消费者和媒体对奇瑞充满了好奇时，公司适时推出奇瑞 QQ 的网络价格竞猜活动，在更进一步引发消费者对产品关注的同时，让消费者给出自己心目中理想的奇端 QQ 的价格预期。网上的竞猜活动，有 30 多万人参与。当时普遍认为 QQ 的价格应该在 6 万 ~9 万元之间。

2003 年 5 月底，上市预热阶段，奇瑞 QQ 的价格揭晓了—— 4.98 万元，比消费者期望的价格更吸引人。这个价格与同等规格的微型客车差不多，但是从外观到内饰都是与国际同步的轿车配置。此时媒体和消费者沸腾了，媒体开始了第三轮自发的奇瑞 QQ 现象讨论，消费者中也产生了奇瑞 QQ 热，此时人们的心情就是尽快购买。

这时奇瑞公司宣布：QQ 是该公司独立开发的一款微型轿车，因此，消费者在购车时不必多支付技术转让费用。这为奇瑞树立了很好的技术形象，为消费者吃了一颗定心丸。

2003 年 6 月初，上市阶段，消费者对奇瑞 QQ 的购买欲望已经具备，媒体对奇瑞 QQ 的关注已经形成，奇瑞 QQ 自身的产能也已具备，开始在全国同时供货，消费者势如潮涌。此阶段，一边大批量供货，一边借助平面媒体，大面积刊出定位诉求广告，将奇瑞 QQ 年轻时尚的产品诉求植根于消费者的脑海。除了平面广告外，同时邀请专业的汽车杂志进行实车试驾。对奇瑞 QQ 的品质进行更深入的真实报道，在具备了较强知名度后进一步加深消费者的认知度，促进消费者理性购买。

2003 年 6 月初，上市阶段。奇瑞 QQ 在全国近 20 个城市同时开展上市期的宣传活动。邀请各地媒体，对奇瑞 QQ 进行全面深入的报道，保持对奇瑞 QQ 现象持续不断的传播。

2003 年 7—9 月，奇瑞 QQ 开始了热卖阶段，这阶段的重点是持续不断刊登全方位的产品诉求广告。同时针对奇瑞 QQ 的目标用户年轻时尚的个性特点，结合互联网的特性，联合新浪网，推出“奇瑞 QQ”网络 flash 设计大赛，吸引目标消费者参与。

2003 年 10 月，奇瑞 QQ 已经热卖了 3 个多月，在全国各地都有相对的市场保有量。这时，厂家针对已经购车的消费者开展“奇端四季暖心服务大行动”，为已经购车的用户进行全方位服务，以不断提高消费者对奇瑞 QQ 产品的认知度，以及对奇瑞品牌的忠诚度。

2003 年 11 月下旬，厂家更进一步地针对奇瑞 QQ 消费者时尚个性的心理特征，组织开展了“QQ 秀个性装饰大赛”。由于奇瑞 QQ 始终倡导“具有亲和力的个性”的生活理念，因此在当今社会的年轻一代中深获共鸣。从这次车贴设计大赛中不难看出，奇瑞 QQ 已逐渐成为年轻一代时尚生活理念的新代言者。

(3) 奇瑞 QQ 营销策略解析

轿车已越来越多地进入大众家庭，但由于地区经济发展的不平衡及人们收入水平的差距，对汽车的需求走向了进一步的细分。由于微型车的品牌形象在汽车市场一向是低端的代名词，因此把握消费者的心态，突出微型轿车年轻时尚的特征与轿车的高档配置，在众多的消费群体中进行细分，才能更有效地锁住目标客户，以全新的营销方式和优良的性能价格比吸引客户。令人惊喜的外观、内饰、配置和价格是奇瑞公司成功占领微型轿车这个细分市场的关键。

明确市场细分，锁定时尚男女

奇瑞 QQ 的目标客户是收入不高但有知识有品位的年轻人，同时也兼顾有一定事业基础、心态年轻、追求时尚的中年人。一般大学毕业两三年的白领都是奇瑞 QQ 潜在的客户。月收入2000元即可轻松拥有这款轿车。

许多时尚男女都因为 QQ 的亮丽、高配置和优性价比就把这个可爱的小精灵领回家了。从此与 QQ 成了快乐的伙伴。

奇瑞公司有关负责人介绍说，为了吸引年轻人。奇瑞 QQ 除了轿车应有的配置以外，还装载了独有的“I-Say”数码听系统，成为了“会说话”的 QQ，堪称目前小型车时尚配置之最。据介绍，“I-Say”数码听系统是奇瑞公司为用户专门开发的一款车载数码装备，集文本朗读、MP3 播放、U 盘存储多种时尚数码功能于一身，让 QQ 与电脑和互联网紧密相连，完全迎合了离开网络就像鱼儿离开水一样的年轻一代的需求。

独特的品牌策略诠释“年轻人的第一辆车”

QQ 的目标客户群体对新生事物感兴趣，富于想象力，崇尚个性，思维活跃，追求时尚。虽然由于资金的原因他们崇尚实际，对品牌的忠诚度较低，但是对汽车的性价比、外观和配置十分关注，是容易互相影响的消费群体；从整体的需求来看，他们对微型轿车的使用范围要求较多。奇瑞把 QQ 定位于“年轻人的第一辆车”，从使用性能和价格比上满足他们通过驾驶 QQ 实现工作、娱乐、休闲、社交的需求。

奇瑞公司根据对 QQ 的营销理念推出符合目标消费群体特征的品牌策略。

①在产品名称方面：QQ 在网络语言中有“我找到你”之意，“QQ”突破了传统品牌名称非洋即古的模式，充满时代感的张力与亲和力，同时简洁明快，朗朗上口，富有冲击力。

②在品牌个性方面：QQ 被赋予了“时尚、价值、自我”的品牌个性，将消费群体的心理情感注入品牌内涵。

③在品牌语言方面：富有判断性的广告标语“年轻人的第一辆车”，及“秀我本色”等流行时尚语言配合创意的广告形象，将追求自我、张扬个性的目标消费群体的心理感受描绘得淋漓尽致，与目标消费群体产生情感共鸣。

整合营销传播，形成市场互动

“QQ”作为一个崭新的品牌，在进行完市场细分与品牌定位后，投入了立体化的整合传播，以大型互动活动为主线，具体的活动包括 QQ 价格网络竞猜，QQ 秀个性装饰大赛，QQ 网络 flnsh 大赛等等，为 QQ2003 年的营销传播大造声势。

①相关信息的立体传播：选择目标群体关注的报刊媒体、电视、网络、户外、杂志、活动等，将 QQ 的品牌形象、品牌诉求等信息迅速传达给目标消费群体和广大受众。

②各种活动“点”“面”结合：从新闻发布会和传媒的评选活动出发，形成全国市场的互动，并为市场形成了良好的营销氛围。在所有的营销传播活动中。特别是网络大赛、动画和车内装饰大赛，都让目标消费群体参与进来，在体验中将品牌潜移默化地融入消费群体的内心，与消费者产生情感共鸣，起到了良好的营销效果。

据奇瑞汽车销售有限公司总经理金卞波介绍说："因为广大用户的厚爱，QQ现在供不应求。作为独立自主的企业，奇瑞公司什么时候推出什么样的产品完全取决于市场需求。

对于一个受到市场热烈欢迎的产品，奇瑞公司的使命就是多生产出质量过硬的产品，让广大用户能早一天开上自己中意的时尚个性小车——QQ。"

思考题：

(1)谈谈奇瑞QQ形象与其目标市场的共同之处。

(2)结合案例分析奇瑞是如何抓住年轻人从而创造销售神话的。

(3)分析奇瑞QQ的目标市场定位，并且是如何实现的。

任务要求：

在读懂分析此案例的基础上，搜集奇瑞公司产品的信息，了解奇瑞公司目前的市场细分状况及市场业绩情况，完成以下任务：

1. 说明奇瑞公司产品所对应的市场细分状况。

2. 说明奇瑞公司产品的市场定位。

【导入案例2-5】

小油漆厂如何选择目标市场

英国有一家小油漆厂，由于经营不善，面临倒闭。后来，该油漆厂调查访问了许多潜在消费者，根据各自不同的需求细分市场：本地市场的60%是一个较大的普及市场，对各种油漆产品都有潜在需求。其余40%又可以细分四个市场，各占10%的份额。这四个市场分别如下：

1. 家庭主妇群体。特点是不懂室内装饰需要什么油漆，但是要求质量好，希望油漆商提供设计，油漆效果美观。

2. 油漆工助手群体。他们需要购买质量较好的油漆，替住户进行室内装饰，他们一直从老式金属器具店或木材厂购买油漆。

3. 老油漆技工群体。他们一向不买调好的油漆，只买颜料和油料自己调配。

4. 青年夫妇群体。这一群体是租公寓居住收入低者，由于公寓住户在一定时间内必须油漆住房，以保护房屋，因此他们购买油漆不求质量，只要比白粉刷浆稍好就行，重要的是价格够便宜。

经过一番调查访问和市场细分，该油漆厂根据自身规模小，实力有限，竞争力弱等特点，决定选择青年夫妇作为目标市场，并制定了以下相应的市场营销组合：

1. 产品。生产少数不同颜色、大小不同包装的油漆。并根据目标顾客的喜爱，随时增加、改变或取消颜色品种和装罐大小。

2. 分销。产品送抵目标顾客住处附近的每一家零售商店。目标市场范围内一旦出现新的商店，立即与之合作，让其经销本厂产品。

3. 价格。保持单一低廉价格，不提供任何特价优惠，也不跟随其他厂家调整价格。

4. 促销。以“低价”“满意的质量”为号召，以适应目标顾客的需求特点。定期变换商店布置和广告版本，创造新颖形象，并变换使用广告媒体。

由于市场选择恰当，市场营销战略较好适应了目标顾客，虽然经营的是低档产品，该油漆厂仍然获得了很大成功。

思考题：

分析该油漆厂市场细分的依据是什么？通过细分市场，该油漆厂实施了怎样的目标市场营销策略？

【导入案例 2-6】

爱尚非蛋糕，无意义的差异化也有意义

2007 年 4 月的一个夜晚，福马一行夜访叶茂中，随行带了一款名为“瑞士卷”的卷心蛋糕类产品，希望能借此产品为福马开辟一个全新的市场！

在中国蛋糕行业，福马一直处在二三线品牌的地位，尽管在业内摸爬滚打已近 30 年，但是中、低端的品牌形象始终很难提升，如今希望凭借“大众化”的瑞士卷而异军突起，难度可见是相当的不易！

瑞士卷沦为中国的地摊货

瑞士卷是否源于瑞士，我们已经不得而知，但让我们揪心的却是：虽名为瑞士，却实质已经成为中国老百姓心中的低价食品。因为有很多欧洲及马来西亚品牌通过走私渠道在福建、广东等沿海市场卖货，且销售得非常不错。这些产品既不用做广告也不用做促销，直接以低廉的价格，每枚价格仅在 0.5 元，占领了相当一部分市场。而 0.5 元的定价，也直接导致了瑞士卷整个品类呈现出廉价的气质，成为中国老百姓心目中的“地摊货”。

要赋予瑞士卷更高贵的气质，扭转消费者认知，在学过定位理论的人看来，都会觉得异常艰难。人们对事物的第一认知多会根深蒂固地深埋在大脑记忆中，即便耗费了大量的教育成本，也未必能改变这种认知，更何况我们也不希望客户耗费大量的金钱做一些没谱的事。

而对瑞士卷同样产生夹击的还有“派”类市场：今天的“蛋黄派”其实已经形成了一个巨大的市场，以好利友、乐天、达利园为代表的派类市场每年都有几十亿的销售份额，并且呈逐年上升趋势。此外，蛋黄派这一类别在品类名上就占了一个大便宜，“蛋黄派”这三个字在名称上就能够体现出产品含有鸡蛋、牛奶等原料的高价值感，让消费者一目了然。

瑞士卷既要摆脱“地摊货”的品类气质，又要迎头赶上“蛋黄派”的营养价值，摆在我们面前的是一个艰巨的任务，相当艰巨！

杀入红海，还是开拓蓝海

产品无差异，价格无差异，渠道无差异，怎样让一个无差异化的新品牌跳出高度同质化的品类红海？

产品无差异：虽说瑞士卷为新创类别，在形态上与竞争品有所差异，但是产品的口感、口味与原来的派类产品差别不大，特别在口感上与好丽友的蛋糕类产品几乎如出一辙。

价格无差异化：无论如何也不能让卖0.5元的瑞士卷卖到1元以上，市场惯例已经决定了这一品类的价值。

渠道策略雷同：销售渠道无差异，新品势必会受限于原有的销售网络，在渠道、终端陷入同类产品的包围。

产品无差异，价格无差异，渠道无差异，直接导致的结果就是瑞士卷将陷入蛋糕品类红海，且在价值感上远远落后于蛋黄派！而品牌的运作方式似乎也无法为一个廉价的品类拓展出更高的价值，如何杀出一片蓝海，我们更寄希望于品类的创新上。

一个新产品以新品牌的身份进入一个巨大的品类中竞争，往往很难吸引消费者的注意，福马"瑞士卷"要想有所作为，必须要摆脱"卷心蛋糕"小品类的限制，同时更需要跳出"蛋糕"品类的红海。

如果单从瑞士卷的物理属性和产品属性上来着手，我们已经很难找到突破口了，于是我们尝试从目标消费群身上入手，从目标消费群的喜好和关注度为导向来寻找能激起他们共鸣的差异点。

主流人群，非主流的文化

通过前期的市场调研，我们发现蛋糕及饼干市场的消费者主要集中在16～39岁，而其中又以16～25岁的两类核心消费者为代表：

"快乐搜寻者"：18岁左右，喜欢一切新鲜、刺激、时髦和有趣的事物。

"新文化一族"：25岁上下，接受过较好的教育，注重生活品位，乐于接受新思想和新知识。

这两群人就是所谓的意见领袖，他们是品牌的核心消费人群，品牌的意见领袖对品牌的目标消费人群有强烈的带动引导作用。

我们通过解析意见领袖的心智资源，去创造一个与之相契合的差异点。意见领袖想要什么？是新鲜的、猎奇的、个性的、有趣的、幽默的、娱乐的。那我们又应该如何满足他们的需求，并且能够赢得意见领袖的共鸣呢？

在这个充满娱乐精神的时代里，人人追求个性，共性遭到冷落，年轻人都渴望自己是独一无二的，希望在众多人群中一眼就能辨认出个性的自己。在这种行为习惯的驱动下，以往的"非主流"文化，渐渐成为一种大众文化，成为一种主流文化。

而"非"也成为一种突破传统，宣扬个性的符号！

为了迎合我们的消费群体，我们的瑞士卷也只有充满娱乐精神和叛逆精神，才能博得年轻人的喝彩。

一个是——真正的品类差异化定位。

一个是——眼球经济下的定位游戏。

然而，无论是"品类差异定位"还是"眼球定位游戏"都获得了空前的成功。

战场究竟在哪里

我们知道产品的定位，不仅是定消费者心中的位置，更需要一个正确的市场定位。正确的战场才能有利于我们排兵布阵，赢得胜利。

在完成了消费者心理研究后，我们还需要放眼“瑞士卷”所处的市场，寻找我们的对手，研究我们的对策：

瑞士卷进入蛋糕市场后，必然会首先受到蛋糕类市场的压制，好丽友、康师傅品牌实力雄厚，好丽友以近15%市场份额遥遥领先于竞品，领跑工业蛋糕市场；康师傅凭借“妙芙”蛋糕异军突起，赚得盆满钵溢。

福马有无必要与这两个强大的品牌对抗，以小搏大？

我们反观整个庞大的烘焙市场：蛋糕市场整体份额过小，目前工业蛋糕市场仅有60亿左右，工业蛋糕市场第一品牌好丽友目前的市场份额也仅只有6亿~7亿，与烘焙市场700多亿的大市场相比可谓小而又小。

相较而知，我们的战场不应该仅仅缩小到“蛋糕”类市场的对立面，纠结在蛋糕的红海里，而应把对立面扩大到整个蛋糕市场的对立面，把战场开拔到整个烘焙市场，那样我们赢的胜算就更大了！

通过上述分析，我们得出：我们的主流人群，热爱非主流文化；我们的假想敌，是整个蛋糕市场。

由此，一个大胆的品类设想，大胆地呈现在我们的脑海里：非蛋糕！

用“非”作为突破点，不仅突破了品类的壁垒和竞争，突破了年轻人群对蛋糕市场的传统认知和感受，更避免了“瑞士卷”市场的低廉售价以及恶性竞争。

“非蛋糕”不仅仅是个定位游戏，更开创了和蛋糕市场相当的新品类市场，更能帮助我们解决产品无差异、价格无差异、渠道无差异等等所有的问题，并为福马创造了“非蛋糕”大品类市场的机会点。

0.5元，还是更贵

如同我们宣言所说，我们渴望成功，渴望为我们的客户带来成功。我们所做的工作并非无意义的定位游戏，我们希望它能转化为有意义的销售数据。

瑞士卷很大的一个问题就是价格无法提高，然而，我们定位于“非蛋糕”后，这个问题自然就迎刃而解：“非蛋糕”不仅开辟了新品类，也为产品认知带来了更高的价值感和时尚感，自然为提价打下了很好的基础。说句实话，面对“非蛋糕”这个名字，不涨价我们都有点不好意思了！

当即，我们就建议客户将非蛋糕单枚的零售价提高到1元以上，与市场上0.5元一枚的瑞士卷形成巨大的区隔，真正为“非蛋糕”奠定一个与之吻合的具有国际品质感的高端品牌形象。事实证明“非蛋糕”的高端的定位得到了市场的高度肯定，2007年9月上市伊始“非蛋糕”就打出了1元每枚的零售价，2008年1月“非蛋糕”再次将单枚的零售调价至1.3元，同样被市场争抢一空。

一条非常规品牌复兴之路

福马非蛋糕能否复兴“福马”品牌？当我们异常兴奋于“非蛋糕”的定位时，我们必须冷静地反思：“福马非蛋糕”能否复兴“福马”大家族？“福马非蛋糕”能否支撑非常规的品类？答案同样是否定的！

在对福马品牌知名度、美誉度、品牌形象等深度调查之后，我们发现原福马品牌的知名度不足，品牌印象是中档、大众化、经济实惠，如果简单地以福马原来的品牌去驾驭“非蛋糕”无异于旧瓶装新酒，势必还会给消费者造成品牌形象中档、大众化、经济实惠的印象。我们有了全新的武器“非蛋糕”，也必须要有一个全新的品牌。

这个新品牌既要能支撑得起“非蛋糕”的独特品类，同时要肩负起福马品牌复兴的使命。这个新品牌既源于福马，又将是超越福马的超级巨星。我们的新品牌肩负着品牌复兴的使命，这个品牌的崛起还必须摆脱二、三线品牌的地位。

“爱尚”，这个曾经被福马注册过但是一直没有被重用的品牌引起了叶茂中团队的注意。“爱尚”朗朗上口；“爱尚”与“爱上”谐音；同时“爱尚”又酷似国际品牌。

福马品牌要复兴。如果品牌家族里有一个超级巨星级的国际品牌，那如同一个家庭里面有了顶梁柱，品牌复兴就指日可待。这个酷似有国际品牌背景的非常规品牌诞生了——“爱尚非蛋糕”。至此，福马品牌家族的梯队也清晰了：

高　端——爱　尚

中　端——福　马

低　端——咪　咪

爱尚非蛋糕——这个未来福马家族的顶梁柱级新品牌，肩负着艰巨而伟大的使命踏上了茫茫征途……

非常明星，非常任务

在为爱尚寻找形象代言人时颇费周折，我们想到过周杰伦，周董的天王气质还是能够支撑得起爱尚非蛋糕的品牌高度的，但是周天王代言的品牌从通信到鞋服到快速消费品无所不包，他目前的形象已经不能代表某个品牌的独特个性了。

哪一位个性独具又够国际感的天王能够与爱尚非蛋糕相辅相成呢？

Rain！韩国小天王 Rain 自 2003 年起迅速蹿红全亚洲，各国演唱会都是场场爆满，所到之处皆能引起旋风……

叶茂中公司和福马一拍即合，锁定 Rain 为爱尚非蛋糕的代言的唯一人选。

新鲜的非蛋糕蛮“润”的，新鲜的 Rain 也蛮“润”的，请 Rain 代言非蛋糕，既表达了非蛋糕的物质利益点，又搭上了名字的音译传播，可谓是巧妙的一举数得。

今天，爱尚非蛋糕的那句经典广告语“蛋糕？非蛋糕？蛮润的哦”已经成为在大学校园及年轻时尚人群的一句流行语。

整合传播，强调媒体聚焦

确定代言人，拍摄广告片之后，我们进入紧张的整合传播期。在产品上市导入期，以“厦门 8.18 新品新闻发布会”“上海 9.23 Rain 代言爱尚新闻发布会”两场发布会作为传播核心轴，通过“活动 + 软文”形式，整合电视、报纸、杂志、网络、广播等众多媒体，形成合力，大量针对目标市场发布新闻。

凭借丰富与成熟的媒体公关经验，在爱尚的新闻发布会上国内主流媒体均到现场，“9.23 发布会”上到场媒体有 300 多家。新闻传播更是迅速及时，当天发布的信息，晚上就能在主流网站见到。

深知持续传播的重要性，我们在活动后续不但未减少传播预算，反而更加大了传播的投入，增加传播力度，使不同媒体以不同形式，传播同一信息，形成连贯性的统一，扩大了传播的影响力。

后记：

企业不单单是在经营一个产品，更是在经营一个市场机会；经销商所寻找的也不仅仅是一个产品，更是在寻找一个市场机会。

没有满足不了的消费者，只有发现不了的消费需求。

在今天的市场，谁更关注消费者的消费需求，谁就能占领市场制高点，获得丰厚的利润回报！

2007 年 9 月爱尚非蛋糕上市，立即受到了消费者的追捧。

2008 年伊始，爱尚非蛋糕以月均销售额逾 2000 万的雷霆之势迅速飙升。

2008 年爱尚非蛋糕单品年销售额达到 3 亿元。

（湖南师范大学出版社，市场营销策划，郭献山，2014 年版）

思考题：

福马食品集团是如何细分市场，选择目标市场，并且进行市场定位的，从这个案例中你对本情境的学习有何体会？

【知识链接】

一、市场细分的含义

市场细分就是按照一定的标准把整体市场划分为若干不同的购买体——子市场，使企业可以从中认定其目标市场的过程和策略。划分细分市场的标准需具备两个特征：第一，具有共同需求；第二，对营销活动具有类似的反应。每一个细分市场都是由需求倾向相类似的消费者构成的群体，所有细分市场的总和便是整体市场。

市场细分理论发展历程

阶 段	内 容

消费品市场的细分标准

细分标准	具体因素

工业品市场的细分标准

细分标准	具体因素

二、目标市场的含义

企业进行市场细分的目的是为了有效地选择并进入目标市场。所谓目标市场，是企业为了满足现实或潜在的消费者需求而决定开展市场营销活动的特定市场。目标市场是在市场细分及确定企业机会的基础上形成的。企业通过市场细分，会发现市场上未得到满足的需求。这种“未得到满足的需求”就是市场机会。但并不是所有的市场机会都能成为企业的市场机会。一种市场机会是否能够成为企业市场机会，不仅取决于这种市场机会是否符合该企业的目标和能力，而且还取决于该企业能否取得利用这种市场机会的最大竞争优势或相对竞争优势。确定了企业的市场机会，也就确定了企业的目标市场。如果说市场细分显示了企业所面临的市场机会，那么目标市场选择则是企业通过评价各种市场机会，决定为多少个细分市场服务的重要营销策略。

目标市场类型

目标市场类型	含　义	举　例

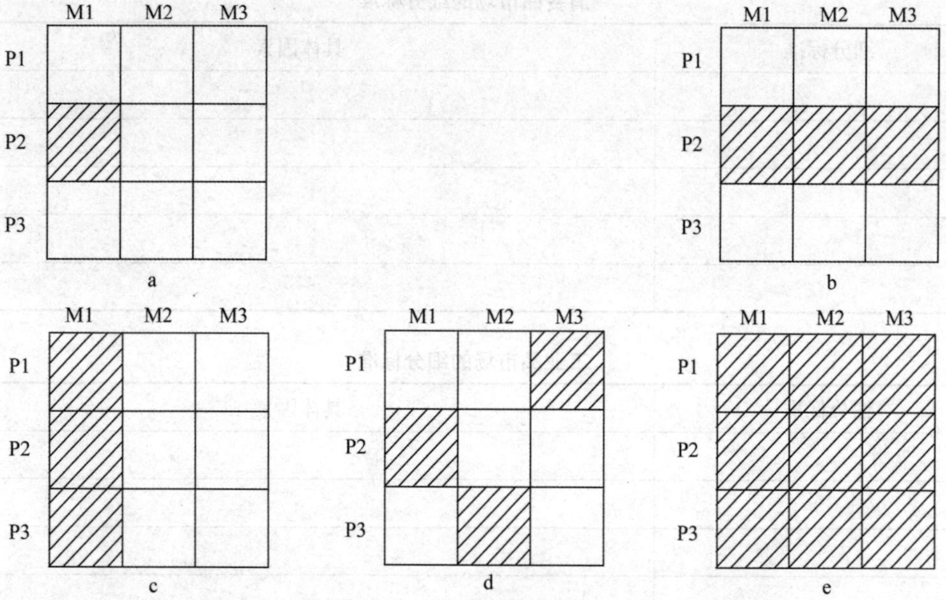

企业在选择目标市场时，通常可采用的策略有以下三种：

策略类型	图 示	含 义
无差异性市场策略	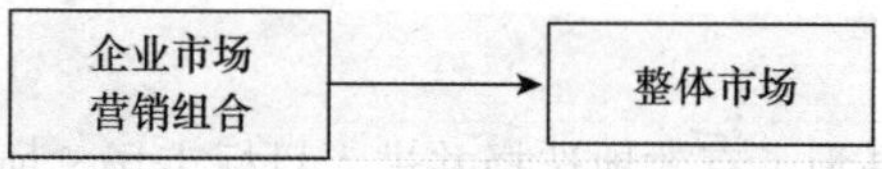	
差异性市场策略	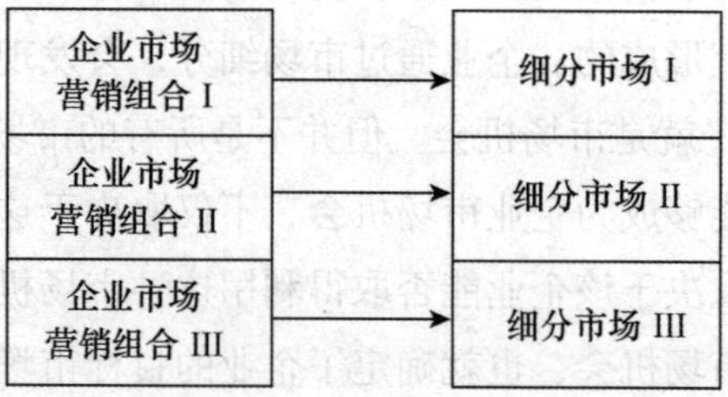	
密集性市场策略	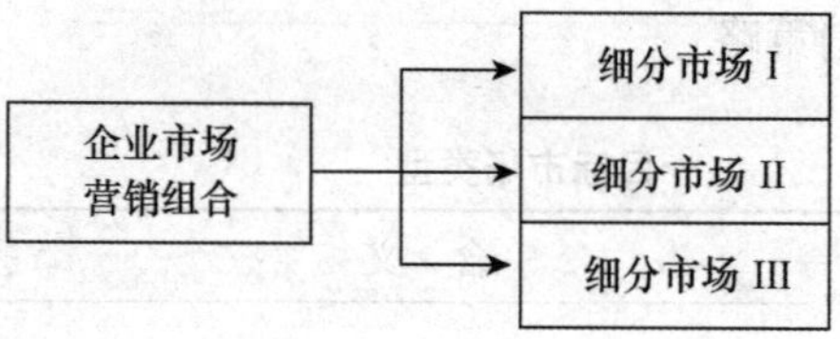	

三、市场定位的含义

目标市场确定后，企业要为自己的产品、品牌在市场上树立某种特色，以区别于竞争对手的产品和品牌，并争取目标顾客的认同。这种勾画企业形象和所提供产品的价值，以使消费者认识本企业有别于其竞争者的行为，就是市场定位，也称产品定位。换言之，市场定位是指企业根据消费者(或用户)对某种产品的某些特征或属性的重视程度，给本企业的产品规定一定的市场地位。例如：高露洁牙膏总是宣传它的防龋齿功能；奔驰汽车的发动机性能良好也是众所周知的。市场定位是20世纪70年代由美国学者艾·里斯提出的一个重要的营销学概念，其实质是使本企业与其他企业严格区分开来，使顾客明显感觉和认识到这种差别，从而在顾客心目中占有特殊的位置并取得目标市场的竞争优势。市场定位是树立企业形象、品牌形象和产品形象的基础。

这里的“位”，不是地理位置，而是产品在消费者心目中所处的地位，是一个抽象的心理位置概念。市场定位离不开产品和竞争，因此，市场定位、产品定位与竞争性定位三个概念经常交替使用。市场定位强调的是企业在满足市场需求方面，与竞争者比较，应当处于什么位置，使顾客产生何种印象和认识；产品定位是指就产品属性而言，企业的产品与竞争品，应在目标市场上各自处于什么位置；竞争性定位则突出在目标市场上，企业和竞争者相比较，产品及营销组合有何种特色。三个术语在实质上，是从不同角度认识同一事物。

市场定位的类型

定位类型	含　义	举　例
实体定位		
情感定位		

定位类型	含　义	举　例
初次定位		
重新定位		

定位类型	含　义	举　例
避强定位		
对抗定位		

任务要求：

给予学生一个具体的营销策划产品，让学生熟练运用市场细分、目标市场的选择、市场定位的知识，分析和设计其市场细分状况，目标市场的选择及市场定位活动开展。

任务评价标准：

任务要素	市场细分	目标市场选择	市场定位	文案制作	课堂发言
分值(100分)	20分	20分	20分	20分	20分

【实战指导】

参考文案

上海市服装市场细分表

性　别	年龄/岁	职业	经济收入/元	购买量	品牌偏好
男　性	0～7	男婴	依靠父母	大量	明显
		男童		一般	不明显
	8～23	小学男生	依靠父母	大量	明显
		中学男生		一般	明显
		大学男生		少量	不明显
	24～40	服务业男职工	1500 以下	大量	明显
		制造业男职工	1500～3000	一般	不明显
		机关事业单位男性	3000 以上		
	40 以上	职业男性	1500 以下	一般	明显
		退休男性	1500～3000	少量	不明显
			3000 以上		
女　性	0～7	女婴	依靠父母	大量	明显
		女童		一般	不明显
	8～23	小学女生	依靠父母	大量	明显
		中学女生		一般	不明显
		大学女生		少量	
	24～40	服务业职工	1500 以下	大量	明显
		制造业职工	1500～3000	一般	不明显
		机关事业单位女性	3000 以上	少量	不明显
	40 以上	职业女性	1500 以下	一般	明显
		退休女性	1500～3000	少量	不明显
			3000 以上		

学习情境三：

制定营销方案

子情境一：制定产品策略

【学习目标】

●**知识目标**

1. 理解现代营销学中的产品整体概念及意义，明确整体产品层次的含义。
2. 理解产品组合及分析方法，掌握产品组合策略的选择与实施。
3. 了解产品生命周期的概念，明确产品生命周期各阶段的基本特征及营销策略。
4. 认识新产品开发的意义，明确新产品开发的组织形式、程序及策略。
5. 理解品牌及其作用，掌握产品品牌化决策的类型和产品品牌策略的确立。

●**技能目标**

学生能够熟练运用产品策略的知识，针对一个具体的营销策划项目(产品)，分析和设计其产品策略。

任务一：给予学生一个具体的营销策划产品，让学生熟练运用产品策略的知识，分析和设计其产品策略。

【导入案例3-1】

系列产品组合经典案例——芭比娃娃系列

在美国市场上曾出现过一种注册为“芭比”的洋娃娃，每只售价仅10美元95美分，就是这个看似寻常的洋囡，竟弄得许多父母哭笑不得，因为这是一种“会吃美金”的布娃娃。且看以下的故事。

一天，当父亲将价廉物美的芭比娃娃买下并作为生日礼物赠送给女儿后，很快就忘记了此事，直到有一天晚上，女儿对父亲说：“芭比需要新衣服。”原来，女儿发现了附在包装盒里的商品供应单，提醒小主人说芭比应当有自己的一些衣服。做父亲的想，让女儿在给娃娃穿衣服的过程中得到某种锻炼，再花点钱也是值得的，于是又去那家商店，花了45美元买回了“芭比系列装”。过了一个星期，女儿又说得到商店的提示，应当让芭比当“空中小组”，还说一个女孩在她的同伴中的地位取决于芭比有多少身份，还噙着眼泪说她的芭比在同伴中是最没“份”的。于是，父亲为了满足女儿不太过分的虚荣心，又掏钱买了空姐衣服，接着又是护士、舞蹈演员的行头。这一下，父亲的钱包里又少了35美元。

然而，事情没有完，有一天，女儿得到“信息”说她的芭比喜欢上了英俊的“小伙子”

凯恩。不想让芭比“失恋”的女儿央求父亲买回凯恩娃娃。望着女儿腮边的泪珠，父亲还能说什么呢？于是，父亲又花费了11美元让芭比与凯恩成双结对。

洋娃娃凯恩进门，同样附有一张商品供应单，提醒小主人别忘了给可爱的凯恩添置衣服、浴袍、电动剃须刀等物品。没有办法，父亲又一次解开了钱包。

事情总该结束了吧？没有。当女儿眉飞色舞地在家中宣布芭比与凯恩准备“结婚”时，父亲显得无可奈何。当初买回凯恩就是让他与芭比成双结对，现在没有理由拒绝女儿的愿望。为了不给女儿留下“棒打鸳鸯”的印象，父亲忍痛破费让女儿为婚礼“大操大办”。

父亲想，谢天谢地，这下女儿总该心满意足了。谁知有一天女儿又收到了商品供应单，说她的芭比和凯恩有了爱情的结晶——米琪娃娃！

思考题：

1. 芭比娃娃系列产品是如何推出的？
2. 芭比娃娃系列产品是如何开发的？
3. 了解不同层次的产品的体现方式。

【导入案例3-2】

可口可乐的难题

20世纪70年代以来，可口可乐面对百事可乐公司的咄咄逼人的气势，市场地位日渐缩小。更使可口可乐感到烦恼和灰心的是它的广告支出费用比百事可乐多数亿美元。它拥有两倍于百事的自动售货机、更多的货架以及用具竞争力的价格，却仍失去了自己的市场份额。因此，公司开始将注意力转移到调查研究产品本身的问题上来。调查资料日益明显地表明，味道是导致可口可乐衰落的唯一重要因素，也许原来的配方要被淘汰了，所以公司开发了新口味的可乐，并通过无标记测试证实新口味的可口可乐胜过了百事可乐。公司高层管理反复考虑后一致同意改变可口可乐味道，并把旧的可乐淘汰掉。

于是，1985年4月23日，可口可乐公司董事长罗伯托·戈伊祖艾塔作出了一项重大决定，为了适应消费者对甜味更加偏好的变化，可口可乐公司决定放弃原来的配方，推出一种名为“新可口可乐”的产品，然而，可口可乐却遭到了媒体和众多消费者的强烈抗议，人们的纷纷指责，可口可乐作为美国的一个象征和一个老朋友，突然之间就背叛了他们。有些人威胁说以后不喝可口可乐而代之以茶或白开水。在公众的压力下，公司最终还是在“传统可口可乐”的商标下，恢复老可乐的生产，同时公司保留新口味的可乐，并称之为“营养可乐”。

思考题：

1. 你认为可口可乐公司应采取什么样的产品生命周期决策？
2. 新产品开发过程中应注意的问题？

【导入案例 3-3】

"海尔"品牌优质的象征

"海尔"品牌是我国家电企业——海尔集团经过多年不懈的追求和奋斗创建起来的，它凝结着海尔人的智慧与勤劳。

海尔集团的经营策略是：要么不干，要干就是最好的。不求产量第一，先求内在质量第一。全面实施以"用户为中心"的经营活动，一是在设计上坚持以高科技创造出高品质。二是在制造过程中，坚持"精细化，零缺陷"。三是星级服务承诺。

在海尔发展的历史进程中，海尔以创造性的市场经营理念，取得了巨大成功，海尔的许多高科技、高附加值系列产品，创造了享誉世界的"海尔流派"。

在生产过程中，"质量是永恒的主题"已成为海尔空调员工自觉遵守的规范，这创造了海尔的"零缺陷"。几年来，没有发生一起质量事故，海尔空调产品开箱合格率始终保持在100%，社会总返修率不超过4%，用户投诉率为零。

海尔空调器有限总公司领导说得好：名牌产品就要为消费者提供与其质量和信誉相符的星级服务，它的水准应当与国际最优服务标准一致。

1995 年春天，青岛市有一老人买了台海尔空调，搭乘出租车回家，在上楼找人搬时，不幸被黑心的出租司机乘机将空调拉走。这件事厂家毫无责任，但海尔空调器有限总公司又免费赠送老人一台空调。海尔空调从此事发现服务上的薄弱点，即有许多顾客在购买空调时，存在自己运输、搬抬等不方便的因素，因此，他们在全国率先推行了"无搬动"国际星级服务，把购物变成了真正的享受。

四川成都中科院分院聘请的美籍华人技术专家郑嘉宁先生在华工作期间，准备选购一台空调作为生日礼物送给他在四川巴县的母亲。当他考察了世界各国名牌后，最终选择了海尔空调。但海尔空调在成都各大商场一时脱销，郑先生很急，便给青岛海尔空调器有限总公司发去传真并把款付清。该公司领导知道这件事后，考虑到海外游子的一片孝心，于是决定：破例空运一台海尔空调到成都。当一台海尔空调历经从空中到地上的数次辗转周折运到四川巴县后，郑嘉宁先生激动地说："我在外几十年，什么场面都见过了，但这样的经历还是第一次。海尔不愧是中国第一名牌，我一定广泛宣传，让全美国的华人都用上我们中国人自己的名牌空调。"

当美国优质服务科学协会在全球范围内搜集用户对海尔产品的不满意见时，最终得出的结果竟然是零。

思考题：

1. 海尔的名牌是如何创出来的？
2. 海尔的名声是如何传出去的？

【导入案例3-4】

“娃哈哈”的防御性品牌注册

坐落于杭州西子湖畔的全国著名的娃哈哈集团，自1987年靠3个人14万元贷款起家以来，由一个校办工厂已成为拥有23家合资或控股子公司、员工近万名、资产28亿元的大型综合性食品工业集团。杭州娃哈哈集团成功的成因固然有很多，但不管怎样，成功的“娃哈哈”品牌运营是其重要原因。1998年，“娃哈哈”被国家定为驰名商标，品牌资产达22.48亿元。

经济全球化发展的高涨，国内外市场的对接，“娃哈哈”品牌在国内市场运营的成功，使决策者开始将眼光瞄向国外市场。随着集团公司的快速发展，产品市场不断扩展。企业认识到仅在国内进行商标注册已远远不够，为了进一步扩展市场，有效开展对外贸易，开拓国际市场，争创世界名牌商标，维护自己在国际市场的合法权益，在国外进行商标注册已迫在眉睫。于是，娃哈哈集团公司于1992年4月通过国家工商局商标局向世界知识产权组织国际局提出“娃哈哈”商标的国际注册申请，并指定了法国、德国、意大利、波兰、俄罗斯5国申请领土延伸。1992年5月29日，国际局正式对娃哈哈集团公司的5件商标注册申请进行受理，1993年8月获准“娃哈哈”商标有5国注册，保护期均为20年。与此同时，“娃哈哈”公司还分别向日本、韩国、美国等国家和中国香港地区进行了逐一注册申请。

思考题：

1. “娃哈哈”品牌防御性注册有何启示？
2. 你认为“娃哈哈”应如何加强品牌的自我保护和品牌扩展？

【导入案例3-5】

十大经典创意包装营销案例

商品包装作为商品设计的延续，已经成为商品营销的一个基础元素。富有创意的经典包装，已经成为企业提升品牌价值最简单最有效的方法。我们推出十大经典创意包装营销案例，让我们一起探寻包装的魅力所在。

经典案例之一：山姆森玻璃瓶——一个价值600万美元的玻璃瓶

说起可口可乐的玻璃瓶包装，至今仍为人们所称道。1898年鲁特玻璃公司一位年轻的工人亚历山大·山姆森在同女友约会中，发现女友穿着一套筒型连衣裙，显得臀部突出，腰部和腿部纤细，非常好看。约会结束后，他突发灵感，根据女友穿着这套裙子的形象设计出一个玻璃瓶。

经过反复的修改，亚历山大·山姆森不仅将瓶子设计得非常美观，很像一位亭亭玉立的少女，他还把瓶子的容量设计成刚好一杯水大小。瓶子试制出来之后，获得大众交口称赞。有经营意识的亚历山大·山姆森立即到专利局申请专利。

当时，可口可乐的决策者坎德勒在市场上看到了亚历山大·山姆森设计的玻璃瓶后，认为非常适合作为可口可乐的包装。于是他主动向亚历山大·山姆森提出购买这个瓶子的专利。经过一番讨价还价，最后可口可乐公司以600万美元的天价买下此专利。要知道在100多年前，600万美元可是一项巨大的投资。然而实践证明，可口可乐公司这一决策是非常成功的。

亚历山大·山姆森设计的瓶子不仅美观，而且使用非常安全，易握不易滑落。更令人叫绝的是，其瓶型的中下部是扭纹型的，如同少女所穿的条纹裙子；而瓶子的中段则圆满丰硕，如同少女的臀部。此外，由于瓶子的结构是中大下小，当它盛装可口可乐时，给人的感觉是分量很多的。采用亚历山大·山姆森设计的玻璃瓶作为可口可乐的包装以后，可口可乐的销量飞速增长，在两年的时间内，销量翻了一倍。从此，采用山姆森玻璃瓶作为包装的可口可乐开始畅销美国，并迅速风靡世界。600万美元的投入，为可口可乐公司带来了数以亿计的回报。

经典案例之二：易拉罐——包装容器之王

20世纪30年代，易拉罐在美国成功研发并生产。这种由马口铁材料制成的三片罐——由罐身、顶盖和底罐三片马口铁材料组成，当时主要用于啤酒的包装。目前我们常用的由铝制材料制作而成的二片罐——只有罐身片材和罐盖片的深冲拉罐诞生于20世纪60年代初。

易拉罐技术的发展，使其被广泛运用于各类商品包装当中，啤酒、饮料、罐头目前大多都以易拉罐进行包装。据悉，全世界每年大约生产的铝制易拉罐已经超过2000亿个。目前，易拉罐已经成为市场上应用范围最广、消费者接触使用最多、最频繁的包装容器，是名副其实的包装容器之王。易拉罐消费量的快速增长，使得制造易拉罐的铝材消费量也有大幅增长，目前制作易拉罐的铝材已经占到世界各类铝材总用量的15%。

随着易拉罐使用量的增加，世界各国为了节省资源和减少包装成本，纷纷研发更轻、更薄的新型易拉罐。铝制易拉罐也从最开始的每1000罐25千克，缩减到20世纪70年代中期的20千克。现在每1000罐的重量只有15千克，比20世纪60年代平均重量减轻了大约40%。

除了推出更轻、更薄的铝制易拉罐以外，目前各国对易拉罐的回收利用率也不断增高。早在20世纪80年代美国铝制易拉罐的回收利用率就已经超过50%，在2000年达到62.1%。日本的回收利用率更高，目前已超过83%。

经典案例之三：香奈尔5号香水——香水瓶成为艺术品

1921年5月，当香水创作师恩尼斯·鲍将他发明的多款香水呈现在香奈尔夫人面前让她选择时，香奈尔夫人毫不犹豫地选出了第五款，即现在誉满全球的香奈尔5号香水。然而，除了那独特的香味以外，真正让香奈尔5号香水成为“香水贵族中的贵族”却是那个看起来不像香水瓶，反而像药瓶的创意包装。

服装设计师出身的香奈尔夫人，在设计香奈尔5号香水瓶型上别出心裁。“我的美学观点跟别人不同：别人唯恐不足地往上加，而我一项项地减除。”这一设计理念，让香奈尔5号香水瓶简单的包装设计在众多繁复华美的香水瓶中脱颖而出，成为最怪异、最另类，也是最为成功的一款造型。香奈尔5号以其宝石切割般形态的瓶盖、透明水晶的方形瓶身造型、简单明了的线条，成为一股新的美学观念，并迅速俘获了消费者。从此，香奈尔5号香水在全世界畅销80多年，至今仍然长盛不衰。

1959年，香奈尔5号香水瓶以其所表现出来的独有的现代美荣获“当代杰出艺术品”称号，跻身于纽约现代艺术博物馆的展品行列。香奈尔5号香水瓶成为名副其实的艺术品。对此，中国工业设计协会副秘书长宋慰祖表示，香水作为一种奢侈品，最能体现其价值和品位的就是包装。“香水的包装本身不但是艺术品，也是其最大的价值所在。包装的成本甚至可以占到整件商品价值的80%。香奈尔5号的成功，依靠的就是它独特的、颠覆性的创意包装”。

经典案例之四：红星青花瓷珍品二锅头——创意包装改变品牌形象

作为一家有着50多年历史的酿酒企业，北京红星股份有限公司(以下简称“红星公司”)生产的红星二锅头历来是北京市民的餐桌酒，一直受到老百姓的喜爱。然而，由于在产品包装上一直是一副“老面孔”，使得红星二锅头始终走在白酒低端市场，无法获取更高的经济效益。

随着红星青花瓷珍品二锅头的推出，红星二锅头第一次走进了中国的高端白酒市场。红星青花瓷珍品二锅头在产品包装上融入中国古代文化的精华元素。酒瓶采用仿清乾隆青花瓷官窑贡品瓶型，酒盒图案以中华龙为主体，配以紫红木托，整体颜色构成以红、白、蓝为主，具有典型中华文化特色。该包装在中国第二届外观设计专利大赛颁奖典礼上荣获银奖。原国家知识产权局副局长邢胜才在看了此款包装以后表示，“这款产品很有创意，将中国的传统文化与白酒文化结合在一起，很成功”。

对此，红星公司市场部有关负责人告诉记者，红星青花瓷珍品二锅头酒是红星公司50多年发展史上具有里程碑意义的一款重要产品。“它的推出，使得红星二锅头单一的低端形象得到了彻底的颠覆。不但创造了优异的经济效益，还提高了公司形象、产品形象和品牌形象。”记者了解到，红星青花瓷珍品二锅头在市场上的销售价格高达200多元，而普通的红星二锅头酒仅为五六元。

据该负责人介绍，除了红星青花瓷珍品二锅头以外，红星公司还推出了红星金樽、金牌红星、百年红星等多款带有中国传统文化元素包装的高档白酒。

经典案例之五：巧克力包装——需求决定包装形式

提起巧克力，人们不但会想到它的香醇和独特的口感，而且会想到浪漫与爱情。如今，巧克力已经同玫瑰花一样，成为了爱情的代名词。巧克力的这种特性，在它的包装上得到了很好的体现。

商品的质量、价格、包装是商品在市场竞争中成功的三个主要因素。由于巧克力独特的寓意，使得巧克力的包装大多都设计成精美的礼盒型，不但能给人以强烈的视觉效果，还有效地表达了巧克力的商品属性特征。天泽广告设计公司设计总监周茂告诉记者，巧克力作为一种商品，已经有了独特的商品属性。“巧克力寓意着爱情，所以我们在巧克力的包装上经常会看到玫瑰等爱情的元素。这是由巧克力自身的商品属性所决定的。”

除了有爱情属性以外，巧克力作为一种大众休闲食品，还有典型的食品属性。因此巧克力除了精美的礼盒型以外，还有着典型的食品包装特点。整体色调大多以暖色为主，在外观图形以及文字设计上都突出巧克力所独有的口感。

周茂表示，“礼盒型的创意包装针对的是以巧克力作为媒介、传达情感的特定消费者，而传统的食品包装面向的则是将巧克力作为食品的广大消费者。特定的消费者决定了特定的包装”。

经典案例之六：茶叶包装——传统文化元素凸显价值

茶叶作为世界三大饮品之一，历来就受到人们的喜爱。由于茶叶本身的独特性，对茶叶的包装主要是要求防潮、防高温、防异味和便于运输携带。然而随着经济的发展和人们生活水平的提高，茶叶的包装除了原有的实用功能以外，更大的作用在于提升茶叶自身的价值和文化品位。

记者了解到，我国茶叶目前的包装已经从过去的散装纸包、塑料袋包、罐装发展到了现在流行的高档精美礼品纸质盒(罐)装、铝箔精致小包装。琳琅满目、绚丽多彩、千姿百态富有创意和文化品位的茶叶包装已成为我国茶文化的重要组成部分。

天泽广告设计公司设计总监周茂告诉记者，“一流的产品离不开一流的包装，茶叶更是如此。而茶叶作为一种特殊的饮品，历来就同中国的传统文化元素连接在了一起，所以茶叶的包装始终离不开中国的传统文化元素和精神”。

周茂认为，设计茶叶包装首先要考虑的还是包装的材料和结构，因为包装材料选用的是否合适，直接影响茶叶的保存。而在图案、文字等其他造型设计方面，除了要结合茶文化的元素和传统感觉以外，更要强调产品的形象性。记者在商场中发现，除了很多造型新颖、文化元素浓厚的茶叶包装以外，也存在着很多过于强调艺术性和华丽性的茶叶包装。对此，周茂表示，盲目追求华丽、艺术性的包装会使包装失去原有的功能。“毕竟，包装的目的始终是为了传达商品信息，让消费者能够直观地看到商品属性。”

经典案例之七：“水晶之恋”果冻——包装设计“俘获”消费者

我国最早出现果冻生产厂家是在1985年，而广东喜之郎集团有限公司(以下简称“喜之郎公司”)直到1993年才开始进入整个果冻生产行业，比整个行业晚了整整8年。然而在1999年央视调查咨询中心“全国城市消费者调查”的结果显示，喜之郎公司已经占领了我国果冻市场83%的市场份额。是什么让喜之郎公司在短短的6年时间内就迅速成长为国内果冻企业的老大呢？除了产品本身的质量以外，喜之郎的创意包装和独特的营销战略使得喜之郎公司的市场占有率年年提升。

1996年，喜之郎公司在市场上已经小有名气了，但是仍然是地方性的小品牌，市场份额有限。1997年喜之郎公司为了扩大自身的发展，委托广东平成广告公司对自己的产品进行重新定位和包装。

1998年，喜之郎的新型产品“水晶之恋”系列正式上市，并迅速得到了市场的认可。在消费定位上，“水晶之恋”系列产品缩小目标市场，聚焦于年轻情侣，但果冻与“水晶之恋”原本是两个意义完全不同的符号，为了建立消费者的认知，平成公司为“水晶之恋”创造性地设计了“爱的造型”与“爱的语言”，将果冻的造型由传统的小碗样式改造为心形，封盖上两个漫画人物相拥而望，更为这种心形果冻平添了几分魅力，迅速得到了市场的认可。“水晶之恋”的推出，使喜之郎公司在短短的一年时间内从一个地方性品牌一下子跃升为行业第二大品牌。

除了“水晶之恋”系列产品，喜之郎公司还突破传统的行业做法，逆向定位，扩大产品消费群体，将果冻原有的儿童食品的定位转换成大众休闲食品，极大地扩大了消费群体。

经典案例之八：汉王电脑绘画板——创新包装“解冻”市场

2006年汉王科技股份有限公司(以下简称“汉王公司”)生产了一款高端电脑绘画板产品——创艺大师，产品自身无论是在应用上还是质量上都达到了国际先进水平。当汉王公司将此款产品大张旗鼓地推向市场时，却遭到了市场的冷遇。在同国际知名的电脑绘画板公司——日本Wacom公司的竞争中完败，其产品价格和市场份额都远低于Wacom公司。

经过详细的市场调查和分析以后，汉王公司在自己的产品包装上找到了问题。原来“创艺大师”的包装定位低端，而且并没有很好地同自身的品牌形象相结合，使消费者无法对产品产生认同。于是汉王公司找到东道设计公司，委托其对“创艺大师”这款产品进行重新的包装设计。汉王公司产品线副总监王猛告诉记者，“当时东道设计公司为我们设计了多款包装，在经过汉王公司所有员工的不记名投票后，产生了3款包装设计。在经过多轮优化以后，选择了现在的这款包装”。

东道设计公司产品设计中心设计总监廖捷说：“产品包装能为消费者带来最直接、最直观的产品印象。而‘创艺大师’最初的包装仅仅只是一个盒子，完全没有同产品本身结合起来，消费者不买账自然在情理之中了。”随后，东道设计公司结合汉王自身的品牌标识和产品定义，采用了水滴元素将汉王的品牌同产品包装系统地结合在了一起。

当“创艺大师”以全新的创意包装形象再次进入市场时，迅速获得了消费者的认可。据王猛介绍，新包装让“创艺大师”的销售量增长了3倍，而且价格也有了大幅提升。

经典案例之九：月饼包装——包装传达的是文化内涵

中秋节吃月饼、赏月是中国人自古的风俗。因此，每年中秋节前夕，一场关于月饼的销售战屡屡在各大商家上演。月饼作为一种寄托团圆、思念之情的特殊食品和商品，使得其包装上赋予了更多的文化内涵。

北京创世营销有限公司经理刘宇认为，月饼作为一种特殊的商品，赋予了它独有的文化属性，而独有的文化属性又决定了它的包装属性。“月饼代表的就是中秋，而中秋则意味着团圆。所以无论月饼的包装怎样改变，它的主体要素都是不会改变的。”记者在北京各大商场了解到，虽然月饼的价格高低不等，所使用的包装材料、创意也是多种多样，但其包装的风格和主要要素还都是围绕着月亮、团圆等中秋节独有的文化。

中国工业设计协会副秘书长宋慰祖表示，月饼包装主要的诉求点应该是中国独有的中秋文化，无论包装的材料、图案、创意发生怎样的变化，都不应该脱离这个诉求主题。一旦脱离就失去了商品包装的原有目的。对于现在很多商家对月饼进行豪华包装、过度包装，宋慰祖说，“现在很多月饼的包装甚至已经超过了月饼本身价值的上百倍。这不但脱离了包装的原有目的和功能，也造成了极大的资源浪费。月饼的包装强调的是创意、是文化，而不应该是豪华、奢侈”。

记者了解到，为了规范月饼市场，国家有关部门在2006年6月1日正式发布并实施了《月饼强制性国家标准》，其中规定，月饼的包装成本应不超过月饼出厂价格的25%。

经典案例之十：高露洁牙膏——审美习惯决定包装成败

牙膏是我们生活中不可或缺的日用品，因此市场竞争十分激烈。国际牙膏巨头美国高露洁公司在进入我国牙膏市场以前，曾做过大量的市场调查。高露洁公司发现，我国牙膏市场竞争激烈，但同质化竞争严重。无论是牙膏的包装还是广告诉求都非常平淡。针对这些特点，高露洁采用了创新的复合管塑料内包装，并用中国消费者都非常喜欢的红色作为外包装的主题色彩。结果大获成功，在短短的几年时间内，迅速占领了我国1/3的牙膏市场份额。

高露洁的成功，极大地触动了我国牙膏企业的神经。包括“中华”“两面针”在内的多个牙膏品牌都放弃了使用多年的铝制包装，换上了更方便、卫生、耐用的复合管塑料包装。除了在包装材料上进行改革以外，国内牙膏品牌在外包装设计上也进行了创新，基本都换上总体感觉清新自然，更具有时代感和流行特色的新包装。

易造工业设计公司产品设计部经理王森告诉记者，“过去我们的企业对产品的包装不重视，在同国外企业的市场竞争中才发现，一个有创意的好包装往往意味着更多的市场份额。于是我们的企业才开始意识到包装的重要性，并努力地制造出富有中国特色和审美习惯的包装”。

记者了解到，高露洁公司在我国成功的背后，也曾支付过昂贵的学费。高露洁在进入日本市场的时候，由于没有经过详细的市场调研，直接采用了美国本土大块的红色包装设计，而忽视日本消费者爱好白色的审美习惯，导致高露洁牙膏在进入日本市场时，出乎意料地滞销，市场占有率仅为1%。

【知识链接】

产品策略

企业营销活动是以满足消费者需求为中心，而市场需求的满足只能通过提供产品和服务来实现。目标市场确定以后，企业应根据目标市场的需要开发和生产适销对路的产品并制定和运用相应的产品策略，从而保证企业在激烈的市场竞争中持续经营与协调发展。产品策略既是市场营销 4P 组合的核心，也是企业市场营销活动的支柱和基石，企业生产经营活动的成功与发展，关键在于产品能在多大程度上满足消费者的需要以及产品策略的正确制定与有效实施。

产品概念

一、现代营销产品的概念

随着社会科学技术的快速发展和人们生活水平的不断提高，消费者需求特征的日趋个性化，从而使产品的内涵和外延也在不断扩大，它可以是有形的，也可以是无形的。正如菲利普·科特勒指出的“产品是指为留意、获取、使用或消费以满足某种欲望和需要而提供给市场的一切东西”。与消费者需求多样性满足方式相适应，现代营销学产品概念的界定已从传统的核心产品拓展到整体产品。

1. 产品整体概念

产品是指提供给市场，用于满足人们某种欲望和需要的任何事物。它包括实物、服务、场所、组织、思想、主意等。现代市场营销学的产品概念已经由传统的产品概念演进到了产品的整体概念，它包含核心产品、形式产品、期望产品、附加产品和潜在产品五个基本层次（如图 3－1 所示）。

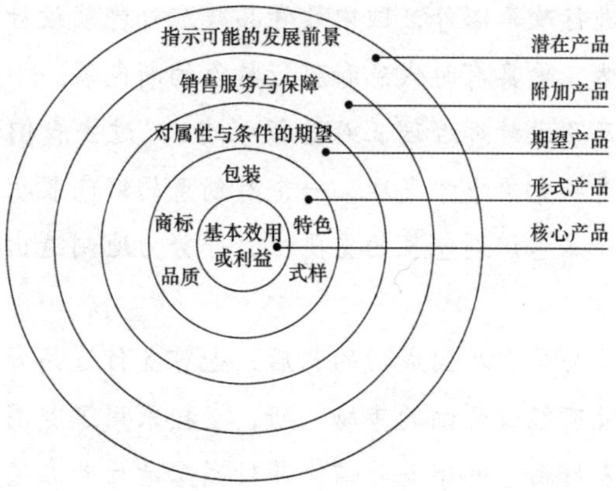

图 3－1　整体产品的层次

①核心产品。即向消费者提供产品的基本效用和性能，是产品整体概念中最主要的内容，也是消费者真正要购买的利益和服务。消费者购买某种产品并非是为了拥有该产品实体，而是为了获得能满足自身某种需要的效用和利益。如洗衣机的核心利益体现在它能让消费者方便、省力、省时地清洗衣物。企业的产品生产或营销经营活动，首先考虑能为消费者提供哪些效用和功能，并且着眼于产品的这些基本效用和性能上。

②形式产品。是指产品的实体，是核心产品借以实现的各种具体产品形式，即向市场提供的产品实体的外观。一般由产品的质量、外型、特色、品牌、商标、包装等有形因素构成。因为形式产品的各种有形因素虽然不全部都直接进入产品的使用过程，但也间接影响消费者对产品的满足程度和评价，因此，市场营销人员在着眼于对顾客能产生核心利益的基础上，还应努力寻求更加完善的外在形式以满足顾客的需要。

③期望产品。期望产品是消费者在购买该产品时期望得到的与产品密切相关的一整套属性和条件。如对于购买洗衣机的人来说，期望该机器能省事省力地清洗衣物，使用安全可靠，不损坏衣物，同时洗衣时噪音小，节能、方便进排水，外型美观等。

④附加产品。附加产品是指消费者购买产品时随同产品所获得的全部附加服务与利益，它主要包括运送、安装、调试、维修、产品保证、零配件供应、技术人员培训等。附加产品是产品整体概念中的一部分，是因为消费者购买产品就是为了需要得到满足的一切东西；若有两种产品在核心利益上相同，但附加产品所提供的服务不同，则可能被消费者看成是两种不同的产品，也会造成两种截然不同的销售状况，附加产品能引导、启发、刺激消费者购买、重复购买和增加购买量。因此，企业要增强竞争优势，应着眼于比对手提供更多的附加产品。

⑤潜在产品。潜在产品是指现有产品在未来可能的演变趋势和前景，这是企业通过寻求新的产品特性使其产品与竞争者产品有所区别的新方法。如一家服装企业试图改变西服工整严谨的风格，而加入一些休闲的、运动的设计元素以此来取悦或吸引消费者，就是在传递潜在产品的经营理念。

产品整体概念的五个层次包括了有形的与无形的、物质的与非物质的、核心的与附加的等多方面内容，它表明了整体产品给予消费者的既有生理上、物质上的满足，也有心理上、精神上的满足，它十分清晰地体现了以顾客为中心的现代营销观念，是市场营销理论的重大发展。正确理解和贯彻整体产品的基本思想，企业才能在实现实质产品的同时，重视形式产品、期望产品、附加产品和潜在产品的研究与开发，强调产品在竞争中的动态作用，以全方位地满足消费者的需求。可以说，没有产品的整体概念，就不可能真正贯彻现代营销观念。

2. 整体产品概念对企业营销活动的意义

现代企业产品外延的不断拓展缘于消费者需求的复杂化和竞争的白热化。在产品的核心功能趋同的情况下，谁能更快、更多、更好地满足消费者的复杂利益整合的需要，谁就能拥有消费者而占有市场来获得竞争优势。目前发达国家企业的产品竞争多集中在附加产品层次，而发展中国家企业的产品竞争则主要集中在期望产品层次。美国著名管理学家李维特在谈到整体产品概念对企业营销活动的意义时指出，“新的竞争不在于工厂里制造出来的产品，而在于工厂外能够给产品加上包装、服务、广告、咨询、融资、送货或顾客认为有价值的其他东西”。整体产品概念的思想对企业营销活动的指导意义具体表现在下述几个方面。

①整体产品概念表明，消费者对产品的期望价值越来越多地包含了其所能提供的服务，它为企业不断地拓展产品的外延部分，强化产品的竞争实力和提高企业整体形象提供了理论依据。

②整体产品概念把市场营销的产品范围扩展到服务及其他相关领域，为企业提高市场服务意识和服务水平，挖掘新的市场机会提供了新的思路。

③整体产品概念包含五个相互关联、互相促进的基本层次，它在客观上要求将消费需求视为一个整体系统，从而为企业产品开发、设计提供了新的方向。

④整体产品概念揭示了企业产品差异可以体现在五个基本层次的任何一个方面，因而它为企业制定和实施产品差异化策略提供了新的线索。

二、产品组合

现代企业面对日益多样化的市场需求所经营的产品种类繁多，如美国奇异电气公司经营的产品达25万种之多，中国的罗蒙服饰集团推向市场的服装产品多达9大系列42种。但是，企业并不是经营的产品越多越好，而是要有条件地合理地进行产品组合才能行之有效。

产品组合是指一个企业生产或销售的全部产品即产品项目、产品线的配合方式。产品项目是指一类产品中品牌、规格、式样、价格所不同的每一个具体产品，通常情况下，企业产品目录上列出的每一个产品应该就是产品项目。产品线是指同一产品种类中具有密切关系的一组产品项目，它们通过相同的销售网点销售，都能满足消费者相同的需要。

产品组合的变化因素包括宽度、深度、长度和关联性(如图3－2所示)。产品组合的宽度是指一个企业所拥有的产品线的数目，即产品组合所包含产品大类的多少；产品组合的深度是指一个企业的每条产品线上平均具有的产品项目数，如每个产品所包含花色、式样、规格的多少；产品组合的长度是企业所有产品线中产品项目的总和；产品组合的关联性是指一个企业的各个产品线之间在最终用途、生产条件、分销渠道和其他方面相互关联的程度。

例如，通过分析宝洁公司的产品组合描述(表3－1所示)，可以知道宝洁公司生产洗涤剂、牙膏、香皂、方便尿布及纸巾，有5条产品线(实际上，该公司还有许多另外的产品线，如护发产品、保健产品、饮料、食品等)，表明产品组合的宽度为5，产品项目总数即该公司产品组合的总长度为26，则产品组合的平均深度为5.2；宝洁公司的牙膏产品线下的产品项目有三种，佳洁士牙膏是其中一种，而佳洁士牙膏有三种规格和两种配方（普通味和薄荷味），佳洁士牙膏的产品组合长度是6。由于宝洁公司的产品都通过同样的分销渠道出售，据此可以说，该公司的产品线具有较强的关联性；而就该公司的产品对消费者的用途不同来看，该公司的产品线缺乏关联性。

产品组合是企业生产经营的全部产品线、产品项目的有条件地进行配合。产品组合的四个维度，即宽度、深度、长度和关联度为企业制定产品战略提供了依据。一般情况下，企业增加产品组合宽度，有利于扩大经营范围，发挥企业特长，提高经济效益，分散经营风险；增加产品组合的深度，可占领更多细分市场，满足消费者广泛的需求和爱好，吸引更多的消费者；增加产品组合的长度，可以满足消费者不同的需求，增加企业经济效益；而增加产品组合关联性，则可以使企业在某一特定领域内加强竞争力和获得良好声誉。相反，若产品组合方式不恰当则可能造成产品的滞销积压，甚至引起企业亏损。因此，要科学地进行产品组合，必须完整理解产品项目、产品线两个基本概念以及产品组合的变化因素及其影响。

表3－1　　宝洁公司（P&G）的产品组合描述

产品组合的宽度					
	洗涤剂	牙　膏	香　皂	方便尿布	纸　巾
产品线长度	象牙雪/1930 洁　拂/1933 汰　渍/1946 快　乐 奥克多/1952 达　士/1954 大　胆/1965 吉　恩/1966 黎　明/1972 独　立/1979	格　里/1952 佳洁士/1955 登　魁/1980	象　牙/1879 柯　柯/1885 拉　瓦/1893 佳　美/1926 爵　士/1952 舒肤佳/1963 海　岸/1974	帮宝适/1961 露　肤/1976	查　敏/1928 白　云/1958 普　夫/1960 旗　帜/1982

（资料引自［美］菲利普·科特勒著《营销管理》第479页，中国人民大学出版社，2001.7）

三、产品组合策略

企业进行产品组合的根本目的是通过产品组合的四个维度的调整，即增减产品线的宽度、长度、深度及关联度，而使各种产品项目之间质的组合和量的比例达到动态平衡的最佳状态。这样，企业产品组合既能适应市场需要又能使企业的盈利达到最大化。企业作出产品组合决策时，要对以下三个层次的问题进行抉择才能确定最佳的产品组合形态，其一是否增加、修改或剔除产品项目；其二是否扩展、填充和删除产品线；其三是哪些产品线需要增设、加强、简化或淘汰。一般来说，拓宽、增加产品线有利于发挥企业的潜力、开拓新的市场；延长或加深产品线可以适合更多的特殊需要；加强产品线之间的一致性，可以强化企业的市场地位而发挥和提高企业在有关专业上的竞争能力。根据产品组合分析，针对市场的变化，调整现有产品结构，从而寻求和保持产品结构最优化，这就是产品组合策略的选择与实施。企业优化产品组合可依据不同情况采取以下策略。

（一）拓展产品组合策略

拓展产品组合策略的实施途径主要是扩大产品组合的宽度和加深产品组合的深度，即增加一条和多条生产线、扩大经营范围、拓宽产品经营领域和在原生产线的基础上增加新的产品项目。当企业预测现有产品线的销售额和盈利率在未来可能下降时，就需考虑在现有产品组合中应及时扩大产品组合宽度，增加新的产品线，或加强其中有发展潜力的产品线。如果企业需要进入更多的细分市场，满足更多不同需求的消费者，可以选择加深产品组合的深度，增加新的产品项目。实行拓展产品组合策略，其主要特点是使企业充分利用资源，发展优势，降低或分散企业的市场风险，增强竞争力。但拓展产品组合会使企业的投入增加，成本提高而利润可能减少。

（二）缩减产品组合策略

与拓展产品组合策略相反，缩减产品组合策略的实施是企业为了减少不必要的投资，降低成本，增加利润，而发展获利较多的产品线和产品项目。市场繁荣时期，较长较宽的产品组合会为企业带来更多的盈利机会。但是在市场不景气或原料、能源供应紧张时期，缩减产品线反而能使总利润上升，因为剔除那些获利小甚至亏损的产品线或产品项目，企业可集中力量发展获利多的产品线和产品项目。缩减产品组合策略的主要特点是集中企业优势发展利好产品，降低成本，但增加了企业的市场风险。

（三）产品线延伸策略

每一企业的产品线一般只占所属行业整体范围的一个局部，每一产品都有特定的市场定位。当一个企业把自己的产品线长度延伸超过现有范围时，就是实施产品线延伸策略。企业根据市场的需求，重新对全部或部分产品进行市场定位，如企业原来定位于低档产品市场，在原产品线内增加高档产品项目进入高档品市场；反之，企业原定位于高档品市场，现增加低档产品项目进入低档品市场。总体来看，企业通过实施产品线延伸策略对产品线内的产品项目进行延伸，能够在一定程度上满足更多消费者的需求，吸引更多的消费者。产品线延伸策略的运用具体有向下延伸、向上延伸和双向延伸三种实现方式。

1. 向下延伸

向下延伸是在高档产品线中增加低档产品项目。实行这一决策需要具备以下市场条件之一：利用高档名牌产品的声誉，吸引购买力水平较低的顾客慕名购买此产品线中的廉价产品；高档产品销售增长缓慢，企业的资源设备没有得到充分利用，为赢得更多的顾客，将产品线向下伸展；企业最初进入高档产品市场的目的是建立品牌信誉，然后再进入中、低档市场，以扩大市场占有率和销售增长率；补充企业的产品线空白。实行这种策略也有一定的风险。如处理不慎，会影响企业原有产品特别是名牌产品的市场形象，而且也有可能激发更激烈的竞争对抗。虽然新的低档产品项目可能会蚕食掉较高档的产品项目，但某些公司的重大失误之一就是始终不愿意填补市场上低档产品的空隙。如哈利·戴维森公司的失败就在于忽视了轻型摩托车的市场。

2. 向上延伸

向上延伸是在原有的产品线内增加高档产品项目。实行这一策略的主要目的是：高档产品市场具有较大的潜在成长率和较高利润率的吸引；企业的技术设备和营销能力已具备加入高档产品市场的条件；企业要重新进行产品线定位。采用这一策略也要承担一定的风险，要改变产品在顾客心目中的地位是相当困难的，处理不慎，还会影响原有产品的市场声誉。

3. 双向延伸

双向延伸是指原定位于中档产品市场的企业掌握了市场优势以后，向产品线的上下两个方向延伸。例如，丰田公司对其产品线也采取了双向延伸的策略。在其中档产品卡罗纳牌的基础上，为高档市场增加了佳美牌，为低档市场增加了小明星牌。该公司还为豪华汽车市场推出了凌志牌。凌志的目标是吸引高层管理者；佳美的目标是吸引中层经理；卡罗纳的目标是吸引基层经理；而小明星牌的目标是手里钱不多的首次购买者。此种策略的主要风险是有些买主认为在两种型号之间（如佳美和凌志之间）差别不大，因而会选择较低档的品种。但对于丰田公司来说，顾客选择了低档品种总比走向竞争者好。另外，为了减少与丰田的联系，降低自相残杀的风险，凌志并没有在丰田的名下推出，也有与其他型号不同的分销方式。

产品生命周期

在复杂多变的市场运行过程中，企业产品进入市场后，它的销售量和利润都会随时间推移而改变，一般都会呈现或经历一个由弱到强又由盛至衰的过程，就如同人的生命一样，由诞生、成长到成熟，最终走向衰亡，这就是产品的生命周期现象。产品生命周期就是指产品从投放市场到被淘汰出市场的全过程，它反映企业产品在市场上的存在时间的长短及其产品更新换代的速度的变化态势。产品生命周期是指产品的市场寿命，它与产品的自然寿命或使用寿命不同。研究产品生命周期的发展变化，能够使企业掌握各种产品的市场地位和竞争动态，为企业制定和调整产品策略提供依据，对增强企业的市场应变能力具有十分重要的启发意义。

在产品从投入市场到最终退出市场的生命周期过程中，由于受到市场诸多因素的影响，在产品生命周期的不同阶段，产品的市场占有率、销售额、利润额并非是一条直线，不同的时期或阶段有着不同的销售量和利润额。因此，产品生命周期各个时期或阶段一般是以销售量和利润额的变化来衡量和区分的，典型的产品生命周期包括四个阶段，即导入期、成长期、成熟期和衰退期（如表 3 - 2 所示），其生命周期表现为一条“S”形的曲线，它表明：在企业的新产品最初进入市场时，销售量增长较慢，利润额多为负数；当销售量迅速增长使得新产品扭亏为盈，利润额迅速上升，产品进入了成长阶段；经过快速增长的销售量逐渐趋于稳定，利润增长处于停滞，则意味着产品成熟期来临，而在成熟阶段的后期，产品销售量缓慢下降利润开始下滑，当销售量加速递减，利润也较快下降时说明产品已步入了衰退期。

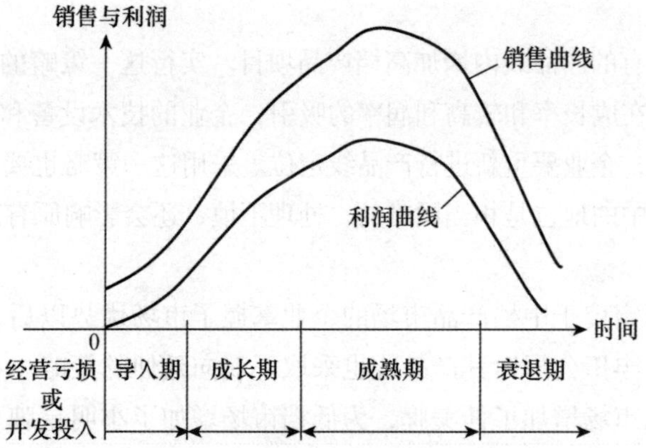

图 3－2　典型的产品生命周期曲线

新产品开发策略

随着人类社会科学技术的发展和经济全球化步伐的加快，市场机会频繁转移，市场竞争日益激烈，产品生命周期越来越短，企业生产经营不可避免地进入到一个高速创新的时代。据有关资料显示，在 20 世纪中期，一代产品通常意味 20 年左右的时间，而到 90 年代，一代产品的概念不超过 7 年，而 90 年代美国的产品生命周期平均为 3 年。生命周期最短的计算机行业产品，计算机芯片的处理速度每 18 个月就要提高一倍，而芯片的价格以每年 25% 的速度下降。因此，企业必须主动适应市场新的发展态势，不断开发新产品以迎合市场需求的快速变化，才能得以生存与发展。详见图 3－3。

表 3－2　　产品生命周期各阶段的特点与营销策略

生命周期	阶段特点及其表现	营销目标/营销策略
导入期	消费者对产品不了解、不放心； 产品存在一些缺陷； 生产规模小，基本处于亏损； 销量小；经营者少	大力宣传促销，鼓励消费； 做好市场调查预测； 迅速完善工艺；及时处理产品问题； 稳定质量、做好批量生产准备
成长期	产品逐渐被用户了解，时有购买潮流的出现； 产品销售增长极快； 形成批量生产； 竞争不断加入； 开始扭亏为盈	积极建立销售网络，强化市场渗透； 进一步提高产品质量与服务水平、树立品牌信誉，获得竞争优势； 促销重点在于建立顾客忠诚的度； 适当降低价格，抬高门槛，增加竞争者进入的难度

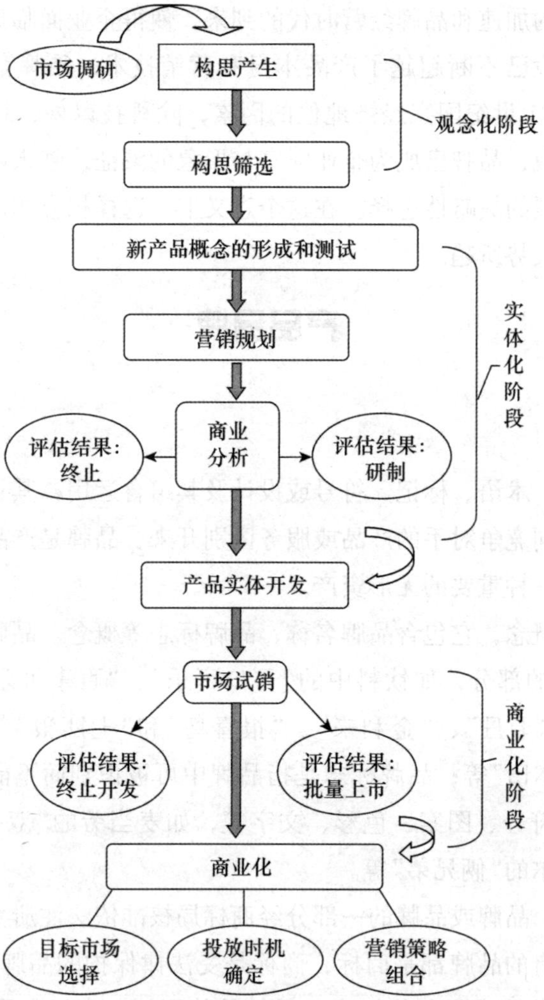

图3－3　新产品开发的程序

续表3－2

生命周期	阶段特点及其表现	营销目标/营销策略
成熟期	顾客认知度高； 技术成熟、生产稳定； 产品销量大且稳定增长； 销售利润达到最佳目标； 市场趋于饱和； 竞争更加激烈	继续扩大销售； 加强产品改进，扩大品牌影响策略； 提高产品附加利益； 适当采取价格竞争； 主动谋划市场转移； 积极开发、研制新产品
衰退期	产品逐渐过时； 技术趋于老化； 销量明显下降，有时出现积压； 购买力开始转移； 经营者开始撤退； 更新换代产品开始出现	及时处理积压产品以减少损失； 及时调整产品组合结构，加快产品更新换代； 做好对老顾客后续的消费服务

经济全球化进程的加速和品牌经营时代的到来，使得企业面临竞争更为激烈的市场环境，竞争的方式与手段已不断超越了产品本身和营销技术，品牌竞争成为市场竞争的主角。专家预言，决定21世纪国家经济地位的因素，除科技以外，就是以品牌为代表的市场占领。对于企业来说，品牌已成为企业财富与形象的象征，越来越多的企业已经把品牌运营作为其生存与发展的战略性选择。在这个意义上，选择相应的产品品牌化策略以适应新的市场竞争环境是大势所趋。

产品品牌

一、品牌及其作用

品牌是一种名称、术语、标记、符号或设计及其组合运用，其目的是用来别识企业的产品或服务，并使之同竞争对手的产品或服务区别开来。品牌是产品整体观念的重要组成部分，是现代企业的一种重要的无形资产。

品牌是一个集合概念，它包含品牌名称，品牌标志等概念。品牌名称是指品牌中可以用语言来称呼和表达的部分，如饮料中的"可口可乐"、"百事可乐"、"七喜"和"雪碧"等；服饰品中的"皮尔卡丹"、"金利来"、"报喜鸟"和"七匹狼"等；汽车中的"宝马"、"奔驰"、"捷达"和"本田"等；品牌标志是指品牌中可被识别而不能用语言表达的特定标志，包括专门设计的符号、图案、色彩、文字等，如麦当劳的"双拱门"标志、肯德基的"KFC"老人头像，海尔的"俩兄弟"等。

品牌与商标不同，品牌或品牌的一部分经商标局核准依法注册登记后并受到法律保护的称为商标。并非所有的品牌都是商标，商标是受法律保护的品牌，具有专门的使用权。商标的基本特征也是商品或服务的标志，但与品牌不同，商标是受到法律保护的产权标志，具有独占性，不容他人或企业侵犯。

在现代企业市场营销过程中，实施产品品牌策略有着十分重要的作用。首先，实施产品品牌策略有利于企业通过广告宣传进行产品推广，树立企业形象；其次，实施产品品牌策略可以在品牌的产品线中增加新的产品项目，使新产品容易为消费者所接受，有利于产品组合的扩充；再次，品牌的建立既可以吸引消费者重复购买，也可以防止假冒伪劣产品的侵害，因而实施产品品牌策略有利于扩大企业的市场占有率；最后，实施产品品牌策略有利于通过消费者的品牌认同来提高企业产品的良好形象，在创立、推广和维护企业产品品牌的过程中，消费者对品牌的认同始终是公众监督产品质量的重要手段，也是产品组合策略有效实施的根本保证。

二、产品品牌化策略的选择与实施

从现代企业市场营销的意义上看，品牌不仅仅是一个产品的标志，而且也是企业一种特殊的营销手段和促销策略，它已成为整个产品策略的重要组成部分。因此，现代企业的营销应充分发挥品牌的作用，科学地进行产品品牌化决策，从企业整体产品策略实施的内在要求出发选择产品品牌化策略。

（一）产品品牌化决策

产品品牌化是企业为其产品规定品牌名称、品牌标志并向政府有关主管部门注册登记的一切业务活动，而产品品牌化决策是企业对其生产或经销的商品品牌有关事项所做的选择和决定。

1. 品牌数量决策

品牌数量决策包括所有产品使用同一品牌和不同产品分别规定各自的品牌两种情况，其意义各不相同。所有产品使用同一品牌可以推出大批产品以显示实力，有利于在顾客心目中留下深刻的印象，减少或消除消费者的陌生感以更快地打入市场，同时，统一品牌之下的各种产品可以互相支持，有益于增加销售总额。此外，统一品牌覆盖多种产品还能够以多种市场传播手段，集中力量突出一个品牌形象，节省促销费用。不同产品分别规定各自的品牌，则可以为每种产品寻求最适当的品牌，以吸引顾客购买，有利于优质新产品的推广。特别是每种产品使用各自品牌，即使某个产品品牌声誉不佳，也不致于对其他品牌形象造成严重影响。

2. 品牌延伸决策

品牌延伸决策利用企业已获得成功品牌的声誉，推出改进型产品或新产品以实现产品品牌扩展。品牌延伸通常有两种基本类型：其一是“纵向延伸”，即先推出某个品牌，待获得成功后再推出新的经过改进或更新的产品；其二是“横向延伸”，即把成功的品牌用于新开发的不同产品。

3. 多重品牌决策

多重品牌决策是指企业决定对同一种或同一类产品同时使用两种或两种以上的品牌，通过品牌之间的相互竞争促使产品向各个不同的市场部分渗透，使品牌转换获得更大的选择空间而不致流失，促进企业销售总额的增长。多重品牌决策也有利于企业内部展开竞争和提高生产经营效率。

4. 品牌质量决策

品牌质量决策，就是决定品牌产品的质量水平，以保持品牌形象及其市场地位。从时间顺序看，品牌质量决策涉及两个阶段的工作：

①决定品牌的最初质量水平。品牌产品的最初质量水平包括低质量、一般质量、高质量或优质量（这里所讲的质量水平只是档次上的一种差异）。企业在决定品牌最初质量水平时，应注意要同目标市场策略、市场定位策略、市场营销组合策略等方面联系起来，不应盲目攀高，否则难以取得好的经营效果。

②决定品牌的未来质量水平。企业决定其品牌的最初质量水平后，随着时间的推移还

要决定如何管理其品牌质量。决定品牌的未来质量水平有三种途径：其一是增加研究与开发投资，提高品牌产品的质量水平以提高销售量、市场占有率和投资收益率；其二是在未发现品牌产品质量存在缺陷、市场需求发生明显改变以及竞争形势发生重大变化的情况下，继续保持品牌的质量水平；其三是随着时间的推移，可暂时性或策略性地逐步降低品牌产品的质量水平。

5. 品牌重新定位决策

企业进行品牌重新定位决策常常有两种情形：一是竞争情况的变化，如竞争者推出一个新品牌，侵占了本企业品牌的一部分市场，致使本企业品牌的产品市场占有率下降；二是需求情况的变化，如企业目标顾客的需求和偏好等发生了变化，而喜欢其他企业的品牌产品，因而对本企业品牌的产品需求减少。品牌重新定位既要重新确定品牌相对独立的市场形象和市场地位，又需要产品重新定位以及市场营销组合中其他因素的配合。

（二）产品品牌化策略的确立

产品品牌化策略的确立与实施使企业能将自己的产品与竞争者的产品区分开来，这样既有助于通过培养消费者对品牌产品的忠诚度来扩大产品的市场占有率，也有助于新产品的开发和推广，从而节约新产品投入市场的成本。企业合理地使用品牌的主要策略有以下几种。

1. 有品牌和无品牌策略

通常情况下，企业采用品牌策略对大部分产品来说，具有一定的积极作用，但由于采用品牌耗费较大的费用，因此并不是所有产品都必须采用品牌策略进行营销。

2. 制造品牌与销售品牌策略

从消费行为的角度来分析，消费者对所要购买的产品并不具备充分的选购知识，所以消费者在购买产品时，除了以产品制造者的品牌作为选择依据外，也还会根据经销者的品牌购买，消费者也希望购买具有良好信誉的商家出售的产品。因此，产品制造者就需衡量品牌声誉在市场上的影响，在采用谁的品牌上做出选择。一般来说，企业在新市场上销售产品，或者市场上本企业的信誉与其经销者的信誉相对较差，企业适宜采用销售品牌策略；如果这种产品已被市场接受而取得消费者信任，就可以转而使用制造者的品牌，或者同时使用经销者品牌和制造者品牌。

3. 统一品牌和个别品牌策略

企业对其全部产品使用同一个品牌称为统一品牌策略，实施统一品牌策略可以降低品牌的设计费用，有利于消除消费者的不信任感和壮大企业的声誉。有效实施统一品牌策略应注意既要关注品牌在市场上已有的较好声誉，也要重视各种产品应具有相同的质量水平。对各种产品分别采用不同的品牌称为个别品牌策略，它适用于产品类型较多、产品线之间的关联程度较小、产品有较大差别的企业。

4. 多重品牌策略

多重品牌策略是指企业在同类产品中同时使用两种或两种以上品牌。它可以增加零售商对产品的依赖性，吸引喜好新牌子的消费者，也可以满足不同的细分市场的需要，为提高总销售量创造了条件。但是，多重品牌策略的实施会由于使用的品牌量过多而导致每种产品的市场份额很小，使企业资源分散而不能集中到少数几个获利水平较高的品牌。

任务要求：

自己选择一个具体的营销策划产品，熟练运用产品策略的知识，分析和设计其产品策略。

任务评价标准：

任务要素	产品整体概念(层次)分析	产品组合策略	产品生命周期分析	产品品牌策略	文案设计效果
分值(100分)	20分	20分	20分	20分	20分

子情境二：制定价格策略

【学习目标】

●知识目标

1. 明确企业产品定价的目标，理解影响价格制定的因素及其作用。
2. 了解价格制定的一般程序，掌握运用主要定价方法的具体要求。
3. 认识定价策略的基本类型和特点，掌握各种定价策略的选择与实施的方式。
4. 理解价格调整的依据和市场反应，懂得灵活运用价格调整策略的基本方法。

●技能目标

学生能够熟练掌握价格策略的知识，针对一个具体的营销策划项目(产品)，分析和设计其价格策略。

任务二：给学生一个具体的营销策划产品，让学生熟练运用价格策略的知识，分析和设计其价格策略。

【导入案例3-6】

小李的创业故事

小李，某职业技术学院2003届电子商务专业毕业生。2003年3月，恰逢学院淘汰一部分旧电脑，小李联合两位朋友共同出资5万元，购买了学院20台旧微机，又新购微机25台，经学院批准，在校内组建了计算机服务社，为在校学生提供有偿服务。

由于新、旧微机配置不同，学生多喜欢用新机器，为此，在上网费用方面，小李规定旧机器0.6元/小时，新机器1.1元/小时，远低于校外网吧的上网费用。结果，一些学生在打印文件、练习计算机程序时，就首先选择使用旧机器。

由于占有天时、地利、人和，小李的计算机服务社很快得到了同学们的青睐，顾客盈门。很快，小李开拓了一些新业务。小李和他的伙伴积极与某通讯公司联系，而该通讯公司正要开发这个市场，双方不谋而合。小李很快开始代销电话卡、充值卡。由于省去了很多中间环节和费用，小李的电话卡、充值卡价格较低，电话卡、充值卡的销售非常火爆。随后，看到来往的学生非常多，小李又在服务社内腾出空间增设了两个书架，开始出租书籍、杂志。他们出租的书籍、杂志一部分是从书店购进的，还有一大部分是收的旧书、旧杂志。在租赁价格方面，他们规定租一本书0.10元/天，租书的收益是次要的，目的是维持计算机服务社的“人气”。临近5月，由于天气逐渐变热，小李又瞄向了纯净水市场。小李和他的伙伴联系了市内的一家饮水机服务公司，免费向各办公室及老师们提供饮水机，向同学们提供简易饮水机，并负责送水上门。每桶水按市场价格收取费用，统一价是5元/桶。

经过不懈的努力，小李和他的合作伙伴初战告捷，既锻炼了个人的工作能力，又有了一定的物质回报，成为学生创业的一个典范。

思考题：

1. 结合资料，谈谈计算机服务社的产品结合策略。
2. 小李采取了几种不同的定价策略，你同意小李的定价策略吗？为什么？

【导入案例3-7】

长虹：风风雨雨价格战

四川长虹电子集团的前身，是1958年创建的军工企业“国营四川无线电厂”，位于四川省绵阳市。1965年，“国营四川无线电厂”更名为“国营长虹机器厂”。1973年长虹厂率先在军工系统成功研制出第一台电视机，注册商标“长虹”，长虹品牌由此创立。自1973年成功生产出“长虹牌”电视机开始，至1992年跻身中国电视五大品牌行列。1993年至1998年，“长虹牌”彩电在国内同等竞争对手中杀出重围，成功地登上“中国彩电大王”的宝座。长虹股票于1994年3月在上海证券交易所挂牌上市，并很快成为“龙头股”。1998年，长虹提出“世界品牌，百年长虹”的战略目标，长虹彩电以正式走向全球市场为新起点，长虹产品由彩电向空调器、数字视听、电子产品、电池等相关产业拓展。2004年，长虹品牌价值达330.73亿元，成为中国最有价值的知名品牌。

在发展过程中，长虹通过多次的降价活动，成长为我国的“彩电大王”，同时也成为我国家电行业的一面旗帜，将家电行业带动成为我国最具市场经济特征的行业之一。长虹今天的表现归功于长虹的几次主动降价行动。

第一次，开启自主调价之路。1988年彩电严重紧缺，抢购倒卖之风盛行，普通老百姓以高于国家牌价1陪的价格还很难买到彩电。在国家牌价的制约下，出现了“百姓多花钱，厂家挣不到钱”的局面。长虹以略高于国家牌价而低于黑市的价格卖给省工商银行一批彩电，开始了自己的自行价格调整旅程。1989年，国内彩电生产厂引进了大量彩电生产线，同时国家开征彩电消费税，彩电市场顿时供过于求，厂家彩电积压严重。光上半年长虹就积压近20万台彩电，占用资金3.2亿，资金严重紧张。在请示省物价局后，1989年8月9日，长虹进行自行降价活动，每台彩电降价350元，长虹积压彩电一销而空，同时也提升了长虹在彩电行业的地位。为此而受到“不让涨价你涨价，不让降价你降价”的责难，引发了一场“长虹现象”大讨论。1989年9月，围绕1988和

1989 年长虹两次价格调整，由《中国体改研究会通讯》发起，《中国电子报》积极响应的“长虹现象”大讨论在全国范围内轰轰烈烈地展开。1991 年 3 月，国家统计局公布：长虹 1990 年首次荣登彩电行业销售冠军。

第二次，也是一场具有决定意义的降价行动，国产彩电开始“当家做主”。1996 年，进口品牌在 25 英寸以上大屏幕彩电市场占有绝对优势，在北京、上海、广州的市场份额更是高达 80% 以上，但众多合资厂尚未投入规模生产。1996 年 3 月 26 日长虹彩电凭借“同样的技术、同样的质量”，举起降价大旗，首次向洋彩电宣战。面对铺天盖地的洋彩电，长虹宣布在全国范围内降价 18%，带动国产彩电夺取市场份额，由此国产彩电在国内中低端彩电市场占据了绝对主导地位。而长虹的市场占有率由 1995 年的 22% 提高到 1996 年的 27% 左右，彩电销量比上年同期增长 61. 96%。长虹在 1996 年发起的价格战对于国产彩电的翻身功不可没。

第三次(1999—2001 年)，长虹针对传统彩电的洗牌行动，逐步向高端市场挺进。对于长虹来说，1998 年是一个转折点。长虹为了遏制对手，从当年 8 月份起大批量购进彩管，最多时控制了国内彩管 70% 以上，使应付款项、票据从 35. 51 亿元直线上升到 61. 9 亿元，当年长虹计划生产彩电 800 万台，但实际销量只有 600 多万台，到 1998 年末，长虹库存达到 77 亿元，比上年增加一倍。同时 1998 年郑百文问题爆发，在暴露的时候，这条渠道的销售收入占长虹总营业额的 30%。由于“郑百文事件”，1998 年上半年长虹的销售费用由 1997 年同期的 1. 98 亿元上升至 3. 46 亿元，增加了 14. 75%，而销售收入却下降了 14. 2%。到 1999 年，长虹销售业绩同比下滑 14. 5%，销售成本反而上升 25. 5%。“囤积彩管”事件不仅使企业不得不承担起 70 亿元库存的压力，也使 TCL、创维、康佳这三剑客对抗长虹的联盟更加坚固。其结果是，长虹从习惯先声夺人沦为在频繁的价格战中疲于应招。在这一年，长虹主业收入锐减 4 亿元。经过 1997 年和 1998 年由别人发起的价格战，长虹的彩电霸主地位岌岌可危。为了挽回颓势，1999 年 4 月，长虹彩电开始降价行动。但康佳对长虹降价早有应对，降价幅度超过长虹 80 ~ 300 元。长虹主营利润由 1998 年的 31. 6 亿元下降到 1999 年的 15. 7 亿元，净资产收益率仅 4. 06%，1999 年下半年长虹利润仅 1 亿多元。

国内彩电市场 2000 年销量为 2000 万台，而生产能力却超过了 4000 万台，重复建设导致的过度竞争，逼使产品同质化的企业为了生存，只有不断举起价格利刃展开肉搏。2000 年伊始国内彩电业便笼罩在全行业亏损 147 亿浓重的阴影中。为了避免发生 1999 年惨烈的价格战，2000 年 6 月 9 日，9 大彩电企业在深圳召开的“中国彩电企业峰会”上，签下了彩电销售最低价协约，旋即被国家计委宣布违法。在不到一个月后，各地彩电掀起了规模空前的降价狂潮，29 寸彩电最低跌至 1680 元，而此时彩电峰会上的一纸协定墨迹未干。这之后，同盟军内纷纷“背叛”，同盟者厦华、熊猫率先降价，到了 8 月，盟主康佳和根本没参加同盟的四川长虹分别宣布大幅度调低彩电售价，其中康佳最大降幅为 20%，而长虹的降幅更高，达35%。此次彩电降价是1996年四川长虹挑起价格战以来，规模和降价幅度最大的一次。在这次降价中，29英寸纯平彩电售价不到2000元。截至2000年12月中旬，长虹销售收入已突破800亿元，其中主要产品彩电的销售量已达4500万台。2000年，长虹彩电总销量694万台，索尼彩电销量为50万台，但两者的利润却几近相同。长虹彩电2000年度再次成为销量第一名，在行业大滑坡的情况下，市场占有率重新回升到25%。

2000年，在国产品牌全线降价的同时，进口品牌发起大规模反扑，率先在中国市场推出最先进的产品，并靠越来越接低的价格和已有的品牌优势，将29英寸以上大屏幕彩电的市场份额从15%提升到30%，在市场占有率十强中占得三席。虽然经过几次价格战，淘汰了许多彩电企业，但到2001年全国彩电行业还有七八十家生产企业，100多条生产线、5000万台的年生产能力，而国内销售量仅有2000万台，经过努力出口达到1000万台，还有2000万台的闲置生产能力。为了夺取被跨国公司占据的市场和进一步清理国产品牌，2001年4月中旬由长虹发起的自称为“五一战役”将这次意料中的价格战提前了半年。4月13日，长虹将其十多个品种的高档彩电在全国范围内大幅度降价，而这些彩电大都是以前被人们认为高不可攀的大屏幕彩电。在市场畅销的29英寸大屏幕“国礼精品”彩电从4000元左右直接降到了2000元左右，价格仅为进口品牌同档次机器的40%~50%。

第五次(2002年至今)，开创国产彩电主导高端之路。1998年，我国背投电视销量为4795台，2000年超过10万台，2001年则达到了35万台，连续四年超过300%的增幅。2001年1月1日，中国首台精密显像电视——长虹精显彩电诞生，从而一举打破了彩电高端核心技术一直由跨国彩电巨头垄断的局面。同年7月，领先世界水平的第三代60赫兹数字变频逐行扫描背投彩电在长虹诞生，至此，中国彩电业在高端核心技术上全面受制于人已经成为历史。2002年初长虹研制出领先世界水平的第三代75赫兹数字变频逐行扫描背投彩电。在长虹产品投放市场以前，彩电高端产品一直是日韩企业的天下。出于技术、利润周期的考虑，日韩企业在背投市场上采用区别对待策略：在发达国家市场投放第三、四代背投，而在中国市场则主要投放第一、二代背投，从而用普通背投延长自己在中国市场的利润赚取时间。2002年4月29日，长虹投影公司宣布即日起将全面停止内销一、二代(即50Hz及100Hz)普通背投彩电的生产，将全部精力转移到第三代及第四代60/75Hz+逐行扫描背投彩电的生产和销售。此时，离2001年1月1日中国首台精密显像电视在长虹成功下线仅16个月。2002年5月，长虹率先强力推出精显背投，打响了国内彩电业全面进军高端市场的第一枪；之后，跨国公司才开始向国内企业转让高端背投技术，于是TCL、创维、海信等国内彩电品牌相继推出了等离子、液晶彩电等高端产品，7月，TCL、创维先后以29800元的超低价启动了等离子彩电市场。至此，国内彩电企业成功地完成了由低端市场向高端市场的转型。在2002年中报中，低迷长达5年之久的长虹终于拥有了从前的感觉。8 月 10 日公布的中报显示，长虹彩电等主营业务收入同比增长 65.38%，净利润同比增长 435.67%，彩电出口额达 27.96 亿元，同比增长 1789%，在中国彩电行业中排名第一。另外，长虹精显背投彩电仅用了一年时间，就直逼东芝和索尼，无可争议地成为中国背投彩电的代言人。2001 年 10 月，长虹背投市场占有率不足 1.5%，而 2002 年同期市场占有率则高达 18.5%。

2003 年 4 月 8 日，中国彩电大王长虹在捧回 2002 全国彩电销量冠军后不到半个月时间内，又出重拳，推出"长虹背投普及风暴"活动，在高端市场全面反击跨国背投品牌。长虹精显王背投彩电价格全线下调。平均降价幅度为 25%，最高降幅达 40%。进一步巩固和增加自己背投的市场份额。2004 年 10 月，长虹开始"虹色十月"行动，"虹色十月打造新一代数字阶级"活动在全国如火如荼地展开。

思考题：

1. 在本案例中，长虹每次价格战的目标是什么？
2. 请分析长虹每次价格战的背景环境。

【导入案例 3-8】

雅阁汽车：一步到位的价格策略

广州本田汽车有限公司是在原广州标致的废墟上建立起来的，成立于 1998 年 7 月 1 日，注册资本为 11.6 亿元人民币，由广州汽车集团和本田工业技研株式会社各出资 50% 建设而成。建厂初期广州本田引进本田雅阁最新 2.0 升级系列轿车，生产目标为年产 5 万辆以上，起步阶段为年产 3 万辆。生产车型为雅阁 2.3VTi-E 豪华型轿车、2.3VTi-L 普通型轿车和 2.0EXi 环保型轿车。1999 年 3 月 26 日，第一辆广州本田雅阁轿车下线，同年 11 月通过国家对广州本田雅阁轿车 40% 国产化的严格验收。2000 年 2 月 28 日，广州轿车项目通过年产三万辆的项目竣工验收。2004 年初，广州本田已经达到了年产汽车 24 万辆的产能规模。目前，广州本田生产和销售的车型有 4 款：雅阁、奥德赛、三厢飞度和两厢飞度。

对于中国市场来说，广州本田雅阁的价格策略也显得高人一筹，在产品长期供不应求的情况下施放"价格炸弹"反映了厂家的长远眼光。

2002 年被人们称作是中国汽车年。在这一年里，中国汽车实现了一个历史性的飞跃——6465 亿元的销售收入和 431 亿元的利润总额（同比增长分别达到 30.8% 和 60.94%），使汽车产业首次超过电子产业成为拉动我国工业增长的第一动力。国家计委产业司 2003 年 1 月份公布的数字表明，2002 年全国汽车产销量超过 300 万辆，其中轿车产量为 109 万辆，销量为 112.6 万辆。中国汽车业的暴利早已成了汽车行业内公开的秘密。尤其是中高档车，利润率高得惊人。根据德国一家行业内权威统计机构公布的数字，2002 年中国主流整车制造商的效益好得惊人，平均利润超过 22%，部分公司甚至达到了 30%。

2002 年 1 月 1 日起，轿车关税大幅度降低，排量在 3.0 升以下的轿车整车进口关税从 70% 降低到 43.8%，3.0 升以上的从 80% 降到 50.7%。关税下调后，进口车的价格由于种种原因并没有下降到预想的价格区间，广州本田门胁轰二总经理似乎早有预测。他说："关税从 70% 降低到 43.8%，最终降至 25%，这是一个过程。虽然也有部分人因考虑到进口车将要变得便宜而暂时推迟购车计划，但由于政府实际上决定了进口车的数量，短时间内进口车并不会增加许多。"广州本田宣布了一个令所有人都感到吃惊的决定：2002 年广州本田的所有产品价格将不会下调。

1998 年广州本田成立，就确定了将第六代雅阁引进中国生产，1999 年 3 月 26 日，第六代新雅阁在广州本田下线，当年就销售了 1 万辆。雅阁推出的当年，市场炒车成风，最高时加价达 6 万元以上，成为当年最畅销的中高档车。继 2000 年成为全国第一家年产销中高档轿车超 3 万辆的企业后，2001 年广州本田产销超过 5 万辆，比计划提前了 4 年。2002 年，广州本田产销量为 59000 辆，销售收入 137.32 亿元人民币，利税 50 亿元。2002 年 3 月 1 日，第 10 万辆广州本田雅阁下线，标志着广州本田完全跻身国内中高档汽车名牌企业行列。

雅阁刚上市时国产化率是 40%，经过几年经营，国产化率上升到 60%，2003 北美版新雅阁上市时提升到了 70%，降低了进口件成本；建厂时广州本田的生产规模是 3 万量，2001 年达到 5 万辆生产规模。到了 2002 年，提升为 11 万辆，规模带来了平均成本的降低，同年完成 12 万辆产能改造。

2003 年，北美版新雅阁(第七代雅阁)的上市终结了中国中档轿车市场相安无事高价惜售的默契，它的定价几乎给当年所有国产新车的定价建立了新标准，使我国车市的价格也呈现出整体下挫的趋势。随之而来的是持续至今的价格不断向下碾压与市场持续井喷。

广州本田借推出换代车型之机，全面升级车辆配置，同时大幅压低价格。2003 年 1 月，广州本田新雅阁下线，在下线仪式上广州本田公布新雅阁的定价，并且宣布 2003 年广州本田将不降价。其全新公布的价格体系让整个汽车界为之震动：排量为 2.4 升的新雅阁轿车售价仅为 25.98 万元(含运费)，而在此前，供不应求的排量为 2.3 升老款雅阁轿车的售价也要 29.8 万元，还不包含运费。这意味着广州本田实际上把雅阁的价格压低了 4 万多元，而且新雅阁的发动机、变速箱和车身等都经过全新设计，整车操作性、舒适性、安全性等方面都有所提高。其总经理门胁轰二的解释是："一方面，广州本田致力于提高国产化率来降低成本，有可能考虑将这部分利润返还给消费者；另一方面，这也是中国汽车业与国际接轨的必然要求。"业内人士认为，这正是广州本田在新的竞争形势下调整盈利模式的结果。

雅阁 2.3 原来售价 29.8 万元仍供不应求，新雅阁价格下调 4 万元，而排量、功率、扭力、科技含量均有增加，性价比提升应在5万元左右。广州本田新雅阁的售价与旧款相比相差比较大，旧雅阁2.3VTi-E(豪华型)售价30.30万元，相差近4万元，算上新雅阁的内饰、发动机和底盘等新技术升级的价值，差价估计在6万元。旧雅阁2.0的售价为26.25万元，比新雅阁也高两三千元。广州本田此次新雅阁的低价格是在旧雅阁依然十分畅销的前提下做出的。尽管事先业内已经预期广州本田新雅阁定价将大幅降低，但新雅阁的定价还是引起了“地震”。

广州本田新雅阁此次定价将成为国内中高档轿车的价格风向标，即将下线的上海别克君威2.0和2.5、一汽轿车M6自在此列，市场热销的帕萨特、风神蓝鸟、宝来、福美来也将难逃干系。在雅阁降价前，2002年12月，第一辆索纳塔下线，有消息说风神阳光6月入局，东风公司与PSA的标致307也有可能下线。新雅阁的定价，无疑将是他们的一个难以回避的参照系。降价后2.4升新雅阁已接近了1.8T帕萨特的售价。上海通用2月10日上市的别克君威，就是盯准了新雅阁价格，先推3.0，而将2.0和2.5虚席以待。1月21日，备受市场关注，甚至被不少媒体视为2003年中高档最值得期待的一汽2.3升M6下线，一汽轿车M6项目有关人士透露“豪华版价格将在25万~30万元之间，不会超过30万元”，而之前，业内一致认为M6的价格将在30万元左右。4月，2.3升技术型马自达6接受预订，售价23.98万元。

新雅阁一步到位的定价影响了整个中高档轿车市场的价位，广州本田的这种定价策略一直贯穿到之后下线的飞度车型营销之中，广州本田车型的价格体系也因此成为整个国内汽车行业价格体系的标杆，促使国产中高档轿车价格向“价值”回归，推动了我国轿车逐渐向国际市场看齐。广州本田生产的几款车型几年来在市场上也一直是供不应求，2003年广州本田更以11.7万辆的销售使增长超过100%，成为增幅最大的轿车生产商。销售最火爆时，一辆雅阁的加价曾高达4万元。这一年，我国轿车的产量也首次突破200万辆，达到201.89万辆，同比增长83.25%。

思考题：

1. 请分析雅阁价格调整的市场背景。
2. 根据本案例，分析雅阁价格调整的原因。
3. 从本案例中，可以看出竞争对手针对雅阁的价格调整作出了哪些反应？

【导入案例3-9】

两厢POLO：神奇“高价”上市

上海大众汽车有限公司是中德合资的轿车生产企业，成立于1985年3月。公司中德双方的投资比例各占50%，合同期限为25年。2002年4月12日，中德投资双方修订和延长了上海大众合营合同签订协议，合营期延长至2030年。上海大众曾连续八年荣获中国十佳合资企业称号，八年蝉联全国最大500家外商投资企业榜首，并连续九年被评为全国质量效益型企业。凭借质量、经济效益等方面的显著绩效，上海大众成为了中国汽车行业中首家获得全国质量管理奖的企业，连续三次被评为《财富》组织评选的“中国最受赞赏的外商投资企业”，其中两次荣登榜首。现在产品主要包括：SANTANA、SANTANA2000、PASSAT、POLO及Gol五大系列几十款车型。

POLO作为德国大众旗下最负盛誉的品牌之一，于1975年面世，被称为德国大众的“神奇小子”。2001年9月，德国大众推出第四代POLO轿车，首次在有“车坛奥运会”之称的法兰克福车展上亮相，其造型完美，技术领先，装备齐全，性能可靠，成为车展上的明星，同年11月在欧洲上市。在2001年12月开幕的“2001年中国上海国际汽车展览会”上，第四代POLO轿车首次向中国消费者揭开神秘面纱。2002年初，第四代POLO被上海大众引入中国市场，是德国大众投资中国10多年来首次投放的第一款与世界同步推出的紧凑型轿车，此前它在全球已经创造了700万辆的销售佳绩。2002年3月25日，上海大众汽车销售有限公司正式接受用户预订POLO，随后4月8日POLO正式投放市场。

2001年岁末至2002年年初，随着中国入世后进口轿车降价的开始，国产轿车的价格优势逐渐削弱，消费者持币待购的现象日渐严重，中国轿车生产厂商承受着有史以来最大压力。通常每年的第四季度是轿车销售旺季，但前一年却一反常态，第四季度国产轿车销量为17.45万辆，较第三季度的20.13万辆下降13.1%，汽车销售市场一片严冬的萧条景象。

在POLO上市前，国内市场已经拥有众多经济型轿车，与POLO目标顾客类同的车型有赛欧、派力奥、夏利2000。在POLO上市前，业内人士就将它们称为“四大名旦”。赛欧最早提出10万元紧凑型轿车概念，并成为家用经济型轿车的一匹黑马，上市以来一直是经济型轿车的销售冠军。2002年1月29日，派力奥下线的前一天，上海通用大幅调整了赛欧的市场价格，最低为9.28万元，赛欧再次成为媒体的焦点。与赛欧一直相持不下的夏利2000，也在之前的1月11日将其价格调到了9.7万元，此后出现了天津汽车历史上绝无仅有的局面——全国各大城市，夏利销售断档。在POLO接受正式预订前的3月22日，南京菲亚特在北京长城居庸关为派力奥举办了隆重的上市仪式，将售价9.59万元、1.5升排量标准配置型和售价10.99万元、1.5升豪华款的车先投放到了市场上，但没有同时投放售价8.49万的1.3升派力奥。三款车中派力奥最低销售价格是8万多元，赛欧、夏利2000都在10万左右，POLO与这三款车在车型、排量上非常接近，加上先前风行的“10万元紧凑型轿车概念”，于是，人们对于POLO的价位就有了更多的期盼。

基于赛欧、派力奥和夏利2000的价格，上海大众不希望消费者将POLO和它们作比较。上海大众汽车公司总经理南阳在接受记者采访时表示“POLO是一款缩小的帕萨特，它的功能、配置、驾乘感觉都与帕萨特一脉相承，是国内其他紧凑型轿车无可比拟的。我们的目标竞争对手是WTO后大量进入中国的标致206、丰田Yaris、欧宝可赛这样的车型。”上海大众极力宣传POLO是中国第一款真正与世界同步推出的轿车，是一款融合高新技术与潮流魅力的产品，并不是人们所说的经济型轿车，而是紧凑型轿车。与菲亚特派力奥、上海通用赛欧等比较，大众POLO的技术含量比它们高得多，并且有双安全气囊、ABS等中高档轿车才有的装备。同时为了使POLO能适应中国路况，上海大众拿出82辆样车，经过了200万公里的试验。

1月29日，上海上汽大众汽车销售有限公司推行新的经销商商务政策，并重新核定上海大众各产品的市场最低限价。此项举措出台后，上海大众各品种的实际市场价格均有不同程度的降低，其中普桑在6000元左右，桑塔纳2000型为10000元左右，帕萨特部分产品在16000元左右。调价后，桑塔纳最低价已接近10万元，价格区间在10.73万~12.24万元。部分车型调整前后的价格对比情况如下表：

车型	下降幅度/万元	现售价/万元	原售价/万元
新秀 VN372	0.620	10.730	11.350
新秀 VN482(改进型)	0.620	10.790	11.410
99新秀 VN472(改进型)	0.620	11.300	11.920
世纪新秀 VN422	0.620	12.240	12.860
世纪新秀 VN392	0.620	11.980	12.600
选装 VN402	0.720	11.830	12.550
时代超人 VG021	1.000	16.350	17.350
时代超人 VG061	0.990	16.670	17.660
时代超人 VG042	0.997	16.713	17.710
俊杰 VH031	1.000	17.950	18.950
俊杰 VH041	1.000	18.466	19.466
俊杰 VH051	1.000	18.524	19.524
俊杰 VH061	0.998	18.352	19.350
俊杰 VH071	1.000	18.400	19.400
旅行轿 VP071(普通/金漆)	0.620	11.530	12.150
旅行轿 VP091(普通/金漆)	0.620	11.530	12.150
帕萨特 VX012/VX011	1.600	22.900	24.500

POLO上市前，上海大众进行了大量的宣传活动。2001年12月9日，POLO轿车“2001年中国上海国际汽车展览会”上，首次向中国消费者揭开神秘面纱，引起媒体关注。“POLO?”这句时尚的广告语，拉开POLO广告宣传的序幕。一时间，“是你吗？POLO”这句广告语比比皆是，铺天盖地的广告冲击和媒体宣传，让人们不得不对这款“与全球同步”“科技与时尚的完美结合”的轿车反复关注。3月20日至25日，“天涯海角任我行——

POLO首次全国记者试车”活动开始，POLO 的好评如潮。9 月，上汽大众以 POLO 冠名赞助了当年的上海国际女子网球公开赛。广泛的宣传活动让消费者对 POLO 充满了期待。

3 月 25 日，波罗轿车总经销商——上汽大众汽车销售有限公司正式宣布，即日起波罗轿车正式接受预订，4 月 8 日正式投放市场。一时间，向各经销商咨询的电话此起彼伏，订购的人络绎不绝，到3 月 28 日，上汽大众172 家特许经销商4 天的时间里累计接受订单超过5000 辆，创造了中国轿车销售史上的新纪录。4 月 8 日 1.4 升 POLO 上市，价位分别为12.75 万元至14.8 万元之间，主要有手动挡舒适型12.75 万元、12.81 万元及豪华型14 万元；自动挡舒适型13.55 万元、13.41 万元及豪华型14.8 万元。此前，先期上市的德国产1.4 升手动波罗轿车在德国售价约为1.3 万至1.4 万欧元，折合人民币10 万元左右(不含消费税，中国的车价已含消费税)，与4 月 8 日上市的价格相比，欧洲车价比中国便宜约25%左右，差不多是2006 年后中国最低汽车进口关税。尽管如此，公布的价格明显超出了人们先前的估计。但 POLO 面市当月销量达到 3041 辆。2002 年 9 月 12 日，1.6 升 POLO 上市，售价 13.55 ~ 14.8 万，此时 POLO 销量突破 15000 辆，平均达到每天销售 100 辆。截至 2003 年 9 月底，POLO 的总销量为 59800 辆。2003 年 9 月 12 日，POLO 开始降价，价格降幅为 8100 元 ~ 11100 元，高价撇脂结束。

波罗的面世，填补了上海大众的整条价格链中 13 ~ 15 万的空缺。从普桑到 POLO，再到桑塔纳 2000，最后还有帕萨特，上海大众拥有了中国汽车企业最完整的一条价格链条。从 POLO 车 13 万元 ~ 15 万元的定价中，其战略意义已可见端倪。2003 年 2 月 28 日，上海大众两门 Gol 轿车正式上市，上市的 Gol 是两门导入型、两门基本型和两门舒适型三款，定价从 7.5 万元到 9.83 万元。如此将上海大众的产品线价格链延伸至 10 万元以下。

思考题：

1. 两厢 POLO 上市时采取了何种定价策略?
2. 从本案例中分析两厢 POLO 定价主要考虑了哪些影响因素?
3. 两厢 POLO 上市时的价格为什么会“大大超出消费者的预期”呢?

【导入案例 3-10】

央视广告招标：随中国经济同步成长

中国中央电视台是中华人民共和国国家电视台，1958 年 5 月 1 日试播，9 月 2 日正式播出。初名北京电视台，1978 年 5 月 1 日更名为中央电视台，英文简称 CCTV。如今全国人口覆盖率达 90%，观众超过 11 亿人。第 4 套节目(中文国际频道)、第 9 套节目(英语频道)通过卫星传送覆盖全球。

1994 年，中央电视台首开先河，举办了黄金时段广告招标会，运用招投标方式配置广告黄金时段这个稀缺资源。到 2004 年 11 月 18 日举行的“2005 央视黄金段位广告招标”，央视广告招投标活动已经进行了11届。自从中央电视台黄金段位广告开始招标，每年广告招投标举行的那一天(2002年前为11月8日，2002年开始为11月18日)都成了业界的一个盛典，因为它不仅反映了电视媒体、广告界的成长情况，也反映了企业对来年行业和经济发展的预期，中央电视台黄金段位广告招标也因此被誉为“中国经济的晴雨表”、“行业发展的风向标”和“企业预期的信心指数”。

1993年前，《新闻联播》和《天气预报》中间没有广告，只有《天气预报》里有一条5秒广告，这个5秒全年卖60万元。1993年，由于两家企业同时竞争这个5秒，中央电视台就在天气预报后面加了一条5秒。1994年有多家企业要求定这个位置的广告。即使5秒广告涨到370万元，竞争仍然激烈。为了解决这个矛盾，中央电视台就在1994年1月—4月尝试在《新闻联播》和《天气预报》之间增加了30秒的广告，4月1日之后，《新闻联播》和《天气预报》之间的广告又增加到60秒，这一广告形态一直延续到今天。到了1994年8、9月份的时候，很多企业找到中央电视台广告部，想确定1995年黄金段位的广告。资源紧缺，企业互不相让，中央电视台最后确定用招标的方式解决供需矛盾。1995年黄金段位广告首次公开招标。实践证明，广告作为特殊的商品，通过招标完全可以按市场规律运作，可以更好地发挥广告的效益。

在1999年之前人们看到了三个转折点，一是1995年黄金段位广告首次公开招标，二是1998年标王由暗标改为明标，企业可以多次叫价，三是1999年全部采用明标，取消标王。这三个转折意味着中央电视台在日趋激烈的媒体竞争中，广告招标更加市场化、规范化，而企业对广告招标的态度也更加理性化。

从2000年开始央视广告投标更加完善。2000年中央电视台的黄金段位广告投放在1999年全部实行明标的基础上，又把投标时间单位从一季度改为两个月为一个时间单元，更利于企业根据实际需要选择竞标月份。同时增设了《新闻联播》前3块5秒标版等重点时段的投标位置。解除了黄金时段对酒类广告的禁令，酒类企业可以直接参与黄金段位的投标。同时19点报时取消了仅限钟表企业参加的规定。参投企业从过去的几个沿海城市增加到中西部地区和东北地区，另外一批外资品牌也参加了投标。

2001年中央电视台黄金段位广告招标将《新闻联播》后的版块和A特段的版块改为暗标。在1998年标王由暗标改为明标，企业在投标中表现了相当强的理性。几年前，秦池酒厂斥资3.2亿元夺取标王、爱多2.1亿元成为央视“末代标王”的情景一去不复返。各企业的成熟，正是我国市场经济成熟的具体表现。

中央电视台2002年黄金段位广告招标新增加的“天气预报中广告”(共2条，每条5秒)，天气预报片尾(翻版)由两块变为一块；增设“电视剧特约播映”项目，上下半年各1条；对于新闻联播后标版和A特段，继续采取暗标入围、明标确定中标单位及其播出位置的方式。与2001年稍有不同的是，2002年采用“预赛加决赛”的办法，入围投标单位分别增加了两家；设立“中央电视台战略伙伴广告展播”专栏，以栏目化、主题化的形式播出在招标时段年投放额5000万元以上的合作伙伴广告。2002年招标规则的调整给人最大的感受是，招标方案越来越贴近客户。

2002年以后央视黄金段位招投标的内容没有大的调整，只有一些根据企业需要进行的内容微调。

从中标的企业看，1995年到1998年多集中在广东、山东、江苏、浙江等沿海发达地区，中西部企业很少；1999年开始，中标的企业已不限于沿海地区，黑龙江、重庆、内蒙古等内陆省份的企业纷纷跻身招标段，反映出我国经济正在向纵深发展；近几年，一些外资企业，如宝洁、高露洁、日立和飞利浦等企业也纷纷前来竞标，外资企业对中国市场的信心和雄心在招标段亦可见一斑。

从中标行业看，近十年发展最快的热点行业都首先在中央电视台黄金段位点燃战火，白酒、家电、保健品、保暖内衣、乳业、手机、润滑油……1997年之前，白酒企业中标数量较大，但随着国家对白酒广告的限制政策出台，从1998年开始，家电企业上升为第一大户。进入到2001年，随着中国居民生活水平的不断提升，医药保健品行业异军突起，在国家对医药保健品行业出台一系列广告限制政策后，2002年医药保健品行业的广告投放受到了较大影响，这种影响可能还会持续下去。与此同时，乳品、食品、饮料、手机等行业却呈现出稳定上升的发展势头，在2003年招标中会有良好的表现。润滑油在2004年招标中异军突起。事实证明，凡是在招标段位进行激烈广告竞争的行业，其发展都是最快的，家电行业的激烈竞争使我国的家电企业的国际竞争力大大加强；乳业广告大战带来了乳品行业的大发展；手机广告大战的结果是国产手机的份额从2001年的19%上升到2003年上半年的51%；润滑油企业广告竞争的结果是迅速夺取国内市场竞争的主动权。招标段广告刺激了市场的消费，做大了整个行业的蛋糕，推动了中国经济的发展。

2002年以来，中央电视台广告部积极进行行业培育和行业开发，酱油、糖果、月饼、保鲜肉、润滑油，这些以前很难与招标段联系起来的小行业，2003年开始，都有品牌在中央电视台黄金段位开始投放广告，如雅客糖果、加加酱油。

央视招标十年历经许多变化：招标的方式，由暗标到明标再到明暗标结合、暗标入围名标竞位；标的物从《新闻联播》后13条5秒，到《天气预报》中、A特段，再到《新闻联播》前、19点报时、A段指定位置和电视剧特约播出；在时间划分上，从按年度招标到以季度为单位，再到以两个月为一个单元；招标配套的资源从单一到自选再到定向套播。

招标方式在11年中不断进行调整，体现了不断顺应市场需求变化的宗旨。细分单元，降低了企业进入的门槛，使更多企业有机会参与；在企业投放操作中，增加了灵活性，使两企业共同拥有一个段位的广告成为可能；招标段加优惠套播，形成了以招标段为主体的通过央视的整合传播。招标方案越来越科学，越来越适应客户的需要。

1995年中央电视台黄金时段广告实行招标以来，中标额总体上稳中有升，年招标数额是一个台阶一个台阶在上。2001年招标额为21.6亿元，比2000年19.2亿元增加了2.4亿元，增长比率达到12.5%；2002年中标总额增长更是明显，总额达到26.26亿元，比上年净增4.66亿元，增长率高达21.9%。2003年央视广告招标总额高达33.1465亿元，比上年增长26.22%。2004年广告招标总额达到44.1157亿元，比上年的33亿多元多出11亿元，比上年增长33.1%。2005年招标总额达到52.48亿，去年的招标额是44.1157亿，今年比去年增长18.9%。

2003年3月

（作者改编）

思考题：

1. 通过央视黄金时段广告招标活动，思考招标定价取得成功的条件？

2. 为什么中央电视台黄金段位广告招标被誉为“中国经济的晴雨表”、“行业发展的风向标”和“企业预期的信心指数”？

【知识链接】

在营销组合策略中，产品相对而言是比较稳定的因素，而价格却是最敏感和最难控制的因素，而且产品定价决策涉及企业生产经营的诸多方面。因此，在产品定价复杂的决策过程中，明确企业的目标市场战略及市场定位战略的要求，依据企业经营目标确立相应的定价目标，成为选择合适的定价方法与制定正确的定价策略的重要环节。

产品定价问题

一、定价目标的选择

企业的定价目标是以企业的战略目标和销售目标为基础而确定、通过产品定价的方法与手段所要达到的特定目的。每一个生产者或企业在具体定价时都要明确其目标，但由于不同的企业所处的内外环境不同和资源实力、市场位置、产品特性的差异，定价目标的选择也不尽相同，即使是同一个企业在不同的条件下其定价目标也各有侧重。一般说来，可供企业选择的定价目标可以归纳为以下几方面：

(1)获取利润目标

(2)维持和提高市场占有率目标

(3)稳定市场价格目标

(4)应付竞争目标

(5)渠道关系目标

(6)塑造形象目标

二、影响定价的基本因素

定价目标是企业制定价格的首要因素及出发点，是价格决策中最高层次的决策。不同的定价目标，会导致企业制定不同的价格。对企业产品进行定价，理论上虽然是企业自己定价，但由于产品价格的接受者是市场即消费者，所以企业的定价行为不能随心所欲，而是受到多种因素的制约。“合适”或“理想”的价格制定既要考虑定价的目标，又必须重视影响定价的因素。产品最终价格的决定是许多因素（如图3－4所示）共同作用的结果。

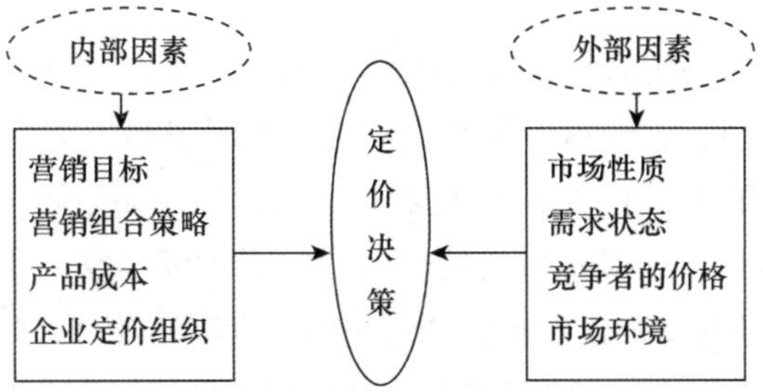

图3－4　影响定价决策的因素

影响产品定价的因素很多，既有企业内部因素，也有企业外部因素；既有主观的因素，也有客观的因素。一般来讲，主要有以下四个方面。

（一）成本因素

商品的价值是构成价格的基础，它由 $C+V+M$ 构成。$C+V$ 是在生产过程中物化劳动转移价值和劳动者为自己创造的价值。M 是劳动者为社会创造的价值。在某些特殊情况下，个别产品的价格可能低于成本，但是必须高于平均变动成本。这种做法是暂时不考虑固定成本仅考虑变动成本，当销售量增加到一定数量时，价格高出变动成本部分（边际贡献）足以抵偿产品的固定成本，以后随着销量的增加，企业就会赢利。只有这样，企业才能在原有规模上从事生产经营。否则，连简单再生产也不能维持，企业将由于亏本面临倒闭。

（二）市场需求

产品价格除受成本影响外，还受市场需求的影响。商品的需求与价格是相互影响、相互依赖的。在正常情况下，市场需求按照与价格相反的方向变动（如图3－5所示），当商品的市场需求大于供给时，价格应高一些，当商品的市场需求小于供给时，价格应低一些；反过来，价格变动影响市场需求总量，价格提高市场需求就会减少，价格降低市场需求就会增加。企业商品的价格会影响需求，需求的变化会影响企业的产品销售以至企业营销目标的实现。因此，企业制定价格就必须了解价格变动对市场需求的影响程度。

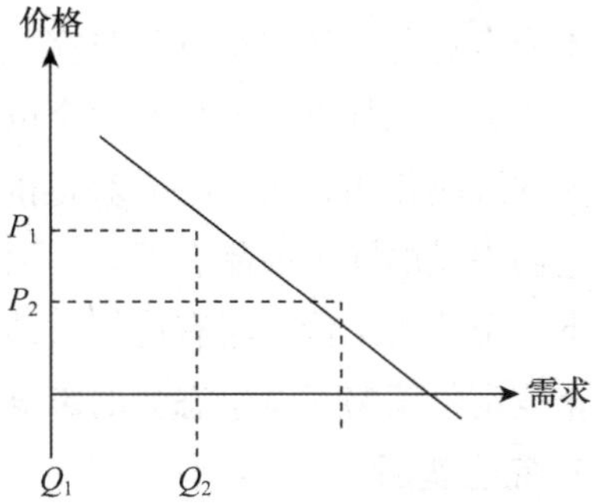

图3－5　价格—需求关系

1. 需求的价格弹性的测定

商品价格高低会影响企业产品的销售，因而会影响企业市场营销目标的实现。商品需求的价格弹性就是市场需求对价格变动的反应程度。反映这种影响程度的一个指标就是商品需求的价格弹性系数。需求的价格弹性系数，是指由于价格的相对变动而引起的需求相对变动的程度，

①$E>1$：称为弹性大，它表示价格变动较小能引起较大的需求变动。

②$E<1$：称为弹性小，它表示价格变动幅度较大但引起需求变动幅度不大。

③$E=1$：称为弹性适中，它表示价格变动引起需求等幅度变动。

④$E=0$：称为无弹性，它表示价格的任何变动需求都不发生变动。

例如：销售者提高价格2%，需求量降低10%，需求的价格弹性系数是-5（“-”表明价格与需求之间的反比关系），这种需求弹性大；如果价格提高2%，需求量降低2%，那么需求弹性系数为-1，在这种情况下，销售者的总收入是不变的；假如价格提高2%，需求量降低1%，则需求弹性就是-1/2，这种需求弹性小。需求弹性越小，销售者提高价格所获得的收入就越多。

（三）竞争因素

市场竞争也是影响价格制定的重要因素。市场竞争的程度不同，企业定价的自由度会有所不同。按照市场竞争程度可以分为完全竞争、不完全竞争与完全垄断三种情况。

1. 完全竞争

完全竞争又称纯粹竞争，是一种不受任何阻碍和干扰的市场结构，指那些不存在足以影响价格的企业或消费者的市场。完全竞争是经济学中理想的市场竞争状态，也是几个典型的市场形式之一。可以证明，完全竞争的结果符合帕累托最优。完全竞争是这样一种市场结构，在其中同质的商品有很多卖者，没有一个卖者或买者能控制价格，进入很容易，并且资源可以随时从一个使用者转向另一个使用者。例如，许多农产品市场就具有完全竞争市场这些特征。

2. 不完全竞争

不完全竞争介于完全竞争与完全垄断之间，它是现实中存在的典型的市场竞争状况。在不完全竞争条件下，最少有两个以上买者或卖者，少数买者或卖者对价格和交易数量起着较大的影响作用，买卖各方获得的市场信息是不充分的，它们的活动受到一定的限制，而且它们提供的同类商品有差异，因此，它们之间存在着一定程度的竞争。在不完全竞争情况下，企业的定价策略有比较大的回旋余地，它既要考虑竞争对象的价格策略，也要考虑本企业定价策略对竞争态势的影响。

3. 完全垄断

完全垄断是完全竞争的反面，它是指一种商品的供应完全由独家控制，独占市场。在完全垄断情况下，交易的数量与价格由垄断者单方面决定。完全垄断在现实中也很少见。

完全竞争与完全垄断是市场竞争中不易出现的两个极端，现实市场竞争状况是不完全竞争。在不完全竞争条件下，竞争的强度对企业的价格策略有深刻影响。所以，企业产品

的定价既要了解竞争的强度，也要了解竞争对手的价格策略以及竞争对手的实力。在产品的最高价格和最低价格的幅度内，企业能把产品价格定得多高，取决于竞争者同种产品的价格水平(如图 3－6 所示)。

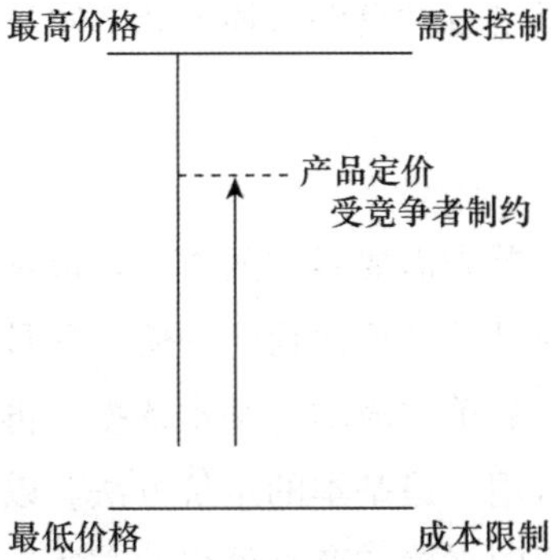

图 3－6　产品定价与竞争因素的关系

企业采取适当方式了解竞争者所提供的产品质量和价格的信息后，就可以与竞争者产品进行质价比较，更准确地制定本企业产品价格。如果二者质量大体一致，则二者价格也应该大体一样；如果本企业产品质量较高，则产品价格也可以定得较高；如果本企业产品质量较低，那么，产品价格就应当定得低一些。

(四)其他因素

企业的定价策略除受成本、需求以及竞争状况的影响外，还受到其他多种因素的影响。这些因素包括政府或行业组织的干预、消费者习惯和心理、营销组合策略、企业定价组织等。

定价的程序与方法

在市场营销实践中，企业确定了营销价格目标以后，还必须按照商品价格制定的一般程序并选择一种定价方式，才能制定出适合自身发展的产品价格。

一、价格制定的一般程序

价格制定程序一般包括下述几个步骤(如图 3－7 所示)：

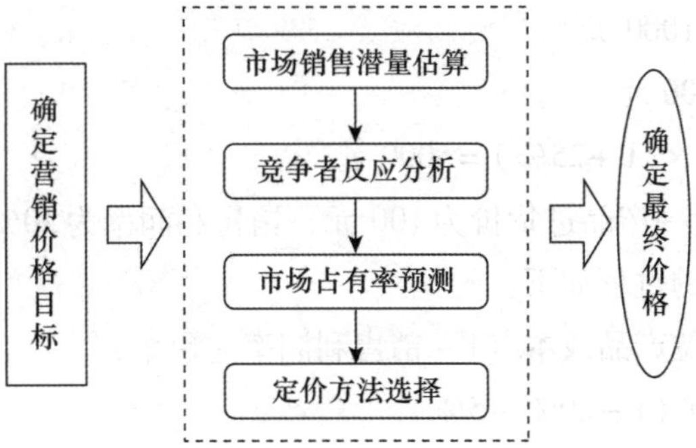

图 3－7　定价的基本程序

二、定价的主要方法

定价方法是企业在特定的定价目标指导下，依据对成本、需求及竞争等状况的研究，运用价格决策理论，对产品价格进行计算的具体方法。定价方法主要包括成本导向、竞争导向和顾客导向等三种类型。

(一)成本导向定价法

成本导向定价法是企业定价首先需要考虑的方法。成本是企业生产经营过程中所发生的实际耗费，客观上要求通过商品的销售而得到补偿，并且要获得大于其支出的收入，超出的部分表现为企业利润。以产品单位成本为基本依据，再加上预期利润来确定价格的成本导向定价法，是许多企业最常用、最基本的定价方法。以成本为中心的定价方法是以成本加利润为基础，完全按卖方意图来确定商品价格的方法。成本导向定价有以下几种具体的定价方法。

1. 成本加成定价法

成本加成定价法是以成本为中心的传统定价法，它是以生产成本为基础，再加上一定比率的利润和应纳销售税金来确定产品价格的方法。这里利润一般以利润率来计算，而以成本为基数的利润率称为成本利润率，以售价为基数的利润率称为销售利润率。一般生产企业多采用成本利润率计算，而商业企业多采用销售量利润率来计算。在这种定价方法下，把所有为生产某种产品而发生的耗费均计入成本的范围，计算单位产品的变动成本，合理分摊相应的固定成本，再按一定的目标利润率来决定价格。其计算公式为：

单位产品价格 = 单位产品总成本 ×(1 + 目标利润率)　　[1]

单位产品价格 = 单位产品成本/(1 - 销售利润率 - 税率)　　[2]

例 1. 某电视机厂生产 2000 台彩色电视机，总固定成本 600 万元，每台彩电的变动成本为 1000 元，确定目标利润率为 25%。采用总成本加成定价法确定价格的过程如下：

单位产品固定成本 6000000 ÷ 2000 = 3000 元

单位产品变动成本 1000 元

单位产品总成本 4000 元

单位产品价格 4000 ×(1 + 25%) = 5000 元

例 2. 若某商业企业一产品进货价为 100 元，销售利润率为 20%，税率为 5%。采用成本加成定价法确定售价的过程如下：

单位产品售价 = 单位产品成本/(1 - 销售利润率 - 税率)

= 100/(1 - 20% - 5%)

= 133(元)

成本加成定价法适用于产量与单位成本相对稳定，供求双方竞争不太激烈的产品。采用成本加成定价法的优点是简单易行，利于保本求利；企业和消费者都有公平感，且引起价格竞争的可能性小。但它也有缺点：由于它仅着眼于成本，忽视了市场的供求和竞争等因素对价格的影响，因此这种定价方法不适应市场供求变化的要求，也不适应竞争的市场环境的要求。另外，此方法是把固定成本按预计的产销量进行分摊，很不科学，当实际产销量大于预期产销量时，用这种方法定价往往偏高；当实际产销量小于预期的产销量时，采用这一方法定价往往又偏低。

2. 目标收益定价法

目标收益定价法又称投资收益率定价法，是根据企业的投资总额、预期销量和投资回收期等因素来确定价格。假设上面一例中建设电视机厂的总投资额为800万元，投资回收期为5年，则采用目标收益定价法确定价格的基本步骤为：

(1)确定目标收益率：

目标收益率 = 1/投资回收期 × 100% = 1/5 × 100% = 20%

(2)确定单位产品目标利润额

单位产品目标利润额 = 总投资额 × 目标收益率 ÷ 预期销量

8000000 × 20% ÷ 2000 = 800 元

(3)计算单位产品价格

单位产品价格 = 企业固定成本 ÷ 预期销量 + 单位变动成本 + 单位产品目标利润额

= 6000000 ÷ 2000 + 1000 + 800

= 4800 元

目标收益定价法与成本加成定价法在本质上非常相似，它也是对市场竞争和需求的实际情况考虑不全面，只是从保证生产者的利益出发制定价格。况且，先确定产品销量再计算产品价格的方法由于违背价格与销量的因果关系，尤其是对于那些需求的价格弹性较大的产品，无法保证销量的必然实现，采用这种方法制定出来的价格往往在实际上事与愿违。但是，对于需求比较稳定的大型制造业、供不应求且价格弹性小的商品、市场占有率高、具有垄断性的商品等，在科学预测价格、销量、成本和利润四要素的基础上，采用目标收益法定价也是有效的。

3. 边际成本定价法

边际成本是指每增加或减少单位产品所引起的总成本的变化量。由于边际成本与变动成本比较接近，而变动成本的计算更容易一些，所以在定价实务中多用变动成本代替边际成本，而将边际成本定价法称为变动成本定价法。采用边际成本定价法时是以单位产品变动成本作为定价依据和可接受价格的最低界限。在价格高于变动成本的情况下，企业出售产品的收入除完全补偿变动成本外，尚可用来补偿一部分固定成本，甚至可能提供利润。例如：某企业生产某产品1万个，总成本为10万元，每个产品成本为10元，若产量增加一倍时，总成本为18万元。这样，新增加1万个产品，实际上只花了8万元成本，每个产品仅8元成本。于是8万元或8元都是边际成本。这就说明价格实现的销售收入必须超过变动成本，超过的部分便是对企业的贡献(边际贡献)，这一贡献首先用来补偿固定成本，补偿完固定成本以后的贡献才是企业真正的赢利。

例1. 某制鞋厂在一定时期内发生固定成本80000元，单位变动成本0.7元，预计销量为100000双。在当时市场条件下，同类产品的价格为1元/双。那么，企业是否应该继续生产呢？其决策过程如下：

固定成本 = 80000元

变动成本 = 0.7 × 100000 = 70000(元)

销售收入 = 1 × 100000 = 100000(元)

企业盈亏 = 100000 − 70000 − 80000 = −50000(元)

按照变动成本定价，企业出现了50000元的亏损，但是作为已经发生的固定成本，在不生产的情况下，已支出了80000元，这说明按变动成本定价时可减少30000元固定成本的损失，并补偿了全部变动成本70000元。若低于变动成本定价，如市场价格降为0.7元/双以下，则企业应该停产，因为此时的销售收入不仅不能补偿固定成本，连变动成本也不能补偿，生产得越多，亏损便越多，企业的生产活动便变得毫无意义。

边际成本定价也称边际贡献定价，它是以边际成本为基础的定价方法，其公式为：

单位产品价格 = 边际成本 + 边际贡献

采用边际成本方法进行定价的优点是定价较灵活，定价幅度较大，不受固定成本的限制；由于它也可以采用较低的价格，因而它适应竞争环境，富有竞争性；它能解决企业对产品定价的最低起点问题。这种方法适用于竞争激烈的市场环境且市场容量应足够大，能使其销售的边际贡献超过固定成本。

例2. 某企业产品销售量为2000件，其固定成本为30000元，变动成本为100000元，总边际贡献20000元，问其价格及利润为多少？不亏损的销量应为多少？

解：单位产品价格 = 单位变动成本 + 单位边际贡献

100000 ÷ 2000 + 20000 ÷ 2000 = 60(元)

总收入 = 60 × 2000 = 120000(元)

利润 = 总收入 − 总成本

= 120000 − (30000 + 100000)

= −10000(元)

可见按边际成本定价，销售2000件时，企业要亏损1万元。但若不生产，3万元的固定成本还要支付，企业就要亏损3万元。而现在可使企业少亏损2万元。若企业不亏损，则生产销售件数计算如下：

生产销售件数 = 固定成本 ÷ 单位边际贡献

$=30000\div(20000\div2000)$

$=3000$（件）

（也就是说，企业生产该产品销售量超过3000件以后才能盈利）

边际成本定价法改变了售价低于总成本便拒绝交易的传统做法，在竞争激烈的市场条件下具有极大的定价灵活性，对于有效地应付竞争者，对于开拓新市场，调节需求的季节差异，形成最优产品组合可以发挥巨大的作用。

4. 盈亏平衡定价法

在销量既定的条件下，企业产品的价格必须达到一定的水平才能做到盈亏平衡、收支相抵。既定的销量就称为盈亏平衡点，这种制定价格的方法就称为盈亏平衡定价法。科学地预测销量和已知固定成本、变动成本是盈亏平衡定价的前提。在此方法下，确定价格可利用如下公式：

盈亏平衡点价格 = 固定总成本 ÷ 销量 + 单位变动成本

例如，某企业年固定成本为100000元，单位产品变动成本为30元/件，年产量为2000件，则：企业盈亏平衡点价格 $=100000\div2000+30=80$ 元。

以盈亏平衡点确定价格只能使企业的生产耗费得以补偿，而不能得到收益。因此，在实际中均将盈亏平衡点价格作为价格的最低限度，通常在加上单位产品目标利润后才作为最终市场价格。有时，为了开展价格竞争或应付供过于求的市场格局，企业采用这种定价方式以取得市场竞争的主动权。

总之，成本导向定价法从本质上说是一种卖方定价导向，运用这一方法制定的价格均是建立在对销量主观预测的基础上，从而降低了价格制定的科学性，它容易造成忽视市场需求、竞争和价格水平变化的情况而导致无效定价，在有些时候与定价目标相脱节。因此，在采用成本导向定价法时，还需要充分考虑需求和竞争状况，以确定最终的市场价格水平。

（二）竞争导向定价法

在竞争十分激烈的市场上，企业通过研究竞争对手的生产条件、服务状况、价格水平等因素，依据自身的竞争实力，参考成本和供求状况来确定商品价格的定价方法就是通常所说的竞争导向定价法。竞争导向定价法是以竞争品的价格为基础来制定本企业产品价格的定价方法。一般有三种情况：第一是与竞争品价格一样；第二是高于竞争品价格；第三是低于竞争品价格。到底采用哪一种，要根据产品特性、产品所处的生命周期以及企业的定价目标来决定。竞争导向定价法主要包括以下三种具体方法：

①行情定价法；

②竞争价格定价法；

③招标定价法。

（三）需求导向定价法

现代市场营销观念要求，企业的一切生产经营必须以消费者需求为中心，并在产品、价格、分销和促销等方面予以充分体现。根据市场需求状况和消费者对产品的感觉差异来确定价格的方法就是需求导向定价法，又称“市场导向定价法”“顾客导向定价法”。需求导向定价法是根据市场需求强度不同、消费者对价格心理的反应不同来确定产品价格的一种新型的定价方法。在现代，价格被看作是企业为消费者提供的一种选择，只有这种选择与消费者的承受能力、价格心理相一致时，价格才为消费者所接受，商品的交易才会产生。这种定价方法的具体做法如下：

①理解价值定价法；

②需求差异定价法；

③逆向定价法。

产品定价策略

价格是企业竞争的主要手段之一，为了适应宏观市场环境和企业生产经营状况的不断变化，企业不能只给自己的产品制定单一价格。企业除了根据不同的定价目标，选择不同的定价方法，还要根据复杂的市场情况，采用灵活多变的方式选择和实施产品的定价策略。

一、新产品定价策略

新产品定价策略通常都随产品所经历的生命周期而变，尤其是新产品导入期的定价策略更具挑战性。由于生产批量小，设计和试制的费用比较大，因而不能简单地套用一般定价方法。在确定新产品价格时，选择和实施定价策略的出发点应该是立足消费者愿意支付的价格。一般来讲，依据新产品的特点，新产品定价有以下两种情形。

（一）完全创新产品的定价

企业推出一款完全创新产品时，可供选择的定价策略有两种类型，即“市场撇脂定价策略”和“市场渗透定价策略”。

1. 市场撇脂定价策略

所谓撇脂定价策略，就是指在产品生命周期的最初阶段，把产品的价格定得很高，在短期内获取最大利润，尽快收回投资。企业选择撇脂定价的策略犹如从鲜奶中撇取奶油。实施撇脂定价策略的条件如下：

①市场有足够的购买者，他们的需求缺乏弹性，即使把价格定得很高，市场需求也不会大量减少。

②高价使需求减少，但不致抵消高价所带来的利益。

③在高价情况下，仍然独家经营，别无竞争者。

④高价使人们产生这种产品是高档产品的印象。

撇脂定价策略的运用适合需求弹性较小的细分市场。其优点在于：新产品一经上市顾客对其无理性认识，利用较高价格可以提高身价以适应顾客求新心理，有助于开拓市场；产品进入成熟期后，价格可分阶段逐步下降，有利于主动吸引新的购买者；产品高价格限制需求量过于迅速增加，使其与生产能力相适应。撇脂定价策略的运用虽然能够使企业在短期内获利大，但是它不利于扩大市场，而且会很快引来竞争者的加入迫使产品价格下降。

2. 市场渗透定价策略

所谓渗透定价策略，就是指企业在新产品投放市场时，将其创新产品的价格定得相对较低，以吸引大量顾客，其目的是获得最高销售量和最大市场占有率。实施渗透定价策略的条件是：其一，市场需求对价格极为敏感，低价会刺激市场需求迅速增长；其二，企业的生产成本和经营费用会随着生产经营经验的增加而下降。

当企业投放到市场的新产品没有显著特色又要面临激烈的竞争，而该产品的需求弹性较大时采用渗透定价策略，能够使产品迅速为市场所接受，打开销路，增加产量而使成本随生产发展而下降；同时，低价薄利往往也会阻止或延长竞争者的进入以减缓竞争，从而获得一定市场优势。市场撇脂定价策略与市场渗透定价策略比较，如图 3－8 所示。

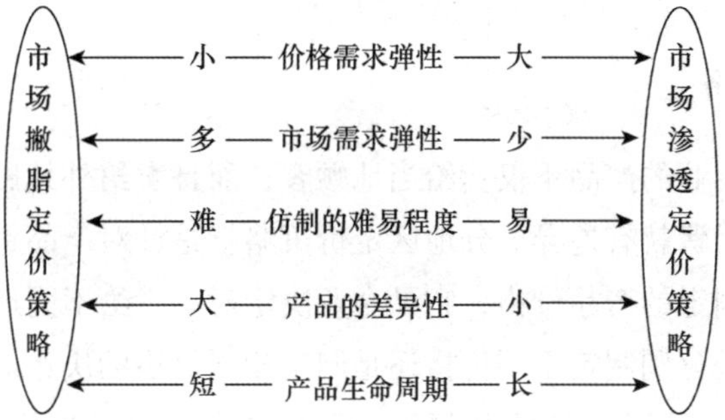

图 3－8 “撇脂”与“渗透”两种定价策略的比较

二、折扣与让价策略

企业直接减少一定比例的价格或让出一部分利益，以争取消费者，扩大产品销售量的定价方法就是价格折扣与折让策略。大多数企业通常都酌情调整其基本价格，以鼓励顾客及早付清货款、大量购买或增加淡季购买。运用价格折扣与折让策略的做法主要有以下几种。

折让策略	含　义
现金折扣	
数量折扣	
功能折扣	
季节折扣	
价格折让	
推广津贴	

三、心理定价策略

从消费心理的角度分析，消费者对商品价格的认同是相当复杂的，有时候甚至是情绪化的过程。企业根据消费者的消费心理定价是心理定价策略。心理定价策略有以下几种类型。

心理定价策略	含　义
声望定价	
尾数或整数定价	
招徕定价	
习惯性定价	

四、分地区定价策略

一般来说，一个企业的产品不仅卖给当地顾客，而且卖给外地顾客。产品销往的地区不同，需要支付的装运费就有差异。分地区定价策略就是针对产品销往的地区市场与产地市场存在空间差异而制定的产品价格，它是企业决定对于卖给不同地区（包括产地和外地）的顾客的某种产品，是分别制定不同价格还是制定相同价格的决策。分地区定价策略的核心问题在于：企业是否采用制定地区差价的定价方式。分地区定价的基本形式有以下几种。

分地区定价策略	含　义
原产地定价	
统一交货定价	
区域定价	
基点定价	
运费免收定价	

五、差别定价策略

所谓差别定价，也叫价格歧视，它是指企业按照两种或两种以上不反映成本费用的比例差异的价格销售某种产品或服务。企业根据不同顾客、不同时间和场所来调整产品价格以实行差别定价，但这种差别不反映成本的变化。

差别定价的主要形式有以下几种。

差别定价策略	含义
顾客差别定价	
产品形式差别定价	
产品部位差别定价	
销售时间差别定价	

六、产品组合定价策略

产品组合定价策略	含义
产品大类定价	
选择品定价	
补充产品定价	
副产品定价	
产品系列定价	
组合包装产品定价	

任务要求：

自己选择一个具体的营销策划产品，熟练运用价格策略的知识，分析和设计其价格策略。

任务评价标准：

任务要素	产品定价影响因素分析	产品定价目标分析	产品定价分析	产品价格策略	文案设计效果
分值(100分)	20分	20分	20分	20分	20分

子情境三：制定渠道策略

【学习目标】

●**知识目标**

1. 理解分销渠道的概念及作用。
2. 熟悉分销渠道的基本模式。
3. 了解中间商的概念、类型与作用。
4. 掌握分销渠道选择策略及影响分销渠道选择的因素。

●**技能目标**

学生能够熟练渠道策略的知识，针对一个具体的营销策划项目(产品)，分析和设计其渠道策略。

任务三：给予学生一个具体的营销策划产品，让学生熟练运用渠道策略的知识，分析和设计其渠道策略。

【导入案例3-11】

中石化的销售渠道重组

中石化是中国最大的一体化能源化工公司，主要从事石油与天然气勘探开发、开采、销售，石油炼制、石油化工、化纤、化肥及其他化工的生产与产品销售、储运，石油、天然气管道运输，石油、天然气、石油产品、石油化工及其他化工产品和其他商品、技术的进出口、代理进出口业务，技术、信息的研究、开发、应用。它是中国最大的石油产品和主要石化产品生产商和供应商，也是第二大原油生产商。中石化参照国际模式，构筑了公司的架构，建立了规范的法人治理结构，实行集中决策、分级管理和专业化经营的事业部制管理体制。中石化现有全资子公司、控股和参股子公司、分公司等80余家，包括石油企业、炼油及化工企业、销售企业及科研、外贸等单位，其生产资产和主要市场集中在中国经济最发达、最活跃的东部、南部和中部地区。

1998年之后，中石化销售公司旗下共有29家省级石油公司，其中22家分驻长城以南各省，负责当地市场开拓和成品油供应的销售公司，7家是作为中国石化销售公司派出机构，负责资源调配，与炼油厂沟通结算的大区公司。这22家销售公司是中央政府为做大做强民族石油工业、实现两大石油集团“上中下游一体化”的战略部署，从各地整建制划入中国石化的。由于历史原因，上划前的销售公司存在人员包袱重、管理环节多、运营效率低、销售网点少、市场调控能力弱等问题；上划后，各销售公司依靠中石化的巨额资金投入和国家给予的加油站建设权、特许经营权、允许中石油、中石化两大集团对社会批发经营单位实行资产重组等优惠政策，进行了大规模的扩张，使其销售网点大幅度增加，市场调控能力也得到一定提升。

1999年以来，中石化为增强市场调控能力，在新建、改建、收购加油站方面累计投入资金400多亿元，其销售网点增加到28000余座，初步建成了覆盖长城以南各省的加油站零售网络，为提高市场调控能力、改善销售结构夯实了基础。如广东石油分公司，2000年以前只有加油站651座，网点占有率仅13.6%；自2000年以来，该公司累计投入资金59.6亿元，新增加油站1430座，网点占有率提升到42.1%。

但是，中石化各销售公司大规模扩张的背后，弊病也是不容忽视的。首先，下属的地市级分公司被赋予过多管理职能，甚至县经营部作为地市公司的派出机构也在管理市场，从而造成管理层次过多、市场反应缓慢的弊病；其次，由于这些公司都是以行政区划为基础设立的，油品配送经常会出现流向冲突的不经济行为，这成为中石化销售公司运营成本居高不下的重要原因。

销售网点大幅度增加使中石化的企业利润上升，更能为中石化旗下的油田企业、炼油厂、化工厂的发展创造有利的市场条件。然而，仅仅依靠增加销售网点数量来实现销量增长的外延型发展战略，并没有从根本上提高企业的竞争力。只有从增加销售网点数量的粗放型增长方式转变为提高单位网点销售业绩的集约型增长方式，提高运营效率，降低运营成本，才能使企业从容应对入世后日益加剧的市场竞争。

根据我国入世时的承诺，2004年底开放国内成品油零售市场，2007年以前开放国内成品油批发市场；与此同时，中石油、中石化的成品油销售企业——各地石油公司也将失去国家给予的保护性优惠政策。

面对此形势，2004年3月中石化参照国际通行做法，从改革销售管理体制入手进行渠道的大变革。中心是施行专业化管理和区域公司重组；在管理层次上，将由原来的多级管理变为两级管理。

跨国石油巨头在油品营销管理上通行的做法是以成品油中心库为圆心，划定相应的配送半径，以此为基础成立基本管理单位，它的管辖地域是以油品配送成本最低为原则划定的，不受行政区划的限制。基本管理单位下设片区经理，片区经理管理临近的几个加油站，加油站设站长。这种管理模式不但可以降低运营成本，而且效率很高，可以针对随时变化的市场及时做出反应。

中石化销售渠道重组的总体思路就是按照“区域化、专业化、扁平化”的原则，以优化物流配送和强化成品油市场营销为重点，充分利用现代高科技技术，对物流、零售、直销施行专业化管理，建成“管理层次扁平、业务专业垂直、岗位权责明确、市场反应灵活”的新型经营管理体制。

在管理层次上，由原来的多级管理逐步减少为总部对区域资源配送和市场营销的两级管理；在运行模式上，实行资源配送和市场营销两条线运行。在资源配送这条线中，按照区域经济流向，建立区域配送中心，实行资源统一运作、设施统一管理、物流统一优化、配送统一组织，进一步降低成本，提高盈利空间，增强市场竞争力；在市场营销这条线中，按照专业化分工，零售实行零售管理中心——片区经理——ME——加油站的专业垂直管理，直销实行商业客户中心——客户经理——客户的专业垂直管理，加强市场营销，适应外部市场变化需要。

在实施步骤上，云南石油分公司和广东石油分公司作为先期试点单位的样板，首先进行管理体制改革，即在这两个公司内部建立省级物流中心，由它对全省范围的物流实行统一管理和运作，实现物流与商流的分离；同时选择部分地市公司进行跨区域重组，并在区域公司内按照零售中心、商业客户中心、结算中心三条线向下垂直管理到经营网点，撤销县经营部。通过此次改革，省级销售公司的管理职能得到空前强化，与之相对应的是地市级公司则更多地被赋予冲锋陷阵、开拓市场、提高销量的重任。省级公司一方面可以通过专业化业务中心强化其决策中心的地位，使公司的决策更加快速准确到位；另一方面又可以通过省级物流中心合理规划油品流向，即由省级公司物流配送中心安排向加油站、大客户的油品运输供应的调度，它以油库为中心，并制定合理的配送半径，避免造成不必要的损耗。而地市级公司各业务部门只需专注于目标市场的开拓和相应的市场管理工作，通过专业化的分工和区域公司重组，实现了责权分明、贴近市场的目的。

思考题：

1. 中石化原有的销售渠道管理体制存在什么弊端？这些弊端产生的根源是什么？
2. 中石化采取什么方式进行销售渠道的重组？达到了怎样的效果？

【导入案例 3-12】

娃哈哈：渠道的成功与困惑

杭州娃哈哈集团有限公司是目前中国最大的食品饮料生产企业，在全国 23 个省市建有 60 多家合资控股、参股公司，在全国除台湾外的所有省、自治区、直辖市均建立了销售分支机构，拥有员工近 2 万名，总资产达 66 亿元。娃哈哈公司主要从事食品饮料的开发、生产和销售，已形成年产饮料 600 万吨的生产能力及与之相配套的制罐、制瓶、制盖等辅助生产能力，主要生产含乳饮料、瓶装水、碳酸饮料、茶饮料、果汁饮料、罐头食品、医药保健品七大类 50 多个品种的产品。2003 年，公司营业收入突破 100 亿元大关，成为全球第五大饮料生产企业，仅次于可口可乐、百事可乐、吉百利、柯特 4 家跨国公司。自 1998 年以来，娃哈哈在资产规模、产量、销售收入、利润、利税等指标上一直位居中国饮料行业首位。

娃哈哈的产品并没有很高的技术含量，其市场业绩的取得和它对渠道的有效管理密不可分。娃哈哈在全国31个省市选择了1000多家能控制一方的经销商，组成了几乎覆盖中国每一个乡镇的联合销售体系，形成了强大的销售网络。娃哈哈非常注重对经销商的促销努力，公司会根据一定阶段内的市场变动、竞争对手的行为以及自身产品的配备而推出各种各样的促销政策。针对经销商的促销政策，既可以激发其积极性，又保证了各层销售商的利润，因而可以做到促进销售而不扰乱整个市场的价格体系。娃哈哈对经销商的激励采取的是返利激励和间接激励相结合的全面激励制度。娃哈哈通过帮助经销商进行销售管理，提高销售效率来激发经销商的积极性。娃哈哈各区域分公司都有专业人员指导经销商，参与具体销售工作；各分公司派人帮助经销商管理铺货、理货以及广告促销等业务。

娃哈哈的经销商分布在全国31个省市，为了对其行为实行有效控制，娃哈哈采取了保证金的形式，要求经销商先交预付款，对于按时结清货款的经销商，娃哈哈偿还保证金并支付高于银行同期存款利率的利息。娃哈哈总裁宗庆后认为："经销商先交预付款的意义是次要的，更重要的是维护一种厂商之间独特的信用关系。我们要经销商先付款再发货，但我给他利息，让他的利益不受损失，每年还返利给他们。这样，我的流动资金十分充裕，没有坏账，双方都得了利，实现了双赢。娃哈哈的联销体以资金实力、经营能力为保证，以互信互助为前提，以共同受益为目标指向，具有持久的市场渗透力和控制力，并能大大激发经销商的积极性和责任感。"

为了从价格体系上控制窜货，娃哈哈实行级差价格体系管理制度。根据区域的不同情况，制定总经销价、一批价、二批价、三批价和零售价，使每一层次、每一环节的渠道成员都取得相应的利润，保证了有序的利益分配。

同时，娃哈哈与经销商签订的合同中严格限定了销售区域，将经销商的销售活动限制在自己的市场区域范围之内。娃哈哈发往每个区域的产品都在包装上打上编号，编号和出厂日期印在一起，根本不能被撕掉或更改，借以准确监控产品去向。娃哈哈专门成立了一个反窜货机构，巡回全国严厉稽查，保护各地经销商的利益。娃哈哈的反窜货人员经常巡查各地市场，一旦发现问题马上会同企业相关部门及时解决。总裁宗庆后及各地的营销经理也时常到市场检查，一旦发现产品编号与地区不符，便严令彻底追查，按合同条款严肃处理。娃哈哈奖罚制度严明，一旦发现跨区销售行为将扣除经销商的保证金以支付违约损失，情节严重的将取消其经销资格。

娃哈哈全面激励和奖惩严明的渠道政策有效地约束了上千家经销商的销售行为，为庞大渠道网络的正常运转提供了保证。凭借其"蛛网"般的渠道网络，娃哈哈的含乳饮料、瓶装水、茶饮料销售到了全国的各个角落。2004年2月新产品"激活"诞生，3月初铺货上架，从大卖场、超市到娱乐场所、交通渠道、学校和其他的一些传统的批发零售渠道，

“激活”出现在了它能够出现的一切地方。娃哈哈将其渠道网络优势运用得淋漓尽致，确保了“激活”在迅速推出的同时尽快形成规模优势。

面对可口可乐、百事可乐和康师傅、统一的全面进攻，娃哈哈大胆创新，尝试大力开展销售终端的启动工作，从农村走入城市。总裁宗庆后认为，现在饮料企业的渠道思路主要有三种：一是可口可乐、百事可乐的直营思路，主要做终端；二是健力宝的批发市场模式；三就是娃哈哈的联销体思路。娃哈哈在品牌、资金方面不占优势，关键就要扬长避短，尽可能地发挥自己的优势，而抑制对方的长处。娃哈哈推出非常可乐，从上市之初就没有正面与可口可乐、百事可乐展开竞争，而是瞄准了中西部市场和广大农村市场，通过错位竞争，借助于强大的营销网络布局，把自己的可乐输送到中国的每一个乡村与角落地带，利用“农村包围城市”的战略在中国碳酸饮料市场占据了一席之地。

有学者将娃哈哈的成功模式归结为“三个一”即“一点，一网，一力”。一点指的是它的广告促销点，一网指的是娃哈哈精心打造的销售网，一力指的则是经营经销商的能力。“三个一”的运作流程是：先通过强力广告推新产品，以广告轰炸把市场冲开，形成销售的预期；接着通过严格的价差体系做销售网，通过明确的价差使经销商获得第一层利润；最后常年推出各种各样的促销政策，将企业的一部分利润通过日常促销与年终返利让渡给经营经销商。但这种模式也存在着问题：当广告愈来愈强调促销的时候，产品就会变成“没有文化”的功能产品，而不是像可口可乐那样成为“文化产品”，结果会造成广告与产品之间的刚性循环：广告要愈来愈精确地找到“卖点”，产品要愈来愈多地突出功能，结果必然是广告的量要愈来愈大，或者是产品的功能要出新意，才能保证销量。

思考题：

1. 娃哈哈为了实现有效的渠道网络管理采取了哪些措施？取得了什么样的效果？

2. 你认为娃哈哈现有渠道模式的主要问题在什么地方？娃哈哈应当如何完善它的渠道建设？

【导入案例 3-13】

飞利浦和 TCL 的渠道合作

飞利浦电子是世界上最大的电子公司之一，2003 年的销售额达 290 亿欧元，在医疗诊断影像和病人监护仪、彩色电视、电动剃须刀、照明以及硅系统解决方案领域世界领先。飞利浦拥有 166800 名员工，在 60 多个国家里活跃在医疗保健、时尚生活和核心技术三大领域。飞利浦早在 1920 年就进入了中国市场。从 1985 年设立第一家合资企业起，飞利浦就秉承扎根中国的长期承诺，将照明、消费电子、家庭小电器、半导体和医疗系统等五大业务全部带到了中国，将世界领先的技术、产品和服务同步带到了中国市场。目前，飞利浦已成为中国电子行业最大的投资合作伙伴之一，累计投资总额超过 34 亿美元，在中国建立了35家合资及独资企业，在全国设有60多个办事处，共有2万多名员工。2003年公司在华营业额达到75亿美元，国际采购额达到38.3亿美元。

飞利浦在中国的渠道模式经历了很长的一段辗转之路。1997年之前，飞利浦在华南市场一直是采取直接建设，掌控主流渠道，再向终端铺货的方式，年销售额始终徘徊在700万元左右。出于在国外飞利浦代理制的普及和普遍成功，从1997年底开始，飞利浦决定在华南市场实行区域总代理制。

1997—1999年，由于飞利浦充分给予代理公司优惠的代理政策，使飞利浦的代理区域的销售直线上升，销售额也连年翻倍，1999年达到2.3亿元，飞利浦"两广"市场占有率一路上升至10%。这一阶段总代理制为飞利浦取得了丰硕的业绩，应该说是一个双赢的阶段。

但随着国内彩电市场竞争加剧，整体价格大幅下滑，飞利浦的盈利开始回落。2001年，飞利浦开始酝酿渠道收复、产品升级行动，其目的就是欲以低点毛利要挟代理商，降低渠道成本，增进零售价格竞争力。

2002年，飞利浦更换代理商，由双方共同出面来管理市场，然而，作为外资企业，飞利浦的人员成本和市场管理成本居高不下，仍然无法扭转微利的局面。最终，飞利浦决定将华南7省区域渠道代理委托给TCL。2003年8月，飞利浦电子公司与TCL集团宣布，两大品牌公司将在中国5个省市的市场进行彩电销售渠道的合作。这意味着，飞利浦彩电将搭乘TCL的销售网络，进一步实现覆盖中低端的二级市场的目标。

2004年初，飞利浦设在广州的视听产品华南办事机构正式解散，飞利浦华南7省彩电销售业务彻底转交国内彩电巨头TCL公司代理。飞利浦由此前的厂商共同管理渠道变成由TCL独立进行渠道和销售管理，双方更广泛和更深入的渠道合作正在展开。

一直对飞利浦在华南渠道管理进行跟踪研究的广州终极营销顾问有限公司张德华在接受《财经时报》专访时认为：飞利浦的致命伤是速度。频繁更换渠道机制，代理商的替换速度太快，使得渠道因素引发了市场的动荡不安；另一方面，品牌、技术升级的执行速度过慢，升级速度跟不上渠道和市场的自然提升速度，造成"猛牛拉破车"的不利后果；最终，渠道执行力的短板，让飞利浦陷入了华南渠道困局。飞利浦和TCL这场联姻被广为关注的原因还在于，这是继海尔与三洋、TCL与松下、海信与住友之后，国内家电企业又一次与跨国公司达成销售渠道上的合作。对飞利浦来说，这是它经历多次渠道烦恼后的重新抉择，至于结果能否长久，仍然难下结论。毕竟双方将各自的同类产品都放在这个渠道中，TCL同时也还有与其他厂家的合作，如何解决同质化产品的同台竞争局面，恐怕也是考验双方的难题。

中国实战营销策划的著名人士刘永炬在接受《财经时报》记者专访时认为：像飞利浦这样的跨国企业在中国出现的渠道"短板"，与其对中国市场竞争环境的水土不服有关。人们总是很"迷信"跨国公司，实际上在面对中国这样一个特殊环境的市场，跨国公司也并不太会“玩”，因为他们熟悉和擅长的，是在一个已经成熟化的市场中进行运作，而中国市场并不成熟。从20世纪90年代开始直到现在，中国市场仍然是处在一种满足需求的阶段，基本上需求是不用拉动的。这个阶段的特点就是销售力要大于市场力，也就是说，渠道的作用可能会大于市场推广的作用。满足市场需求主要是依靠渠道，因此，需求越大，渠道的优势也就越大。虽然在一些大城市可能会出现某类商品的饱和，但在中国广大的中小城市和农村市场中，需求仍然旺盛。加之中国地域宽广、差异大，文化也呈区域化特点，以及消费者对需求方式的融合，这些都对跨国企业形成巨大的挑战。2003年松下的董事长在中国市场的营销策略上讲了一句话，大意是：下雨了，我们也要打伞。这说明一些跨国企业已经意识到，必须根据中国市场的特殊环境，做相应的营销策略的改变。

刘永炬还指出：站在市场的角度说，飞利浦“借用”TCL的渠道的利弊在短期内看不出来，很难说“借用渠道”是否就更容易取得市场的成功。在这种市场氛围之下，只注重渠道建设，而忽略其他，只会维持短暂的市场成功。当市场进一步成熟，消费者对品牌以及个性化产品的需求上升时，渠道的优势就会被削弱。因此，目前渠道得势的状态只是被中国消费市场长期需求旺盛的惯性所引发，未来的竞争究竟是不是“渠道为王”，还要依赖于市场的变化来决定。但过分依赖渠道将会导致生产企业在未来市场竞争中处于被动。以家电市场为例，短短数年中，渠道已经形成一股强大的独立势力。在进一步的扩张中，渠道企业把生产企业控制了，以至于某渠道企业要封杀某品牌之类的新闻时常见诸媒体。正常的市场营销无疑是生产企业考核经销商、考核渠道，而在中国的家电市场中，已经变成了渠道成员考核生产企业。家电企业在现实的无奈中，也在担心哪一天会被渠道给“玩”死。另外，一件商品的价值应该是由产品价值加上品牌价值构成的，而在渠道控制市场的情形之下，品牌价值被搁置，各厂家都在拼价格。长此以往，生产企业将失去未来发展的潜力。因此，已有不少国内生产企业开始自建渠道，比如格力的联合经销体。但如果没有实力的生产企业与渠道决裂，就意味着毁灭，历史上长虹、康佳都曾因渠道问题而产生阵痛。

思考题：

1. 飞利浦在中国的渠道模式经历了哪几个阶段？2003年之后，它与TCL采取了什么样的合作渠道？

2. 专家张德华和刘永炬的观点给你怎样的启示？你认为“借用渠道”对飞利浦来说是一个正确的选择吗？

【知识链接】

产品要经过一定的方式、方法和路线，才能进入消费者和用户手中。分销便是企业使其产品由生产地点向销售地点运动的过程。在这个过程中，企业要采取相应的策略，才能使自己的产品尽快达到消费者和用户的手中，降低交易成本，提高经济效益。

分销渠道的基本模式

一、分销渠道的含义和作用

分销渠道也称销售渠道，是指企业把产品(服务)从生产者转移到用户的有关市场中介单位组成的运行系统。这个系统的起点是企业，即生产者，终点是用户。在生产者与用户之间还包括各类经销商和代理商。需要指出的是，还有一个与渠道有关的的术语叫市场营销渠道，它和分销渠道经常不加区分地交替使用，二者的不同在于：市场营销渠道是指配合起来生产、分销和消费某一生产者的产品和服务的所有企业和个人，如供应商、生产者、各类中间商、辅助商、最终用户。但分销渠道不包括供应商和辅助商。分销渠道是企业的生命线，分销渠道是否畅通，直接关系到企业经营目标的实现。

二、分销渠道的基本模式

产品从企业出发，是直接流向用户还是要经过一定的中间层次或环节才能到达最终消费者，这是制造企业需要决策的分销渠道模式问题。分销渠道一般分为直接渠道与间接渠道。直接渠道是指产品在从生产者流向最终消费者的过程中不经过任何中间商转手的分销渠道。间接渠道是指含有一层或多层中介机构组成的分销渠道。企业到底采用哪种分销渠道模式(或类型)更适合，具体的决策可从分销渠道的长度、宽度和多重性三个方面去把握。

(一)分销渠道的长度

分销渠道的长度，是指产品从生产者到最终用户的转移过程中所经历的中间层次(或环节)的数量。即中间层次或环节的多少，反映销售渠道的长短。经过的环节、层次越多，销售渠道越长；反之，销售渠道越短。在消费者市场，企业面对的最终顾客是家庭和个人，即最终消费者。一般有以下几种长度不同的销售渠道模式可供选择。

消费者市场的分销渠道模式，如图 3－9 所示。

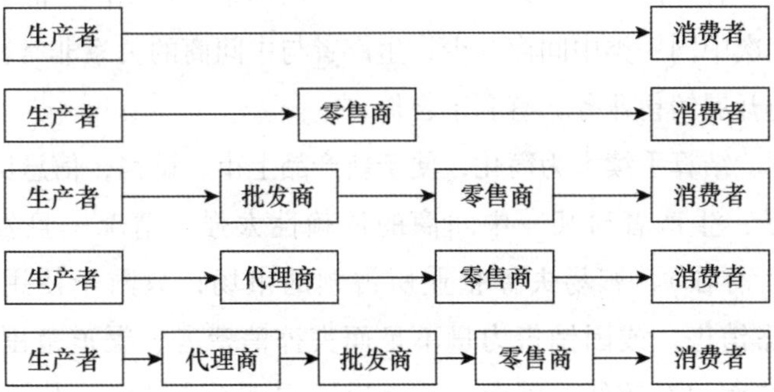

图 3－9　消费者市场分销渠道模式

①直销渠道。生产者的产品直接销给消费者，既生产企业自己派员推销，或者开展邮购、电话、电视购货等，没有中间商的参与。

②在生产者与消费者之间，有零售商的参与，也是一种比较简单的渠道。许多生产耐用消费品和选购品的生产企业大都采用这种形式。

③生产者把产品售给批发商，由批发商转卖给零售商，最后由零售商销往消费者，是消费者市场最为普遍的一种渠道。

④由代理商代为联系零售商，再由零售商购进产品卖给消费者。一般来说，代理商并不取得产品所有权，它只为买卖双方牵线搭桥，撮合成交以后按比例收取佣金。规模较小的生产者，其销售渠道常有代理商的参与。

⑤生产者经由代理商与批发商发生联系，产品再通过批发商、零售商销往消费者。我国的外贸出口中一般采用这种形式。

（二）分销渠道的宽度

分销渠道的宽度，是指组成分销渠道的每个环节或层次中，使用的相同类型的中间商的数量。同一层次或环节的中间商较多，渠道就较宽；反之，渠道就较窄。

1. 宽渠道

宽渠道是指生产企业在同一层次通过两个或两个以上的中间商来销售自己的产品，其优点如下。

①通过多家中间商，分销广泛，可以迅速地把产品推入流通领域，使消费者随时随地买到需要的产品。

②促使中间商展开竞争，使生产者有一定的选择余地，提高产品的销售效率。不足之处在于：由于每个层次的同类中间商较多，各个中间商推销某一种产品不专一，不愿意花更多的时间、精力推销某一产品；同时，生产者与各中间商之间的关系比较松散，生产者难以控制，不利于合作。

2. 窄渠道

窄渠道是指生产者在同一层次只选用一个中间商来销售自己的产品。其优点如下。

①由于每一层次中同一类中间商较少，生产者与中间商的关系非常密切，生产者可以指导和支持中间商开展销售业务，有利于合作。

②销售、运货、结算手续大为简化，便于新产品上市、试销，信息反馈迅速。

不足之处在于：生产者对某一中间商的依赖性太强，情况一旦发生变化(如中间商不想再与生产者合作)，容易失掉企业所占领的市场；只限于使用一个中间商销售容易产生垄断产品销售，或因销售力量不足而失掉消费者；渠道范围窄，不便于消费者购买，市场占有率相对较低。因此，窄渠道适应于专业性强、售后服务要求高的产品销售。

（三）分销渠道的多重性

根据目标市场的具体情况，企业还要考虑是否使用多条分销渠道销售其产品，即分销渠道的多重性问题。一般来说，企业有以下选择：

①通过两条以上的渠道，使同一产品进入两个以上的市场。比如，有的产品既可卖给其他制造商作原材料，又可卖给消费者作消费品。显然，要用不同的渠道伸入不同的市场，才能完成任务。

②通过两条以上的渠道，使同一产品进入同一市场。同一产品可以是同一品牌，也可以是不同品牌，这样可使不同渠道之间发生竞争。比如，一家企业生产的啤酒，既通过超级市场、食品商店等零售商经销，转卖给消费者，又经由饭店、餐馆，卖给消费者享用。这样，产品有更多的出口流向消费领域，利于企业实现更深的市场渗透。

中间商

中间商是介于生产者和用户之间，专门帮助企业销售产品的市场中介组织和个人，是企业分销渠道的主要组成部分。中间商主要有批发商和零售商。在决定销售渠道的长度、宽度和多重性之后，除了直接分销，企业一般都要为其设计的分销模式配置合适的中间商。

一、中间商的作用和类型

（一）批发商

1. 批发商的作用

批发是指将商品或服务售于那些为了再售或企业使用而购买的人时所涉及的所有活动。所以，除了零售给最终消费者，即为个人消费、非商业使用而购买的人为对象的销售活动外，任何企业的其他销售活动都被认为是批发活动。具体地讲，通过批发商的购买，生产者可以迅速和大量售出产品，减少库存，加速资本周转；批发商可以凭借自己的实力，帮助生产者促销产品，提供市场信息。对零售商来说，批发商可按零售的要求，组合产品的花色、规格、品种；可对厂家购进的产品进行加工、整理、分类和包装，方便零售商进货、勤进快销；利用仓储设施储存产品，保证零售商的货源，减轻其存货负担；还可为零售商提供各种支持，帮助其开展业务。

2. 批发商的类型

批发商的类型很多。按其分销的地域划分，有地方批发商、区域批发商和全国批发商；按其在流通领域的位置，可分为产地批发商、中转地批发商和销地批发商；按其业务范围，又可分为专业批发商、综合批发商等；按是否拥有对商品的所有权，又可分为经销批发商和代理批发商。

由于分类的标准不同，批发商的分类十分复杂。在西方一些国家，批发商基本上可以分为三大类：商人批发商、代理批发商和自营批发机构。

(1)商人批发商

商人批发商又称独立批发商，是指自己进货，取得商品所有权后再批发出售的商业企业，是批发商中最主要的部分。根据其职能和提供的服务是否完全，商人批发商又可进一步分为完全服务批发商和有限服务批发商。

(2)代理批发商

代理批发商和商人批发商的主要区别表现在两个方面：第一，代理批发商不拥有商品所有权；第二，代理批发商为其委托人和顾客仅提供有限服务。代理商承担的营销职能主要是谈判、提供市场信息、促销和接受订货，从中获取佣金。

(3)自营批发机构

自营批发机构也称制造商的分销机构。就是生产企业越过独立批发商，自设批发机构，将产品直接批发销售给零售商或工业用户。自营批发常见于电气设备、管道设备等行业。

生产企业自设批发机构有许多原因，其中较为常见的原因有：第一，独立批发企业无力提供顾客所要求的技术知识；第二，生产企业希望对某产品的促销和实体流通有较大程度的控制；第三，批发业务给生产企业带来了额外的盈利机会。

(二)零售商

随着我国经济发展及市场经济体制改革的不断深入和完善，借鉴发达国家的具体情况，我国零售形式一直处于更迭交替、推陈出新的蓬勃发展之中，使得零售行业成为经济领域中最富变化和最富挑战性的行业之一。

1. 零售商的作用

零售是指将商品或服务售于最终消费者，供其个人、非商业使用的过程中所涉及的一切活动。任何企业，不管是生产企业，还是批发企业或零售企业，只要是把商品卖给最终消费者个人使用，都被认为是在从事零售活动，而不管这些商品是如何出售的(通过个人、邮售、电话或自动售货机)，也不管它们是在什么地方出售的(在商店，或在消费者家里)。但是，只有那些主要从事零售活动的企业才被称为零售商。

零售商在流通领域处于最后阶段。根据服务对象的特点，零售商在业务上有小批量采购、零散供应的特点。其根本作用在于使产品直接、顺利并最终进入消费者手中。

2. 零售商的类型

零售商的类型最多。一般分为商店零售商和无店铺零售商两种。西方国家市场经济发展成熟，所以零售企业类型丰富多样，值得借鉴。最主要的有以下几种类型。

零售商类型	含　义
公司连锁	
独立商店	
自愿连锁和零售商店合作组织	
特许经营	
百货商店	
折扣商店	
超级市场	
便利商店	
专业商店	
商品目录陈列室	
批发俱乐部	

二、中间商的选择与管理

（一）中间商的选择

企业配置经销商，应依据以下条件选择。

①经销商的服务对象应与生产企业自己的目标市场相一致。

②零售商应位于顾客流量大的地段；批发商应有较好的交通运输及仓储条件。

③有经销该产品必备的知识、经验和技术，较强的售前、售中、售后服务能力。

④信誉好，形象好，及时付款。

⑤热心经销本企业的产品。

（二）中间商的管理

分销渠道由各渠道成员的结合构成。一般来说，各渠道成员都会为了共同利益而努力工作。但是，由于中间商是独立的经济实体，在处理供应商、顾客的关系时，往往偏向顾客一边，或过分强调自己的利益，并影响到其为企业分销产品的积极性。因此，企业还必须在了解中间商的需要和欲望的基础上，用行之有效的手段对其进行管理。

对中间商的管理，应根据中间商在分销渠道系统中的地位和作用不同，采取不同的管理方式和激励手段。

1. 对批发商和零售商的管理

批发商和零售商由于在商品转移过程中拥有对商品的所有权，承担的风险也比较大，因此其利益追求是很强烈的。作为生产企业必须处理好与他们的关系，对他们的管理应以激励为主，协同他们更好地实现自己的利益。具体管理形式有：

(1)合作。

(2)合伙。

(3)关系管理。

2. 对代理商的管理

目前不少企业使用代理商。在很多情况下，代理商决定着企业的生死存亡。许多企业忽视了这一问题，在发展了代理商之后，就撒手不管，怎么代理是代理商的事情，只要销出了货，就给其提成，企业只管发货、收款。这种思想带来的严重后果，是选择代理商时不谨慎，只要有人肯做就行。另一部分企业则走了另一极端，自己派人出去开专卖店，由于人生地不熟，结果成本大，收效差。因此，发展代理商是大势所趋，管好代理商是当务之急。对代理商的具体管理形式有以下几种：

①设置专门机构或指派专人进行管理。

②培训、联谊活动。

③经常听取顾客对代理商的意见。

④量化分解考核，优胜劣汰。

分销渠道的设计和管理

销售渠道的长短、宽窄以及是否使用多重渠道，要受到一系列主客观因素的制约。企业在进行渠道设计时要考虑以下问题：分销的是何种产品，面对的是何种市场，顾客购买有何特点，以及企业的资源、战略和中间商的状况等。合理地选择分销渠道，制定并实施切实可行的分销渠道策略是顺利实现产品价值的前提和关键。企业在进行分销决策时，应综合分析影响分销渠道选择的各种因素，详细了解市场营销环境，以便做出正确决策。影响企业选择分销渠道的因素很多，主要有四个方面。

一、影响分销渠道选择的因素

(一)产品因素

产品自然属性和产销特点不同，对分销渠道的要求也不同，对企业选择分销渠道有重要影响，往往是企业进行分销决策时必须首先考虑的问题。

①产品的单价。一般来说，产品单位价格越低，有可能通过长分销渠道来分销；反之，产品单价高，分销渠道则应越短。例如：一些大众化的日用商品一般都要经过一个或一个以上的批发商，再经零售商转移到消费者手中。而一些价格昂贵的珠宝或耐用消费品，则不宜由多个中间商转手。

②产品的重量、体积。较轻、较小的产品，可用较长、较宽间接渠道；笨重及大件的产品直接影响运输和储存等销售费用，应尽可能选择最短的分销渠道，甚至要组织直接运输。

③产品的时尚性。对于式样多变、时尚程度高或季节性强的产品应尽可能采用短渠

道，以免产品过时造成销售困难。

④产品的物理化学性质。有效期短、易损易腐的产品，尽量避免多次转手、反复搬运，应采用最短的分销渠道，尽快地把产品送到消费者手中。

⑤产品的标准化程度。标准化程度高、通用性强的产品，渠道可长可宽；非标准化的专用性产品，渠道宜较短较窄。

⑥产品技术的复杂程度。产品技术越复杂，对有关销售服务尤其是售后服务的要求则越高，一般多用较短渠道。而专用产品，如专用设备，特殊品种、规格的产品，顾客订制的产品一般需生产者和用户直接面议销售，不宜由中间商间接销售。

⑦是否是新产品。新产品上市，多用较短渠道。一是销售渠道尚未畅通，企业缺乏选择的自主权；二是短渠道也有利于企业强劲促销。若是已经打开销路的产品，可以考虑用较长渠道。

（二）市场因素

1. 消费者因素

消费者对销售渠道的影响主要表现在产品消费面的大小、消费习惯的偏好和消费者的地区分布。消费面大的产品分销渠道就应当“长”而“宽”。反之，产品消费范围小，则可由厂家直接供应用户。大量零星日用消费品的销售，则可不由企业直接和消费者发生交易联系，但也必须适应目标消费者的购买习惯，消费者购买习惯包括消费者的价格偏好，品牌偏好，购买场所的偏好及对服务的要求等。生活用品一般选择间接渠道，广泛销售；特殊品、高档耐用消费品宜于通过直接渠道或采取特约经销的方法销售。消费者的地区分布广，分销渠道需适当选择“长”而“宽”的，若消费者地区分布集中，就采取“短”而“窄”的渠道即可。如少数民族专用品销售只需要送到少数民族聚居地去分销。

2. 购买行为因素

①顾客每次的购买量。购买量较小，一般需要较长、较宽的渠道与之适应，故消费者市场多用此类渠道。反之，顾客一次购买批量较大，如生产者市场、社会集团市场，则可用较短也较窄的渠道。

②购买频率。顾客经常要买的产品，应用较宽的渠道；购买频率较低的产品，可用较窄的渠道。

③季节性。有明显的季节性的产品，宜用较长渠道分销，由较多层次的中间商分担储存任务。反之，可考虑较短渠道。

④选择性。顾客需求是选择性较强的产品的，多用较窄的渠道分销。

⑤品牌敏感性。顾客对品牌较为敏感，产品多用较窄的渠道。

3. 中间商因素

在设计渠道时应考虑不同中间商的状况和特点，把最合适的中间商纳入渠道之中。中间商的因素主要包括以下几点。

①合作的可能性。中间商普遍愿意合作，企业可利用的中间商较多，渠道可长可短；可宽可窄，否则，只能使用较短、较窄渠道。

②费用。利用中间商分销，要支付一定的费用。若费用较高，企业只能选择较短、较窄的渠道。

③服务。中间商能提供较多的高质量服务，企业可选择较长、较宽的渠道。如有些产品技术性较强，就需要具备相应技术能力和设备的中间商进行销售；某些产品需要进行一定的储存(如季节性产品、冷冻冷藏产品等)就需要拥有相应储存能力的中间商来进行经营。倘若中间商无法提供所需的服务，企业只有使用较短、较窄的渠道。

4. 竞争者因素

企业进行分销渠道决策时应充分考虑竞争者的渠道策略，并采取相应对策。通常企业使用与竞争者相同或类似的渠道。如在竞争对手分销渠道的附近设立销售点，以公开方式竞争，以强胜弱，这属正位渠道竞争；竞争特别激烈时，可避开竞争对手的分销渠道，在竞争对手未涉足的市场空白点另辟渠道。如当竞争对手以零售商店为主要分销渠道时，企业则可以人员推销作为自己的主要渠道，以避开锋芒；若竞争者普遍使用较短、较窄渠道分销产品时，企业一反常规使用较长、较宽渠道，则称为错位渠道竞争。一正一错，都必须以竞争者的渠道策略为转移，所以，竞争者是分销渠道决策时不可忽视的重要市场因素之一。

(三)企业自身因素

企业自身条件不同，选择的分销渠道也应有所不同，使用不同的分销渠道才能适应企业不同的资源条件，做到最有效的分销。主要考虑以下几点。

1. 财力与信誉

财力薄弱的企业，多用较长渠道，财力资源雄厚，声誉良好的企业，可以根据需要使用较短渠道或自己组织推销队伍。

2. 销售渠道的管理能力

管理能力较低的企业，多用较长渠道。有能力控制销售渠道的企业，可选择较短渠道。

3. 分销及市场经验

初入市场的企业，缺乏分销经验，多用较长渠道，需要依靠中间商来分销产品。

此外，中间商一般都希望企业能承担更多的广告、展览、培训等活动，为产品销售创造条件。如果企业的资源条件允许提供这些服务，就能增强中间商经销的兴趣和信心；反之，制造商就只能自销。

(四)环境因素

一个国家的政治、经济、自然、地理等因素是企业经营中不可控的外部环境因素，这些因素的特征与变化，会对企业的分销渠道选择产生重大的影响。

市场方面的开放程度、管理政策和措施会影响企业能否充分地利用市场，能否自由地选择分销渠道的“长”“短”“宽”“窄”。如目前有的地区仍存在市场分割、地区保护等现象，严重影响分销渠道的任意选择，而在完全市场经济条件下，企业产品出现了国内外多渠道流通的局面。因此，经济环境的变化影响分销渠道的决策，主要表现为经济增长情况、市场供求状况和金融形势等方面。如我国在长期市场供不应求的情况下，商业部门要货迫切，生产企业一般都将产品交给商业部门经销；而在市场经济条件下当出现经济萧条、衰退时，市场需求下降，企业就必须减少一些中间环节，使用较短渠道，有时只能开辟自己的销售渠道，搞直接销售。

自然环境主要表现在地理条件对分销渠道的影响。地处商业中心或交通枢纽附近的企业由于地理位置比较有利，开展直接销售的可能性较大；而处在偏远地区或交通不便地区的企业则可能因为地理条件的限制而只能采用较长的分销渠道。

二、分销渠道的设计

分销渠道的设计必须立足于长远。设计分销渠道时，一般要经过三个阶段，主要涉及渠道结构及中间商类型、中间商数量、渠道成员的权利与责任等方面的抉择。

（一）确定渠道模式

生产企业在进行分销渠道的设计时，首先要决定采取什么模式（或类型）的渠道，是直销还是通过中间商销售，即是采用直接销售渠道还是间接销售渠道。这需要从销售业绩和经济效果两个方面来考虑。这两个方面并非总是一致的，究竟以何为重，应视企业的营销战略而定，并以此为标准考察和比较渠道。如果企业决定通过中间商分销其产品，就要决定所用中间商的类型，是批发商、零售商，还是采用代理商？具体选择哪些中间商？

（二）确定中间商数量

它决定渠道的宽度。这主要取决于产品本身的特点、市场容量的大小和需求面的宽窄，决策时还要充分考虑企业目标市场的营销和分销策略。通常有以下三种策略供选择。

1. 密集型分销

密集型分销也称广泛型分销，是一种多渠道的分销策略。它是指企业尽可能通过较多符合条件的中间商销售产品，以扩大市场覆盖面或快速进入一个新市场，尽量扩大产品销售网络，使众多的消费者和用户随时随地能买到这些产品。

采取密集型分销一方面要广泛利用多种分销渠道，以增加购买的场所；另一方面还必须注意对各类中间商的经营条件进行审查，不能让不符合条件的中间商参加分销，以免影响企业声誉，而这一点往往被企业忽视。

2. 选择型分销

即在同一目标市场上，依据一定的标准选择少数中间商经销其产品，而不是允许所有有合作意向的中间商都参与经销。如家电产品需采取选择型分销策略，因为它要求中间商，特别是零售商要有足够大的店堂陈列样品，销售人员要具备一定的专业知识和良好的售后服务。选择型分销的优点是能维护企业、产品的形象和声誉，建立和巩固市场地位。

3. 独家型分销

独家型分销是指企业在一定时间、一定地区，只选择一家批发商或零售商经销其产品。通常双方订有协议，中间商不得经营其竞争者的产品，企业也不得向其他中间商供应其产品。其目的是控制市场，彼此得到对方更积极的配合，强化产品形象。如高级轿车、珠宝等一般可选择独家分销。但选择独家分销，企业和中间商之间的相互依赖性增强，往往一荣俱荣、一损俱损，这既增加了成功的可能性，也增大了经营的风险。

（三）确定分销渠道成员的条件与责任

分销渠道是否畅通，取决于企业与中间商的权利和责任是否明确，下面就价格政策、销售条件、市场区域划分、相互服务等方面作简要分析。

1. 价格政策

企业必须制定出其产品具体的价格，并有具体的价格折扣条件，如数量折扣、促销折扣、季节折扣等政策。这样可以刺激中间商努力为企业推销产品，扩大产品储备，更好地满足顾客的需求。

2. 销售条件

企业应制定出相应的付款条件，如现金折扣；对中间商的保证范围，如不合格品的退换、价格变动风险的分担等方面的保证。这样有利于中间商及早付款，加速企业的资金周转，同时可以引导中间商大量购买。

3. 销售区域权利

这是中间商比较关心的一个问题，尤其是独家分销商。因此，企业必须把各个中间商所授权的销售区域划分清楚，以便于中间商拓展自己的业务，也有利于企业对中间商业绩进行考核。

4. 各方承担的责任

通常通过制定相互服务与责任条款来明确各方责任。如企业为中间商提供哪方面的服务，承担哪方面的责任；中间商要为企业提供哪方面的服务，承担哪方面的职责。服务项目不明，责任不清，必然会影响双方的经济利益及合作关系，不利于双方的共同发展。一般情况下，相互的职责和服务内容包括供货方式、促销配合、产品运输与储存、结算方式、信息相互沟通等。例如，麦当劳向其特许经销商提供店面、促销支持、文件保管系统、培训、通用管理和技术支持等。与此对应，特许经销商必须达到有关物质设备标准，适应新的促销系统，提供所需信息及购买指定的食品原料等。

三、分销渠道管理

渠道建成后，企业还要完成一系列管理工作。一般说来，制造企业不可能像控制产品、促销那样直接控制分销渠道，因为中间商是独立经营者，他们有自身的利益和追求，有权在无利可图或不满意时撤出。客观上，制造企业和中间商之间也存在诸多矛盾，如零售商希望存货尽可能少些为好，以节约空间和减少资金占用，一旦发生断档，又要求企业提供紧急订货服务，以抓住市场机会；而频繁供货使制造企业增加了送货成本，特别是小批量的紧急送货。又如，制造商希望中间商全心全意，特别卖力地为自己推销产品，忽视或干脆拒绝经销其他企业的同类产品；中间商则希望多经销几种可供顾客选择的同类产品，而且要求制造企业为自己的产品提供广告促销。这些矛盾导致双方相互竞争，在双方的关系中争取更大的控制权。但另一方面，从根本上来说，制造商和中间商的利益又是一致的，两者都只有通过将商品顺畅地卖给使用者才能获得效益，因此又要加强渠道内部各成员之间的协调与合作。

制造企业必须安排专人负责分销渠道的管理，其主要职责有：对每个渠道成员的工作绩效进行评估；了解中间商的要求并制定加强与中间商合作的措施；调整并减少与中间商在业务上的矛盾；保证对中间商的及时供货；必要时对分销渠道做出调整等。

具体的管理程序包括以下内容。

1. 确定中间商的要求

中间商总会对生产企业抱有这样或那样的希望，满足中间商的要求，是鼓励他们与企业保持良好合作关系的重要措施。企业应主动了解中间商有哪些要求，然后决定满足中间商哪些要求并使其满意，哪些要求不能满足并说明理由。

2. 激励渠道成员，减少生产企业与中间商的矛盾

生产企业对中间商应以利益均沾、风险分担的原则，密切双方的合作关系，共同搞好营销，有必要规定一些考核和奖惩办法，对中间商的工作及时考核，经营效果好的给予奖励或优惠待遇，建立长期合作关系。

3. 定期评估渠道成员

具体包括下列内容：

①检查每位渠道成员完成的销售量和利润额及其在企业整个销量、利润中所占的比重；

②查明哪些经销商积极努力推销本企业的产品，哪些不积极，原因是什么；

③检查每位渠道成员同时经销多少种与本企业相竞争的产品，同时统计每位经销商的平均订货量；

④检查每位渠道成员为商品定价的合理程度；

⑤检查每位渠道成员为用户服务的态度和能力，以及用户对他们的满意程度。

4. 调整分销渠道

通过上述诸方面的评估，对那些贡献大，工作努力的渠道成员要给予特别关注，建立更密切的合作伙伴关系。评估鉴别出那些不胜任的渠道成员，必要时作出相应调整。总体上来说，分销渠道的调整方式有如下几种。

①增减渠道成员。即对现有销售渠道里的中间商，进行增、减变动。企业要分析增加或减少某个、某些中间商，会对产品分销、企业收益等带来什么影响，影响到什么程度。比如，企业决定在其目标市场增加一家批发商，就不仅要考虑这么做会带来的直接利益，如销量的增加；还应考虑对其他经销商的需要、成本和情绪会产生什么影响。

②增减销售渠道。如果增减渠道成员不能解决问题，企业可以考虑增减销售渠道的做法。这样做需要对可能带来的直接、间接反应及效益作广泛地分析。有时候撤销一条原有的效率不高的渠道，比开辟一条新的销售渠道难度更大。

③变动分销系统。即企业对原有的分销体系、制度，进行通盘调整。这类调整难度最大。因为它不是在原有渠道基础上的修补、完善，而是改变企业的整个分销政策。它会带来市场营销组合有关因素的一系列变动。

增减渠道成员属于结构性调整，着眼点在于增加、减少某些中间层次或具体的中间商；增减销售渠道和变动分销系统属于功能性调整，目的是将分销任务在一条或多条渠道的成员中重新分配。中间商是否需要调整，以及调整到什么程度，取决于销售渠道与分销任务是否平衡。值得注意的是，顾客购买方式的变化、市场的扩大或缩小、产品生命周期的更替、新的竞争者兴起，以及分销政策的变化，常常会对企业提出调整中间商及分销渠道的要求。

任务要求：

自己选择一个具体的营销策划产品，熟练运用渠道策略的知识，分析和设计其渠道策略。

任务评价标准：

任务要素	产品渠道模式分析	产品渠道影响因素	产品渠道设计	产品渠道管理	文案设计效果
分值(100分)	20分	20分	20分	20分	20分

子情境四：制定促销策略

【学习目标】

●**知识目标**

1. 明确促销的实质、促销的基本方式及其组合。
2. 了解广告决策的特点，掌握广告宣传的内容和策略。
3. 掌握营业推广的形式和方法。
4. 掌握企业开展公共关系的目标和主要方式。

●**技能目标**

学生能够熟练运用促销策略的知识，针对一个具体的营销策划项目(产品)，分析和设计其促销策略。

任务四：给予学生一个具体的营销策划产品，让学生熟练运用促销策略的知识，分析和设计其促销策略。

【导入案例3-14】

红牛：面对“走私进口红牛”的危机公关

红牛功能饮料源于泰国，至今已有36年的营销历史，产品销往全球50多个国家与地区，凭借着强劲的实力和信誉，“红牛”创造了非凡的业绩，成为世界销量第一的功能饮料，在全球年销量达10亿美元。1995年12月，“红牛”凭着对中国市场发展的信心和全球战略眼光来到中国，成立了中国红牛维他命饮料有限公司。中国红牛公司在全国各地建立了20多个分公司，10多个代表处和30多个办事处。红牛公司在国内拥有北京和海南两个现代化生产基地，供应全国市场。

凭借“功能饮料市场先入者”的优势地位，红牛取得了令人瞩目的销售业绩，但其在中国的发展历程也并非一帆风顺。2003年8月，海南检验检疫局在对进口红牛饮料的检验过程中，发现该批饮料没有中文标签，咖啡因含量超过我国标准，并且尚未取得我国标签审核证书。随后，国家质检总局发出通知，要求各地检验检疫局对辖区内市场上销售的进口红牛饮料进行检查。南宁一家报纸媒体对此事件进行了不准确的报道，在报道中称“进口红牛被查”。随后该消息被几家网站转载，在社会公众中产生了不小的反响。一时间，红牛饮料咖啡因含量超标的传言甚嚣尘上。

在报纸和网站的报道中，并没有指出被查的红牛属于“走私进口”的非法产品，与中国红牛饮料公司生产的产品并无关联，而且报道的主要问题集中在咖啡因超标上面。其实，国家质检总局查处“进口走私红牛”并不仅仅是因为其咖啡因超标，更重要的是因为它属于走私进口的非法产品，没有经过任何部门的检验，严重干扰了正常的市场秩序，与我国严厉打击走私的法规相违背。在我国销售的红牛饮料有进口和国产之分，其中国产红牛饮料是红牛维他命饮料有限公司在海南和北京设立的两个工厂的产品。由于新闻报道并没有将两个“红牛”加以区分，消费者对两个“红牛”的概念产生了混淆，对正品红牛的品质和安全性也发生了质疑。

其实早在媒体报道之前，红牛公司已经知道了“走私进口红牛”的存在及其危害性。根据医学专家介绍，违规进口的“红牛饮料”与酒混合饮用会引起脱水现象发生，并且损害心脏和肾功能。同时功能饮料中的咖啡因会增加心脏的负担，过量服用会产生心慌、烦躁的现象，严重时可能导致死亡。“走私进口红牛”事件缘于2003年夏天过后，在广西、云南、海南等几个边境和沿海城市，有不法分子在销售从非法渠道走私进口的红牛饮料。中国红牛饮料公司也一直在配合当地执法部门查处这些无中文标识的走私产品。但红牛公司对事件的严重性明显估计不足，它认为事件只是集中于少数几个地区，而且走私进口的红牛数量也很少，不会引起媒体的关注。因为媒体对“走私进口红牛”事件的不准确报道，红牛公司被推到了舆论的风口浪尖。它意识到自己起初对事件的严重性估计不足，必须马上实施有效手段，开展危机公关。

当“被查事件”发生后，红牛维他命饮料公司品牌策划管理部部长连续接到两个电话，询问进口红牛被查事件。根据这一线索，红牛公司马上查找信息来源，及时向总经理汇报，并与负责质检、工商、法律、条法等部门紧急沟通。弄清事情真相后当日，红牛公司召集条法部、客户服务部和品牌部等相关人员召开紧急会议，一致认为必须向公众澄清事件，并消除由此可能带来的负面影响。会议对危机处理的各项事务作了详细安排并指定相关责任人。红牛公司的迅速反应为自己争取到了时间和主动权。

红牛公司决定首先扭转媒体的舆论导向。它立即同国内刊登该新闻的一些网站取得了联系，向其说明事情真相，然后动用公关手段，促使有关网站删除所转载的不准确的新闻，代之以红牛公司法律顾问的“严正声明”，并附以红牛公司质量承诺宣言和获得国家相关认证证书的列表。红牛公司的果断举措，既防止了媒体可能存在的“恶炒”，又重新在消费者中树立了公司产品的信誉。

红牛公司起草了一份用于报纸的新闻通稿，于当晚向全国一些主要媒体以传真形式发出。同时，该公司又针对全国约50家主要媒体做了一个广告投放计划，在每家媒体上做半个版面的广告，广告于当晚连夜设计出来。广告的内容是向消费者说明和承诺红牛的品质没有问题，红牛的品牌绝对值得信任。

在与媒体联络沟通的同时，红牛公司通知全国30多个分公司和办事处，要求它们向当地的经销商逐一说明事情真相。红牛公司将自己的声明传真给每个经销商，让经销商先期有了知情权，使经销商得到尊重，并加强对中国红牛的信赖，坚定经销商的信心。与品牌策划部同时工作的还有条法部，它们主要负责同各地的质检、工商等部门沟通，以说明情况，消除影响。

红牛公司的危机公关取得了很大的收效。大量的媒体报道和沟通措施使消费者逐渐消除了误解，重新树立了对红牛品牌的信任。危机事件的发生对企业的负面影响是不可避免的，但公司该做的就是最大限度地降低危机的影响程度。红牛公司面对“走私进口红牛”危机临阵不慌，公关措施“快、准、狠”，避免了危机的进一步扩大。

思考题：

1. 当“走私进口红牛”危机事件发生时，红牛公司做出了什么样的反应？

2. 请分析一下公共关系对于企业的重要性。你认为企业应当如何协调与新闻媒体之间的关系？

【导入案例 3-15】

麦当劳的整合营销传播

麦当劳是世界上规模最大的快餐连锁集团之一，在全球的 120 多个国家有 29000 千多家餐厅。1990 年，麦当劳来到中国，在深圳开设了中国的第一家麦当劳餐厅；1992 年 4 月在北京的王府井开设了当时世界上面积最大的麦当劳餐厅，当日的交易人次超过万人。从 1992 年以来，麦当劳在中国迅速发展。1993 年 2 月广州的第一家麦当劳餐厅在广东国际大厦开业；1994 年 6 月，天津麦当劳第一家餐厅在滨江道开业；1994 年 7 月，上海第一家麦当劳餐厅在淮海路开业。数年间，麦当劳已在北京、天津、上海、重庆四个直辖市，以及广东、广西、福建、江苏、浙江、湖北、湖南、河南、河北、山东、山西、安徽、辽宁、吉林、黑龙江、四川和陕西等 17 个省区的 74 个大、中城市开设了 460 多家餐厅，在中国的餐饮业市场占有重要地位。

作为世界首屈一指的快餐连锁集团，麦当劳近年来在全球各地市场受到了多方面的挑战：市场占有上，2002 年 11 月 8 日，麦当劳宣布从 3 个国家撤出，关闭 10 个国家的 175 家门店，迅速扩张战略受阻。在中国大陆，麦当劳的门店数仅为肯德基的 3/5。品牌定位上逐渐“品牌老化”。肯德基主打成年人市场，麦当劳 50 年坚持走小孩和家庭路线，“迎合妈妈和小孩”。但近年人们的婚姻和婚育观念的改变，晚婚和单身的现象日渐平常，消费核心群体由家庭群体向 24 岁到 35 岁的单身无子群体转变，麦当劳的定位以及品牌的概念恰与此偏离。投资策略上，麦当劳在中国一直坚持自己独资开设连锁店。截至 2003 年 7 月底，麦当劳都没有采取肯德基等快餐连锁的特许经营的扩张方式。公司管理上，迅速扩张的战略隐患逐渐暴露。麦当劳最引以为豪的就是其在全球的快速而成功的扩张，在 2002

年麦当劳缩减扩张计划之前，麦当劳在全球新建分店的速度一度达到每8小时一家，而这种快速扩张也使得麦当劳对门店的管理无法及时跟进，比如一些地区正在恶化的劳资关系以及滞后的危机处理能力。在广州麦当劳消毒水事件中，店长反应迟缓，与消费者争执，损坏了企业的品牌形象。民族和文化意识上的隔阂也给麦当劳带来了麻烦。与可口可乐、万宝路一样，麦当劳与“美国”这一概念捆绑在一起，其效应就如一把双刃剑，既征服了市场，也引来了麻烦。从中东等地区掀起的抵制美国货运动，到“9·11”事件后麦当劳餐厅的爆炸事件，都说明了“美国”品牌的负面效应。现代社会，快餐食品对健康的影响逐渐为越来越多的人重视，这成为麦当劳的又一难题。2003 年 3 月 5 日的“两会”上，全国政协委员张皎建议严格限制麦当劳、肯德基的发展；世界卫生组织(WHO)也正式宣布，麦当劳、肯德基的油煎、油炸食品中含有大量致癌毒素。

在各种因素的综合作用下，2002 年 10 月麦当劳股价跌至 7 年以来的最低点，比 1998 年缩水了 70%，并在 2002 年第四季度第一次出现了亏损。为改变这种情况，2002 年初，麦当劳新的全球首席营销官拉里·莱特(Larry Light)上任，并策划了一系列整合营销传播方案，实施麦当劳品牌更新计划。

2003 年，麦当劳在新加坡等地推出了“和风饭食系列”“韩式泡菜堡”，在中国大陆推出了“板烧鸡腿汉堡”，放松标准化模式，发挥本地化策略优势，推出新产品，顺应当地消费者的需求。2003 年 8 月，麦当劳宣布，来自天津的孙蒙蒙女士成为麦当劳在内地的首个特许加盟商，打破了中国内地独资开设连锁店的惯例。2003 年 9 月 2 日，麦当劳正式启动“我就喜欢”品牌更新计划。麦当劳第一次同时在全球 100 多个国家联合起来用同一组广告、同一种信息进行品牌宣传，一改几十年不变的“迎合妈妈和小孩”的快乐形象，放弃坚持了近 50 年的“家庭”定位举措，将注意力对准 35 岁以下的年轻消费群体，围绕着“酷”“自己做主”“我行我素”等年轻人推崇的理念，把麦当劳打造成年轻化、时尚化的形象。同时，麦当劳连锁店的广告海报和员工服装的基本色都换成了时尚前卫的黑色。配合品牌广告宣传，麦当劳推出了一系列超“酷”的促销活动，比如只要对服务员大声说“我就喜欢”或“I'm Loving It”，就能获赠圆筒冰激凌，这样的活动很受年轻人的欢迎。2003 年 11 月 24 日，麦当劳与“动感地带”(M-Zone)宣布结成合作联盟，并在全国麦当劳店内同步推出了一系列“我的地盘，我就喜欢”的“通信+快餐”的协同营销活动。麦当劳还将在中国餐厅内提供 WiFi 服务，让消费者可以在麦当劳餐厅内享受时尚的无线上网乐趣。2004 年 2 月 12 日，麦当劳与姚明签约，姚明成为麦当劳全球形象代言人。姚明将在身体健康和活动性、奥林匹克计划以及“我就喜欢”营销活动和客户沟通方面发挥重要作用。2004 年 2 月 23 日，麦当劳推出“365 天给你优质惊喜，超值惊喜”活动，推出一项“超值惊喜，不过 5 元”的促销活动。在 2004 年 2 月 23 日到 8 月 24 日期间，共有近 10 款食品价格降到了 5 元以内。2004 年 02 月 27 日，麦当劳宣布，将其全球范围内的奥运会合作伙伴关系延长到 2012 年。此举一次性地将其赞助权延长至连续四届奥运会。这一为期八年的续约延续了麦当劳在餐馆和食品服务领域向2006年意大利都灵冬季奥运会、2008年中国北京奥运会、2010年加拿大温哥华冬奥会以及2012年的奥运会的独家销售权，还可以在全球营销活动中使用奥运会的五环标志，并获得对全球201个国家和地区的奥运会参赛队伍的独家赞助机会。

经过一系列的努力，麦当劳2003年11月份销售收入增长了14.9%，亚太地区的销售收入增长了16.2%。公司的股价逆市上涨，创下了16个月以来的新高。JP摩根集团2003年12月称，麦当劳在全球经营已经有了很大的改变，并将麦当劳的股票评级从“一般市场表现”调升至“超出市场表现”。

思考题：

1. 整合营销传播的含义是什么？麦当劳是通过哪些具体措施来实施其整合营销传播计划的？

2. 你在广告宣传、营业推广和公共关系方面，对麦当劳有什么建议？

【导入案例3-16】

金六福：中国人的福酒

五粮液集团有限公司的前身是宜宾五粮液酒厂，1998年经过公司制改造成为集团有限公司。它是以五粮液系列酒生产为主业，涵盖塑胶加工、模具制造、印务、药业、果酒、电子器材、运输、外贸等多元化经营的特大型企业集团。集团公司占地7平方公里，现有职工2.3万人。2003年实现销售收入121.04亿元。1999年，五粮液集团和湖南新华联集团强强联合，推出了国内著名白酒品牌——金六福。该品牌的主打产品为金六福系列和福星系列。几年来，金六福酒以整合营销传播为理念，在竞争激烈的白酒业界创造了优秀的销售业绩。

一、金六福的品牌命名

从品牌名称可以看出，金六福的品牌核心价值围绕着我国传统的民族特色——“福”。金六福三字中，“金”代表富贵和地位；“六”为六六大顺；“福”为福气多多。金六福酒质的香、醇、浓、甜、绵、净与人们向往的六福——寿、富、康、德、和、孝有机地融合在一起。这一命名既实现出品牌的“福文化”，又与中国人追求吉祥富贵的心理紧密地联系起来。尤其是在喜欢讨个“口彩”的中国人心里，金六福成为喜庆时刻的首选品牌之一。

二、金六福的产品策略

金六福在我国首创了白酒产品星级分级方式，明确了产品档次的区分标准。这是在白酒产品分级方式上的创举，并很快为市场上的其他白酒品牌所仿效。

2002年下半年，金六福“为城市干杯”系列产品推出市场。在金六福酒的根据地湖南，一种被称为“为湖南干杯”的金六福酒在市面上出现。金六福“为湖南干杯”系列产品一改白酒大品牌、大包装的传统做法，旗下六个产品品种分别体现张家界、爱晚亭、南岳、岳阳楼、岳麓书院、曾国藩等文化主题，采取了针对性的不同的包装设计；并利用文字和图案对上述代表湖南地方文化特征的要素进行了描述和表现。金六福“为湖南干杯”系列酒是根据当地口感酿制，在包装上又体现了目标消费者所熟悉的风土人物历史，具有很强的亲和力和文化底蕴，所以上市以后，很快获得了消费者的认同。随后不久，金六福“为湖北干杯”“为河南干杯”“特供江苏”“为山东干杯”等产品也相继上市。

三、金六福的宣传策略

“好日子离不开它，金六福酒”，提起金六福，恐怕很多人首先联想起的就是这个脆亮的童音广告口号。依靠“开门见福”的概念符号和具有冲击力的广告口号，金六福的名声迅速红遍大江南北。

以“中国人的福酒”为定位的金六福酒一直希望寻找到一个合适的宣传主题，最终它选择以“体育营销”为主打策略。金六福的对外宣传与一系列的体育事件联系在一起：2001—2004 年中国奥委会合作伙伴、第 28 届奥运会中国代表团唯一庆功白酒、第 21 届世界大学生运动会中国代表团唯一庆功白酒、第 14 届亚运会中国代表团唯一庆功白酒、第 19 届冬季奥运会中国代表团唯一庆功白酒、中国足球队进入 2002 年世界杯出线唯一庆功酒、世界杯出线珍藏酒及 19 届冬奥会珍藏酒等。申奥成功，国足出线，进入新世纪的中国好运连连，相应的金六福的宣传策略也出台了。2001 年 7 月 13 日，北京申奥成功。金六福作为“中国奥运唯一庆功酒”这一赞助的价值顿时放大。在庆祝申奥成功的广告片中，金六福采用了时钟这个表现时间最直接的元素，各种各样的时钟不停运动，最后都定格在 7 月 13 日这一天。创意非常地单纯和直接，表现了“永远铭记这一天”的祝贺含义。在庆祝国足世界杯出线的广告片中，金六福采用象征手法，表现了从 1957 年到 2001 年国足 44 年的努力。

金六福的副品牌叫“福星”，福星酒以“喝福星酒，运气就是这么好！”为宣传主题，与主品牌金六福“中国人的福酒”这一概念可谓一脉相承。福星的广告《井盖篇》将“运气就是这么好”的创意发挥得淋漓尽致。广告以下列几个画面展开：都市中高楼林立的街道；由里向外的主观镜头：井盖被推开；俯视：井盖空着，就像一个黑黑的陷阱；一个西服翩翩的男性白领边打手机，边从一座五星级的宾馆里走出来；画外音：OK！（脚步声）；画面：男子一边走一边继续打手机；画外音：OK！（脚步声）；画面：前面就是没有井盖的下水口了，男子仍打着手机；画外音：OK！（脚步声）；画面：对即将到来的危险一无所知，就在男子的一只脚踏向空洞洞的井口时，突然一个带着头盔的脑袋冒了上来，正好顶住了男子踏空的一只脚；画外音：OK！（脚步声）；画面：男子安然无恙地继续前行；男子和二三好友一起品尝福星酒；画外音：喝福星酒，运气就是这么好！品牌标版：金六福，中国人的福酒。

当中国足球队在2001年冲击世界杯的十强赛中胜利出线，主教练米卢一时间成了拯救中国足球的英雄，更有很多人将米卢誉为“中国足球的大福星”，米卢的人物形象和福星品牌“运气就是这么好”的定位不谋而合。终于，金六福费尽心思请来米卢拍摄他在中国的第一支广告。广告中米卢说：“喝福星酒，运气就是这么好！”这支广告的效果可想而知非常理想。

从2004年6月开始，消费者发现，金六福在中央电视台以及黄金地段的户外广告已经换上了新装：“奥运福·金六福”。伴随着雅典奥运火炬来到北京，金六福借奥运东风推出了新一轮整合营销传播。金六福通过大量的电视、路牌广告，围绕金六福一贯的“福文化”理念，使“奥运福·金六福”这一口号深入人心；同时，销售队伍的战术推广也以“奥运福·金六福”为核心，将“福文化”的理念以具体的促销手段、公关活动和消费者形成互动。

思考题：

1. 金六福采取了哪些举措，从哪些方面体现“中国人的福酒”这一形象定位？

2. 请你以“奥运福·金六福”为主题，为金六福酒设计一个广告构思，并阐述为什么提出这样的构思。

【导入案例3-17】

迪士尼乐园：给游客以欢乐

作为世界最大的传媒和娱乐巨头之一，迪士尼是一个魅力无穷的商业品牌。迪士尼在全球十大国际品牌排名第五，品牌价值超过600亿美元，它的形象涉及影视、旅游、网络、服装、玩具等众多领域。

迪士尼乐园含魔术王国、迪士尼影城和伊波科中心等若干主题公园。整个乐园拥有大量娱乐设施、32000余名员工、1400多种工作。通过主题公园的形式，迪士尼致力于提供高品质、高标准和高质量的娱乐服务。迪士尼乐园的生命力在于能否使游客欢乐。由此，给游客以欢乐成为迪士尼乐园始终如一的经营理念和服务承诺。

迪士尼乐园每年接待着数百万计慕名而来的游客。人们来到这里，仿佛到了童话般的世界，令游人流连忘返。然而，人们更为称赞的是它高品质的服务质量，清新洁净的环境，高雅欢乐的氛围以及它热情友好的员工。

迪士尼乐园的魅力在于它为顾客所创造的独特体验。

游人中的大多数来自美国和其他国家发达的大都市，人们对城市的高楼大厦和现代化的一切感到厌倦。而在迪士尼乐园里，人们则会产生一种回归大自然的满足感。如仿亚马逊河的冒险乐园令人置身于原始的大自然中，使人感到清新，忘我。那些18世纪或19世纪的欧美街景，如美国西部的板房、路边的小铺和仿煤气点燃的街灯，都会给人们罩上一种往日的色彩，使人们脱离现实，追寻回忆昔日的岁月和社会的更迭。

迪士尼乐园还拥有许多独具特色的娱乐性建筑。如天鹅宾馆棚顶的一对29吨重的天鹅雕塑，海豚旅馆栩栩如生的海豚塑像，为迪士尼的景观增添了不少特色。这两家旅馆由著名的后现代派建筑师麦考尔·格然吾斯设计，充满了创造性的富丽堂皇和诙谐生动的视觉感受，扩展了主题公园的梦幻感觉。

迪士尼乐园不仅是大人们娱乐休息的地方，更重要的也是儿童们游乐的世界。景区里不仅有各种用金鱼、火箭、大象等形状制作的游艺车，还有米老鼠童话世界的小房屋、小宫殿、小风车，这一切使孩子们产生了平时在学校里和大城市生活中难以激发的美好神奇的幻想。乐园环形火车站台的工作人员整齐的装制，一丝不苟的认真作风都给这些幼小的心灵留下无需言传的深刻印象，而这一切都将会在他们的脑海中留下美好的回忆。此外，迪士尼还时时刻刻为儿童设想周全。以喝水池为例，都是一大一小两个。垃圾筒的高度也让孩子们伸手可及。更有动听的音乐随时陪伴，还有专供小朋友们照相的卡通人物，连公园里的食品都是孩子们喜欢吃的，孩子们到了这里就如同爱丽丝漫游仙境一般。并且，乐园里专为小朋友们准备了安全的刺激性较小的游玩项目，指定必须有大人陪同参加，像旋转木马、小飞象、小人国等。

在各种游乐节目中，迪士尼都十分注意培养顾客的参与性，总是创造机会让人们发挥自己的主观能动性，让孩子们从小培养做人的能力。迪士尼认为，乐园主要是孩子们的，当然要让孩子们在这里成长。乐园里设有沿着“道路”行驶的小型汽车，这种车比国内玩具车要大得多，两个大人可以轻松入座，一个家长可以带一个孩子，由孩子驾驶汽车绕过各种复杂的转弯，进行比较漫长的“实习”。这种游戏往往是所有游艺中排队最长的，可见其颇受家长与孩子们的喜爱。

迪士尼提供周到的服务和良好的卫生环境。

在乐园大门口有旅客接待站，对带孩子的旅客可以免费提供童车和婴儿车；门口还有狗舍，狗不得入园，但可以寄养；进入大门后还有轮椅供残疾人使用。在园内许多景区也都有许多的童车、婴儿车及轮椅供人使用。

整个乐园分成：“美国主街”“梦幻世界”“未来世界”“美国河”“动物树”“冒险乐园”“米老鼠童话世界”等景区，在其中可以参加所有的游艺活动，使游人们能全身心地投入到娱乐之中，忘却疲劳与烦恼。所有的小卖部、饮食店、表演场所、街景区都设有大量的形状整洁与景观相协调、清扫方便的大容量垃圾箱。公共场所的椅、桌、窗台、玻璃等都显得干净、利落、；草地、花卉、树木修饰整齐；娱乐设施几乎都保持良好状态。

迪士尼善于营造欢乐的氛围。

迪士尼乐园不只是游乐场，更是现实的“乌托邦”。通过一系列游戏设施和表演，游客在早已预设的轨迹和效果中，与各人物一同历险。最后在迪士尼世界固有而唯一的规律下，游客所感受到的是一段既惊险，又安全，却又充满快乐的旅程，这种旅程的欢乐氛围是由员工与游客一起创造的。其中，员工起着主导作用。主导作用具体表现在对游客的服务行为上。这种行为包括微笑、眼神交流、令人愉悦的行为、特定角色的表演以及与顾客接触的每一细节。

引导游客参与是营造欢乐氛围的另一重要方式。游客们能同艺术家同台舞蹈，参与电影配音、制作小型电视片，通过计算机影像合成成为动画片中的主角，亲身参与升空、跳楼、攀登绝壁等各种绝技的拍摄制作，等等。

在迪士尼乐园中，员工们得到的不仅是一项工作，而且是一种角色。员工们身着的不是制服，而是演出服装。他们仿佛不是为顾客表演，而是在热情招待自己家庭的客人。他们根据特定角色的要求，扮演真诚友善的家庭主人或主妇。

迪士尼研究顾客，了解顾客。

迪士尼致力于研究"游客学"，了解谁是游客、他们的起初需求是什么。在这一理念指导下，迪士尼站在游客的角度，审视自身每一项经营决策。为了准确把握游客需求动态的工作，公司设立调查统计部、信访部、营销部、工程部、财务部和信息中心等部门分工合作。

调查统计部每年要开展200余项市场调查和咨询项目。

财务部根据调查中发现的问题和可供选择的方案，找出结论性意见，以确定新的预算和投资。

营销部重点研究游客们对未来娱乐项目的期望、游玩热点和兴趣转移。

信息中心存贮了大量关于游客需求和偏好的信息，具体有人口统计、当前市场策略评估、乐园引力分析、游客支付偏好、价格敏感分析和宏观经济走势等。其中，最重要的信息是游客离园时进行的"价格/价值"随机调查。正如华特·迪士尼先生所强调的：游园时光决不能虚度，游园必须物有所值，因为游客只愿为高质量的服务而付钱。

信访部每年要收到数以万计的游客来信。信访部的工作是尽快把有关信件送到责任人手中；此外，把游客意见每周汇总，及时报告管理上层，保证顾客投诉得到及时处理。

工程部的责任是设计和开发新的游玩项目，并确保园区的技术服务质量。例如：顾客等待游乐节目的排队长度、设施质量状况、维修记录、设备使用率和新型娱乐项目的安装，其核心问题是游客的安全性和效率。

现场走访是了解游客需求最重要的工作。管理上层经常到各娱乐项目点上，直接同游客和员工交谈，以期获取第一手资料，体验游客的真实需求。同时，一旦发现系统运作有误，及时加以纠正。

迪士尼致力于提高员工的素质，培养热情友好的员工。

许多游客远道慕名而来，在乐园中花费时间和金钱。迪士尼懂得：不能让游客失望，哪怕只有1次。如果游客感到欢乐，他们会再次光顾。能否吸引游客重复游玩，恰是娱乐业经营兴旺的奥秘和魅力所在。为了实现服务承诺，迪士尼公司将"给游客以欢乐"的经营理念落实到每一员工的具体工作中，对员工进行评估和奖励，凡员工工作表现欠佳者，将重新培训，或将受到纪律处罚。

为了明确岗位职责，迪士尼乐园中的每一工作岗位都有详尽的书面职务说明。工作要求明白无误、细致具体、环环紧扣、有规有循，同时强调纪律、认真和努力工作。每隔一个周期，严格进行工作考评。

公司要求32000名员工都能学会正确地与游客沟通和处事，因而制定了统一服务的处事原则，其原则的要素构成和重要顺序依次为安全、礼貌、演技、效率。公司并以此原则来考查员工们的工作表现。

同时，迪士尼还十分注重对全体服务人员的外貌管理。所有迎接顾客的公园职员（“舞台成员”）每天都穿着洁净的戏服，通过地下阶梯（“地下舞台”）进入自己的活动地点。他们从不离开自己表演的主题。对于服务员工，迪士尼乐园制定了严格的个人着装标准。职工的头发长度、首饰、化妆和其他个人修饰因素都有严格的规定，且被严格地执行。迪士尼的大量着装整洁、神采奕奕、训练有素的“舞台成员”对于创造这个梦幻王国至关重要。

此外，公司还经常对员工开展传统教育和荣誉教育，告诫员工：迪士尼数十年辉煌的历程、商誉和形象都具体体现在员工们每日对游客的服务之中。创誉难，守誉更难。员工们日常的服务工作都将起到增强或削弱迪士尼商誉的作用。公司还指出：游客掌握着服务质量优劣的最终评价权。他们常常通过事先的期望和服务后的实际体验的比较评价来确定服务质量的优劣。因此，迪士尼教育员工：一线员工所提供的服务水平必须努力超过游客的期望值，从而使迪士尼乐园真正成为创造奇迹和梦幻的乐园。同时，为了调动员工的积极性，迪士尼要求管理者勤奋、正直、积极地推进工作。在游园旺季，管理人员常常放下手中的书面文件，到餐饮部门、演出后台、游乐服务点等处加班加点。这样，加强了一线岗位，保证了游客服务质量，而管理者也得到了一线员工一份新的友谊和尊重。

当然，所有的服务运作都离不开迪士尼完善的服务系统，小至一架电话、一台计算机，大到电力系统、交通运输系统、园艺保养、中心售货商场、人力调配、技术维修系统等等，这些部门的正常运行，均是迪士尼乐园高效运行的重要保障。

思考题：

1. 迪士尼乐园是如何围绕它的经营理念和服务承诺为顾客提供服务的？
2. 你如何理解“给顾客以欢乐”的内在含义。
3. 迪士尼对其员工的管理对其外部营销有何作用？

【知识链接】

促销策略、促销组合

一、促销的概念及其作用

促销是促进销售的简称，是指企业通过一定的方式将产品、服务及信誉等信息，传递给顾客，使他们对企业的产品或服务产生兴趣或欲望，以促进、影响其购买行为的相关活动的总称。

在现代市场营销活动中，确定目标市场、开发产品、决定价格、选择销售渠道等活动仅是市场营销活动的前期。为了使消费者购买产品，还需要将产品的信息既快又广地传递给消费者。而促销的实质就是沟通信息，即通过传播实现企业与现实和潜在的顾客之间进行有关交换的信息沟通。

在现代化大生产条件下，商品种类越来越多，市场竞争越来越激烈，企业仅有优质的产品、合理的价格、适当的渠道是远远不够的，因为在商品经济的大千世界中，顾客不仅不一定会对某一企业的产品及有关情况给予关注，甚至会闻所未闻。这就要求企业必须采取各种有效的促销方法，把企业及其产品的有关信息传递给目标市场，以引起顾客的注意，激发其欲望和兴趣，引导其购买企业的产品。因此，企业除了要有良好的产品策略、价格策略、分销渠道策略外，还必须讲究促销策略。促销策略与市场营销组合的其他策略密切配合，才能使市场营销取得预期的效果，达到企业营销的理想境地。企业的促销活动，往往能改变和加强消费者的购买行为，其作用主要表现在以下几方面。

1. 沟通信息

企业的市场营销活动是以满足消费者需求为前提的，能否沟通企业同消费者之间的信息交流，是企业市场营销活动成败的关键。而促销一方面是企业把有关产品、服务等市场营销信息传递给目标市场的顾客或中间商，唤起其购买动机；另一方面是将售后产品的有关信息及时反馈给企业，以便企业根据顾客的需求进行生产。可见，实现企业与顾客的沟通非促销莫属。

2. 唤起需求

无论何种促销方式，都是以介绍产品、诱发顾客的购买欲望为出发点，最终达到唤起需求，将潜在顾客转变为现实顾客的目的。有效的促销活动不仅可以诱导需求，有时还可以创造新需求，促进产品销售，扩大企业产品的市场占有率。

3. 突出特点

在市场竞争激烈的情况下，众多的同类产品相互间有时只有细微的差别，顾客往往不易分辨，因此企业应通过促销活动宣传本企业产品的特点，及时将企业产品的独特之处展现在顾客面前，从而帮助顾客在众多同类产品中识别本企业产品的差异优势，使顾客认识到购买本企业产品会给他们带来的特殊利益，使顾客在比较利益下增加对本企业产品的购买。

4. 稳定销售

由于市场竞争日趋激烈，企业产品的销售量波动很大，通过促销活动，可使消费者增强对本企业产品的信任感，达到稳定销售的目的。

5. 塑造企业形象

企业可以利用促销活动，不断提高企业的知名度，塑造企业及其产品的形象，巩固企业的市场地位。

二、促销方式及促销组合

企业促销的方式，通常分为人员推销、广告、营业推广和公共关系四种方式。每种促销方式都有自己的特点，对刺激顾客产生购买行为，均有其优势和不足。企业既可以单独运用某种促销方式，也可以采用多种方式形成促销组合。

所谓促销组合，是指企业为促进某种产品的销售，将广告、人员推销、营业推广和公共关系这四种促销方式有机地结合起来，综合运用。企业在制定促销组合策略时，应考虑下列有关因素。

1. 产品类型

由于产品的类型、性能不同，消费者的购买心理和购买目的也不同，采取的促销组合也应不同。对于技术性强、产品结构复杂的工业品，应较多使用人员推销方式，以便就其技术性能向顾客进行说明或现场示范。对市场广泛、技术性不高的生活消费品，应以广告为最主要的促销方式。换言之，广告比较适用于价格较低、技术没那么复杂、买主多而分散的消费品市场；人员推销比较适用于价格较高、技术性强、买主少而集中的产业市场和中间商市场；营业推广和公共关系在两类产品中适用性方面差异不大。不过，各种沟通方式相互具有补充作用。

2. 促销目标

相同的促销工具在实现不同的促销目标上，其成本效益会有所不同。广告、公共关系、营业推广比人员推销在扩大知名度上效果要好。其中，广告的效果最好；在促进购买者对企业及其产品的理解方面，人员推销的效果最好，广告次之。因为，购买者对企业及其产品的信任，在很大程度上受人员推销的影响，其次才是广告。而购买者订货与否以及订货多少主要受人员推销的影响，其次受营业推广的影响。所以，制定促销组合策略时首先应考虑其促销目标要求。

3. 市场性质

目标市场不同、竞争程度不同，促销组合的要求就不同。规模小而集中的市场，可采取人员推销方式；反之市场范围较大，潜在的顾客较多的市场，应多采用广告和文字宣传；竞争激烈的市场可同时采用多种促销方式，竞争程度较低的市场可只使用某一促销方式。

4. 产品市场寿命周期

在产品寿命周期的不同阶段，企业促销的重点和目标不同，促销组合也应不同。产品导入期主要是让顾客认识了解产品，促销方式主要是介绍性广告，赠送样品等，同时辅以人员推销；成长期的促销组合以广告为主，人员推销、公共关系为辅，配合营业推广和宣传，增进顾客对本企业产品的兴趣与偏爱；成熟期为巩固市场的地位，仍以竞争性广告为主，侧重宣传产品的特点、服务质量和优惠政策，并配合公共关系和营业推广；衰退期可以营业推广为主，辅以适当的广告，以求迅速销售剩余产品，回收资金，投入新产品生产。

5. 促销预算

不同的促销方式，所需要的费用是不同的。企业在促销方式的选择上，在满足促销目标的前提下，要做到效果好而费用省。促销组合明显受到促销费用的制约，为了避免盲目性，在确定促销预算时，除了考虑销售量之外，还应该综合考虑其他影响促销的因素。

因此，企业要根据促销目标、市场竞争状况、产品特点以及促销费用的多少等因素，将各种促销方式进行搭配，形成合理的促销组合，使各种促销方式相互补充、相互促进，达到最佳的促销效果。

广告

一、广告的概念及其分类

(一)广告的概念

所谓广告，亦即“广而告之”，即向公众告知某件事情，或劝告公众遵守某一规定。从广义上解释，广告是一种向大众传递信息的手段和行为，从狭义上讲，广告是一种付费的宣传。

市场营销活动中的广告是指企业为扩大销售获得赢利，而有偿使用一定的媒体，向目标市场的广大公众传递产品、劳务或技术信息的经济活动。广告包括四个要素：(1)广告主，也称广告客户，指出资做广告的主体。包括企、事业单位、团体和个人；(2)广告商，即广告公司、广告业务的经营者，是专门从事广告代理、策划、设计、制作等业务的企业。其职员通常被称为“广告人”；(3)广告媒体，指传播广告信息的媒介物。如报纸、杂志、广播、电视、网络、橱窗、霓虹灯、路牌、礼品广告等；(4)广告受众，即广告信息的接收者，是广告诉求的目标群体，是广告营销商品和服务的需求者、购买者和消费者。

在当代复杂的市场环境下，产品的生产者和消费者很少直接见面，企业必须充分地利用有效的广告宣传，迅速准确地将产品信息传递给广大的消费者，使大量的产品能够快捷地从生产流通转入消费。因此，广告是联系生产和消费的桥梁，在社会经济生活中发挥着不可替代的作用，其主要作用可归纳为以下几方面。

1. 唤起注意，指导消费

企业通过各种媒体，向消费者介绍商品的品牌、商标、性能、作用、特点、价格、以及如何使用、保养和各项商业服务措施，从而唤起消费者的注意，帮助消费者提高对商品的认识程度，起到指导消费、服务消费的作用。

2. 加速流通，扩大销售

连续不断地广告宣传，可以激发顾客的购买欲望，促使顾客增加购买。而在新的市场开展广泛宣传，则可以开辟新的销路，同样会使产品销量增加。对于企业来说，广告最重要的功能就是加速商品流通和扩大商品销售。

3. 鼓励竞争，改善经营

企业之间通过广告宣传本企业的情况和产品的特点，既加深了相互间的了解，又增进了相互间的学习、借鉴，促使企业不断提高产品质量，改善经营管理，从而提高企业的竞争力。

4. 肯定消费者的购买决策

消费者购买产品之后还会对产品产生一定程度的怀疑，他会更多地关注此产品的广告，这就需要继续宣传，给消费者以鼓舞信心甚至自豪感，消费者会指着这个广告告诉别人，“看，这是我买过的产品”。并且可以通过消费者的满意而传递产品的信息，为企业带来新的顾客。

(二)广告的分类

了解广告的分类，有利于企业围绕其经营目标，正确地选择和使用广告媒体。广告可以按照不同的标准来分类。

①按广告的最终目的划分，可把广告分为盈利广告和非盈利广告。盈利性广告是指通过宣传推销商品或服务，从而取得利润。非盈利性广告是指具有非盈利目的并通过某一媒体而发布的广告。

②从广告的直接目的划分，可把广告划分为产品销售广告、企业形象广告、企业观念广告。产品销售广告是以销售产品为目的，从中直接获取经济利益的广告形式。企业形象广告是以建立企业信誉为目的，宣传企业的宗旨与信誉、经营与管理情况等内容，从而树立企业自身形象的广告形式。企业观念广告是通过广告把企业对某一社会问题的看法公布于众，力求唤起公众的同感，以达到影响政府制定政策或促使消费者对某种产品形成新的消费观念的目的。

③从广告的不同对象划分，可把广告划分为消费者广告、产业用户广告、商业批发广告。

④从广告诉求方式划分，可把广告划分理性诉求广告与感性诉求广告。理性诉求广告是指采取理性的说服手法，有理有据地直接论证产品的优点与长处，让顾客判断，进而购买使用。感性诉求广告是指采用感性的说服方式，向消费者诉之以情，使他们对广告产品产生好感，进而购买使用。

二、广告设计的原则

为使广告取得预期的效果，广告策划及设计人员必须遵守以下原则。

1. 真实性原则

真实是广告的生命。广告必须对消费者负责，实事求是，科学地宣传产品信息，言过其实的广告会受到消费者的抵制，实事求是的广告会给消费者留下良好印象。

2. 思想性原则

制作广告时要考虑广告的综合社会效益。企业除了要牢固树立为消费者服务的指导思想外，还要考虑广告的表现形式应能对社会文化道德及人们思想意识产生积极的影响，要有利于物质文明和精神文明的建设。广告不能粗制滥造，更不能是虚假广告，坑害广大消费者。

3. 艺术性原则

广告本身就是一门艺术，要求将真实的内容和健康的思想与完美的艺术形式结合起来，增强广告的艺术感染力。

4. 心理性原则

消费者接受广告信息，及其受广告信息影响的程度，都有一定的心理活动规律可循。设计广告时应遵循这些规律。

三、广告媒体特性及其选择

广告媒体是指传递广告信息的媒介物。随着科技的进步和人民生活水平的提高，广告媒体的种类越来越多，广告媒体主要有报纸、杂志、挂历等印刷媒体，电视、广播、互联网、电影等视听媒体，广告牌、霓虹灯、海报等视觉媒体。但使用最为广泛的仍是报纸、杂志、广播、电视这四大传媒。其特点如下表。

媒　体	优　点	缺　点
报　纸	发行量大，传播面广，信息传递及时，便于查阅，可信度高，成本低	时效性短，内容庞杂，不易引起注意，版面单调
杂　志	针对性强，有效时间长，精读率高，图文并茂，表现力强	传播时间长，宣传面较窄，对顾客选择性差
广　播	覆盖面广，传播速度快，时效性强，价格低廉	传播时间短、单调，不易记忆
电　视	覆盖面广，信息传播迅速，声情并茂，形象生动，感染力强，可信度高	传播时间较短，收费高，收视时间有一定限制

由于不同广告媒体都有其不同的广告基本功能，即传送性、吸引性和适应性，因而不同的广告有不同的优点和局限性。企业在进行选择时应考虑以下因素。

1. 产品的性质和生命周期

产品本身的性质与特点是选择广告的重要依据。此外产品生命周期的不同阶段也应选择不同的广告媒体。

2. 广告对象的接受习惯和接受能力

制作广告时要考虑到不同广告对象对媒体的偏好和接受能力。如妇女对电影、电视、流行杂志感兴趣，化妆品、服装等妇女用品就应在这类媒体上作广告；在文盲率较高的地区，就不适宜在报纸、杂志上作广告。

3. 广告内容

企业应根据将要发布的信息内容来选择广告媒体。如企业要宣布某重大销售活动的信息时，应充分利用广播、电视、报纸广为宣传。专业性的技术信息则应通过专业性杂志或邮寄来发布。

4. 媒体的覆盖范围

媒体有全国性媒体和地区性媒体之分，广告的传播范围应与产品的销售范围基本一致。此外媒体的特点，包括表现力、渗透度等也直接影响广告的效果。

5. 广告费用

广告费用是选择广告媒体的制约因素之一。不同的广告媒体，广告费用不一样。一般来说，电视、电影的广告费用高，广播、报纸次之，路牌、橱窗、招贴的广告费用更低。通常是根据广告活动的具体计划对广告所需要的费用进行预先的估算，即做广告预算定夺。

四、广告策略

广告宣传是借助现代技术和科学艺术的手段，通过刺激人们的感觉来取得预期效果的。因此，为了能让消费者留下深刻的印象，必须采用一些能引起消费者注意的广告策略。

1. 利用名人效应

人们对社会名人普遍存在仰慕和崇拜的心理，并且名人有一种公信力，所以可以利用名人来进行广告宣传。一般有两种方式，一是直接方式，即直接邀请政界要人、商界名人、体育明星、歌星、影星、名模等社会名流来进行广告宣传；二是间接方式，它是借助名人的声望来提高产品的知名度和美誉度，如宣传某名人曾经或正在使用本企业的产品。用名人做广告不一定非得是现实中存在的人物，许多虚构的艺术形象因其知名度高，也能起到名人的效应。

2. 赋予产品一种吸引人的形象

由于同类产品越来越多，同质化的倾向也越来越严重，产品在质量上难分高下，一般的消费者很难用肉眼来对他们进行区别，因而也难以对产品做出公正的评价，但是产品活生生的个性形象则是别人没有办法模仿的。因此，企业就需要为产品树立一种独特的形象，这种形象是别的产品没有宣称过的。如“农夫山泉有点甜”，当顾客看到或听到产品的名称时，该产品的内涵形象便会出现在消费者的脑海中，从而达到诱发消费者购买的目的。

3. 以新奇特色取胜

在当今广告充斥的世界里面，据调查，仅以商业广告为例，在美国，一个人平均每天会接触到1500多个广告，但人们不可能注意到所有这些广告，其中大部分会被过滤掉，只有那些有特色的广告才能引起人们的注意。引起注意主要靠外界的刺激，就是要靠广告本身的特殊刺激。一个一个的广告相比较，就看谁的广告更有特异性。所以，在广告的创作和安排上，一定要使广告具有鲜明的特色，要考虑广告画面的大小、色彩的浓淡、音响的强弱、动静的变化、新奇的程度等方面是否具有特色。

4. 利用人们的逆反心理

广告是为宣传商品而作的，广告的重点是宣传商品的优点，当人们对这种一味地大吹大擂的广告听得太多时，就会产生逆反心理。聪明的广告商抓住了人们的这种心理，“以逆反逆”，敢于公开自己商品的不足之处，这种方式往往给人耳目一新的感觉，并且会带给消费者真实可信地感觉。常用的逆反手法有如下几种。

①以长托短。这种手法是既谈优点又谈缺点，但缺点与优点相比显然是微不足道的。消费者在看到这种广告后会因为产品敢于摆出自己的不足而更加相信产品的优点，从而采取购买行动。

②以短比短。这种手法是说明了自己的短处，也说明这种短处是同类产品都没有办法避免的，但相比同类产品，自己的产品就是最好的了。

③以短揭长。这种手法的诀窍是用“短”挑起顾客的逆反心理，吸引他们的注意，看看产品到底差劲到什么程度，当他们发现“短”就是“长”，只是把产品的优点以缺点的方式表达出来而已，就会大大出乎他们的意料，产品的价值大大超出它们的期望，就会购买。而若仅仅宣传“长”，顾客就不一定会相信或满意，反而达不到很好的宣传效果。

5. 赞助公益广告

公益广告是免费做广告为社会和公众提供福利。企业做公益广告虽然不能直接宣传企业的产品，但从中增加了企业的美誉度，树立了企业良好的社会形象，能间接地促进产品的销售，最后仍然可以获利，有利于企业的长远发展。因此，公益广告从表面上看是完全为公众免费服务的，但是常常起到不是广告却胜于广告的作用。

人员推销、营业推广

营业推广又称销售促进，是企业在某一段时期内采用特殊的手段对消费者实行强烈的刺激，以促进企业销售迅速增长的一种促销方式。多用于一定时期、一定任务的短期特别推销，是人员推销、公共关系、广告等促销方式以外的能够促进消费者购买和经销商效益的各种营销活动，包括商品陈列、展览会、演出、有奖竞猜、示范表演、各种折扣以及其他推销努力。

营业推广以强烈的呈现和特殊的优惠为特征，给消费者以不同寻常的刺激，从而激起他们的购买欲望。营业推广作为一种灵活多变的促销手段，在某一特定时期、特定范围内，对于促进销售的迅速增长是十分有效的。

一、营业推广的特点

营业推广一般很少单独使用，常常与广告推销、人员推销配合使用。营业推广有自己的特点。

1. 营业推广的形式可以多种多样

即营业推广可以根据其推广目标（如消费者或用户、中间商、推销人员）的特点、心理，采取各种具有针对性的形式。

2. 营业推销的效果较显著

营业推广的宣传面广，可以采取多种多样的形式，往往对消费者或用户的需求刺激较强，常使消费者或用户立即做出购买决策。当企业的新产品进入市场时，常常运用营业推广的策略，这样做有利于企业缩短产品的投入期，迅速占领市场。

3. 营业推广没有规律，没有周期

营业推广不同于广告和人员推销，同一策略及方式不具有经常性和周期性，是为了解决一些具体问题而采取的特别促销策略，没有规律可循。

二、营业推广的对象

营业推广的对象有以下三种。

1. 直接针对消费者的营业推广

如采取赠送样品、价格折扣、奖金、抽奖、现场演示等。对消费者进行强烈刺激，使其迅速采取购买行为。

2. 直接针对中间商的营业推广

让利于中间商，鼓励中间商积极销售本企业产品，如价格折扣、折让、合作广告、提供陈列样品和陈列津贴、举办展销会、推销竞赛等。通过刺激中间商，使其大量进货、代销、加速货款回收。

3. 直接针对推销人员的营业推广

以物质利益刺激推销人员的积极性，扩大销售业绩，如按推销业绩发给奖金、举办推销竞赛，目的是鼓励推销人员积极开展推销活动，导致更大的销售量。

三、营业推广方案的制定

开展营业推广活动，需在以下方面做出适当决策。

1. 确定营业推广目标

企业应当根据目标市场的特点和整体策略来制定推广目标，对于消费者个人、中间商、企业单位等区别对待，短期目标必须与长期目标相结合。

2. 选择营业推广对象

各种营业推广手段对于不同对象的作用是有很大差异的。营业推广的对象应主要是那些“随意型”顾客和对价格敏感度高的消费者，对于已养成固定习惯的老顾客，营业推广的作用相对要小些。

3. 确定营业推广规模和水平

确定营业推广规模和水平取决于营业推广想要达到的效果，因此，必须了解各种推广手段的效率，确定刺激强度和销售量的比例关系，争取最佳的推广效果，避免规模不当造成的各种损失。

4. 制定营业推广预算

营业推广的预算可以用三种方法来制定：一是参照上期费用来决定本期预算，这种方法简便易行，但必须估计到各种情况的变化；二是比例法，是根据占总促销费用的比例来确定营业推广的费用，再将预算分配到每个推广项目，在实行中，各项目所占的比例必须根据情况灵活决定；三是总和法。这种方法和比例法相反，先确定营业推广项目的费用，再相加得总预算。

5. 选择营业推广方式

企业必须通过最佳的途径来实施营业推广，如为了扩大某种产品的销售，拟给予顾客10%的折扣。那么至少可通过包装、邮寄、广告、挂牌四种方式来传递这一信息。

6. 安排营业推广的时间

营业推广的时间安排，必须符合整体策略，与其他经营活动相协调，以免出现脱节现象。应当利用最佳的市场机会，并分配有恰当的持续时间。既要有“欲购从速”的吸引力，又要避免草率从事。

四、营业推广的方式选择

企业应根据市场类型、销售目标、竞争环境、每种推广方式的费用与效果等因素，选择适当的营业推广方式。

促销中广泛运用的营业推广方式主要有以下几种。

1. 样品赠送

企业在介绍新产品、拓展新市场时，把样品免费赠予目标市场的消费者，让其试用、试穿、试尝，可直接赠送，也可随销售其他商品时附送或凭广告上的附条领取。

2. 附赠礼品

免费赠送购买者小礼品，以刺激其购买欲望。小礼品可附于产品的包装之内，也可另外赠送。

3. 赠送优惠券

企业向目标市场的部分消费者发放一种优惠券，凭券可按实际销售价格折价购买某种商品。这种方式可刺激消费者购买品牌成熟的商品，也可用于推广新产品。

4. 交易折扣

这一方式主要是针对中间商的，包括数量折扣、现金折扣和季节折扣等。

5. 有奖销售

顾客购买某种产品达到一定数量后，便能领到奖励券，开奖后凭中奖券免费领取或低价购买另外的产品。

6. 现场示范

企业派人将自己的产品在销售现场实地介绍产品用途、性能和使用方法，使消费者能亲眼看到产品的使用效果，从而打消顾客的疑虑，促使他们接受企业的产品。

7. 产品展销

企业通过参加各种形式的交易会、展销会来促进产品的销售。

8. 竞赛与抽奖

竞赛与抽奖是指企业通过某种特定方式，以特定的奖品为诱饵，让消费者感兴趣而积极参与并期待中奖的一种营业推广活动。竞赛是一种让消费者运用和发挥自己才能以解决或完成某一特定问题的活动，要靠才能和运气，才能获胜。抽奖最流行的两种方式如下。

①直接式抽奖，即从参与者的来件中直接抽出中奖者。

②对奖式抽奖，即由厂商事先选定好数字或标志，当一组奖券送完或到指定日期后，通过媒体告知消费者，参加若符合已选定的数字或标识即中奖。

9. 协助经营

企业通过提供标志、手册、培训销售人员、举办研讨会等多种形式，协助中间商进行促销，提高推销效果。

10. 集点优惠

又称商业贴花，指顾客每购买单位商品就可以获得一张贴花，若筹集到一定数量的贴花就可以换取这种商品或奖品，目的是让顾客再次购买某种商品，或再度光顾某家商场。

11. 退费优惠

退费优惠是指企业根据顾客提供的购买某种商品的购物凭证给予一定金额的退费，以吸引顾客，促进销售。退费优惠的形式有很多种，例如，同一商品重复购买优惠，是指两次或两次以上购买同一商品时所采用的退费优惠；又如，相关性商品购买优惠，是将相关性的商品并在一起提供退费优惠，即购买了 A 商品，再去购买 B 商品时，就会获得相应的退费。

公共关系

一、企业公共关系的概念

企业公共关系简称企业公关，是现代企业的一种特殊营销方式。它是指企业为了适应环境，争取社会公众的了解、信任、支持与合作，以树立企业良好的社会形象，而采取的有计划的行动。公共关系的对象包括顾客、供应商、中间商、社区民众、新闻界、金融界、政府等企业的利益相关者，也包括企业内部职工、股东。

企业公共关系不同于其他促销方式，企业公关不仅是为了推销企业的产品，更主要的是树立企业的整体形象，通过企业良好形象的树立来改善企业的经营环境，进而提高企业的社会影响，促进产品的销售。其主要特点包括以下几点。

1. 广泛性

企业公关的对象是非常广泛的，它不像广告似的只是针对企业产品的目标市场，而是作用于企业内外的各个方面。不仅包括现实的和潜在的消费者，还包括广大的社会公众。

2. 长期性

企业公关必须长期地、有计划地开展，而不能靠一时一事、一朝一夕地突击，同时企业的知名度和信誉一旦建立，也会长久地起作用。

3. 间接性

企业公关是通过树立企业形象和信誉，使社会公众了解、信任和支持企业，从而为企业的发展创造一个良好的内外环境，以此达到促销的目的，而不是直接推销产品和服务。

二、企业公关的组成要素

企业公关是借助于现代大众传播媒体开展的一种传播活动，这种活动由企业组织、企业公众和传播这三个基本要素构成。

1. 企业组织是公关的主体

在公关中企业与环境是相互作用的。企业为社会提供满足各种需要的服务与产品，为社会做出贡献，同时，社会又回报企业，给企业带来利益。企业这些活动与人的主观能动性和主体意识的发挥有关，但又受着环境的影响和制约，而无论对内还是对外的协调平衡都离不开公共关系活动。

2. 公众是公关的客体

离开了公众，企业的公关活动就失去了对象，就无的放矢。公众是指企业的社会责任所涉及的各种社会群体和利益集团。企业要寻找现实公众、通过对其进行公关活动，达到企业预想的公关目标；同时还要善于发现潜在公众，经过企业的公关努力，使潜在公众成为购买企业产品、接受企业服务的公众。

3. 传播是公关活动的手段

企业公关是处理企业与其公众关系的活动，它在处理这种关系时使用的特殊手段就是信息传播。企业公关只有依靠各种传播媒介，及时向公众传达有关企业的各种信息，及时地收集企业公众对企业的各种意见和态度，为企业的各项经营决策活动提供准确的事实依据，才能提高企业的经济效益和社会效益。

三、企业开展公关活动的基本原则和目标

(一)企业开展公关活动的基本原则

企业开展公关活动应坚持以下几个基本原则。

1. 事实性原则

即企业开展公关活动必须坚持实事求是，不弄虚作假，要诚实可信。

2. 公众利益原则

即把公众利益放在首位，以满足公众利益的程度来衡量企业公关活动的效果。

3. 双向信息交流原则

这是保证企业公关活动得以成功的条件。公共关系是企业与公众之间的双向信息交流。企业与公众之间的关系能否巩固和持续发展，取决于双向信息交流是否及时与畅通。背离双向信息交流的原则，就不可能真正贯彻事实性原则和公众利益原则。这是因为，要真正遵循事实性原则，就必须通过双方的信息交流，发现和认识公众的利益。

(二)企业开展公关活动的目标

公共关系目标一般分为以下四类。

1. 长期目标

长期目标是涉及企业长远发展和经营战略等重大问题的目标，它比较抽象地反映了企业在公众中应具有的形象，以及能对社会起的作用，是企业的理想信条，时间一般在5年以上。

2. 近期目标

近期目标是企业围绕长期目标而制定的具体实施目标。其内容详细具体而且具有明确的指向性，对公共关系有实际的指导作用，时间一般在5年以内。

3. 一般目标

依据公众中的一类或几类公众的权力要求、意图、观念或行为的同一性制定的，它是构成企业总体形象的要素。

4. 特殊目标

针对那些与企业目标、信念、发展以及利益相同或相近的公众中特殊要求而制定的，因而特殊目标具有明显的指向性。

公共关系目标确立之后，还要分清它们的轻重缓急，按照其重要程度和实施时间先后排成目标时间表，优先排列立即实施的项目，逐渐过渡到近期目标、长远目标。

四、企业开展公关活动的方式

企业开展公关活动的主要方法有以下几种。

1. 新闻宣传

企业可通过新闻报道、人物专访、新闻发布、记事特写等形式，利用各种大众传媒进行宣传，新闻宣传不用支付费用，而且易于让人相信，它能取得比单纯使用商业性广告更为有效的宣传效果。因此，对企业出现的新情况、新事物、新动向，通过撰写新闻稿件、举行记者招待会等形式，努力引起社会公众的关注，就可以达到比广告更为有效的宣传效果。

2. 积极参与各种社会活动

企业在从事生产经济活动的同时，积极参与各种社会活动，如参与上级和社会组织的娱乐、体育活动，参加公益活动如捐赠、赞助办学、扶贫等活动。通过参与各种社会活动，在展现企业风貌的同时广交朋友，密切各方联系，以企业对社会的关心换来社会对企业的关心。

3. 举办各种庆典活动

如签字、奠基、落成、剪彩、厂庆等各种庆典活动来提高企业知名度，扩大企业影响。

4. 建设企业文化

良好的企业文化是树立企业形象的基础。因此，企业应结合实际情况，有计划、有重点地建设企业文化，提高企业职工的素质，活跃企业文化氛围，从深层次有效地进行公关活动。

5. 密切联系有关人员

经常与有关团体、机构、消费者密切联系，主动介绍企业的情况，听取他们的意见，争取他们的理解、信任与支持。

五、企业开展公关的实施步骤

企业开展公关活动作为一个完整的工作过程，应包括以下几个步骤。

1. 调查研究

调查研究是做好公关工作的基础。企业公关要把企业的决策告知公众，也要把公众的意见和要求(如企业形象、地位、环境、公众舆论调查等)反馈至企业。因此，公关部门必须收集、整理提供信息交流所必需的各种材料。

2. 确定目标

在调查分析的基础上，根据企业总目标的要求和各方面的情况，确定具体的公关目标。企业不同时期的公关目标，应综合公众对企业理解、信赖和实际状况，分别确定是以传递公众急于了解的信息，还是改变公众对企业的态度，或是以唤起需求、引发购买行为为重点。

3. 开展公关活动

公关的过程实际上就是交流信息的过程，企业要运用大众传播媒体及其他各种交流信息的方式与公众进行信息交流。有关人员要根据环境变化及一些突发事件，对原有的公关活动策划的内容、计划进行修订，协调各方关系，对计划的实施加以控制。

4. 评价结果

评估的内容包括接受、理解信息的公众数量，改变观点态度的公众数量，发生期望行为、重复行为的公众数量等。对公关活动是否实现了既定目标，从定性与定量两方面进行评价。评价的目的在于为今后公关工作提供资料和经验。

任务要求：

自己选择一个具体的营销策划产品，熟练运用促销策略的知识，分析和设计其促销策略。

任务评价标准：

任务要素	促销策略设计	营业推广	广告策划	文案设计效果
分值(100 分)	20 分	20 分	40 分	20 分

学习情境四：

开展人员推销

【学习目标】

●知识目标

1. 掌握推销的含义、重要性及作用。
2. 理解推销与营销的联系与区别。
3. 领会传统推销观念与现代推销观念的异同。
4. 掌握推销的原则。

●技能目标

1. 将推销的原则运用于日常生活中，学会尊重自己和他人，搞好人际关系；
2. 在提高内在修养的同时，改善个人形象，提升个人魅力，学会自我推销；
3. 增强心理承受能力，注重个人品德，养成良好的行为习惯。

任务一：通过简短的介绍语言巧妙地让人记住自己的名字、性格、特长等，给人留下良好的第一印象。

【导入案例 4-1】

把斧子推销给总统

2001 年 5 月 20 日，美国一位名叫乔治·赫伯特的推销员，成功地把一把斧子推销给了小布什总统。布鲁金斯学会得知这一消息，把刻有“最伟大推销员”的一只金靴子赠予了他。

这是自 1975 年以来，该学会的一名学员成功地把一台微型录音机卖给尼克松后，又一学员登上如此高的门槛。布鲁金斯学会创建于 1927 年，以培养世界上最杰出的推销员著称于世。它有一个传统，在每期学员毕业时，设计一道最能体现推销员能力的实习题，让学生去完成。

克林顿当政期间，他们出了这么一个题目：请把一条三角裤推销给现任总统。八年间，有无数个学员为此绞尽脑汁，可是，最后都无功而返。克林顿谢任后，布鲁金斯学会把题目换成：请把一把斧子推销给小布什总统。

鉴于前八年的失败与教训，许多学员知难而退，个别学员甚至认为，这道毕业实习题会和克林顿当政期间一样毫无结果，因为现在的总统什么都不缺少，再说即使缺少，也用不着他们亲自购买；再退一步说，即使他们亲自购买，也不一定正赶上你去推销的时候。

然而，乔治·赫伯特却做到了，并且没有花多少工夫。一位记者在采访他的时候，他是这样说的：“我认为，把一把斧子推销给小布什总统是完全可能的，因为布什总统在得克萨斯州有一农场，里面长着许多树。于是我给他写了一封信，说：‘有一次，我有幸参观您的农场，发现里面长着许多矢菊树，有些已经死掉，木质已变得松软。

我想，您一定需要一把小斧头，但是从您现在的体质来看，这种小斧头显然太轻，因此您仍然需要一把不甚锋利的老斧头。现在我这儿正好有一把这样的斧头，它是我祖父留给我的，很适合砍伐枯树。假若您有兴趣的话，请按这封信所留的信箱，给予回复……'最后他就给我汇来了 15 美元。"

乔治·赫伯特成功后，布鲁金斯学会在表彰他的时候说，金靴子奖已空置了 26 年，26 年间，布鲁金斯学会培养了数以万计的百万富翁，这只金靴子之所以没有授予他们，是因为该学会一直想寻找这么一个人，这个人不因有人说某一目标不能实现而放弃，不因某件事情难以办到而失去自信。

"250 定律"

乔·吉拉德被公认为世界上最伟大的推销员之一，他连续 12 年荣登吉尼斯记录大全"全球销售第一"的宝座，他"连续 12 年平均每天销售 6 辆车"的汽车销售纪录至今无人能破。乔也是全球最受欢迎的演讲大师，曾为众多"世界 500 强"企业精英传授他的经验，全球数百万人被其演讲所感动，为其事迹所激励。

乔·吉拉德总结出"250 定律"，即在每位顾客的背后，都大约站着 250 个人，这是与他关系比较亲近的人：同事、邻居、亲戚、朋友。如果一个推销员在年初的一个星期里见到 50 个人，其中只要有两个顾客对他的态度感到不愉快，到了年底，由于连锁影响就可能有 5000 个人不愿意和这个推销员打交道，他们知道一件事：不要跟这位推销员做生意。这就是乔·吉拉德的 250 定律。由此，乔得出结论：在任何情况下，都不要得罪哪怕是一个顾客。

【导入案例 4-2】

乔·吉拉德的经验之谈

下面是记者对乔·吉拉德的采访。

问：对于一个推销员来说，如何让客户去接受您的产品呢？

乔：一个出色的销售人员应该学会观察客户、了解客户，明白他脑袋里想要的东西。当客户走进来的时候，你观察他的眼睛、嘴唇；和他握手时，你要感觉自己的身体在和他对话。有一次，一个人来我的办公室，我注视他的眼睛，他的嘴唇。他的眼神很紧张，嘴唇紧闭，充满着紧张与恐惧，害怕得直打哆嗦。我看着他的眼睛和嘴唇问他："先生，我能为您做些什么？"当我问话的时候，他的嘴唇开始张开，眼角的恐惧也渐渐消失。

另外，你要学会倾听，当客户说话的时候，你要全神贯注地倾听。看着对方的脸，听他的声音，了解他话语里所包含的意思。你越善于倾听，说话的人越信任你。但是太多的人往往只顾着说。

请记住，嘴巴只善于做一件事情，那就是吃饭。出色的销售人员应该学会闭嘴。闭嘴，让别人说，别人就会开始喜欢你。

思考题：

1. 你认为乔的推销观念是传统观念还是现代观念？

2. 你能总结出这段话中反映的推销大师的哪些推销观念？

【导入案例 4-3】

乔·吉拉德的一次推销过程

有一次一位中年妇女走进乔·吉拉德的展销厅，说她想在这儿看着车打发一会儿时间。闲谈中，她告诉乔她想买一辆白色的福特车，就像她表姐开的那辆，但对面福特车行的推销员让她过一个小时后再去，所以她就来这儿看看。她还说这是她送给自己的生日礼物："今天是我55岁生日。"

"生日快乐！夫人。"乔一边说，一边请她进来随便看看，接着出去交代了一下，然后回来对她说："夫人，您喜欢白色车，既然您现在有时间，我给您介绍一下我们的双门式轿车——也是白色的。"

正谈着，女秘书走了进来，递给乔一打玫瑰花。乔把花送给那位妇女："祝您长寿！尊敬的夫人。"

显然她很受感动，眼眶都湿了，"已经很久没人给我送礼物了。"她说，"刚才那位福特推销员一定是看我开了部旧车，以为我买不起新车，我刚要看车他却说要去收一笔款，于是我就上这儿来等他。其实我只是想要一辆白色车而已，只不过表姐的车是福特，所以我也想买福特。现在想想，不买福特也一样。"

最后她在乔那儿买了一辆雪佛莱，并开了一张全额支票，其实从头到尾乔的言语中都没有劝她放弃福特而买雪佛莱的词句。只是因为她在这里感到受了重视，于是放弃了原来的打算，转而选择了乔的产品。

思考题：

1. 结合这个事例谈谈你对现代推销观念的认识。

2. 从这个故事中体现出乔的什么样的个人素质？

【知识链接】

推销的历史十分悠久，它是商品经济的必然产物。推销伴随着商品经济的产生而产生，并伴随着商品经济的发展而发展。尽管广告等营销手段在商品销售中所起的作用越来越大，但仍然不能取代与顾客进行面对面沟通的人员推销工作。当推销的外延被放大之后，"人人都是推销员"的说法更加体现出在现代社会中，推销中的很多观念已经被广泛地用于推销之外的领域，比如外交、教育甚至艺术领域。所以政治家推销执政纲领、科学家推销研究成果、哲学家推销智慧的思想、艺术家推销精湛的作品这样的说法，可见推销在社会生活中扮演着重要的角色。

推销的概念

一、什么是推销

推销是指销售人员运用适当的方法把产品或服务介绍给顾客，说服其购买或接受，从而最终实现销售的一项工作。对生产者或中间商而言，为了实现产品(商品)或服务的价值，需要开展卓有成效的推销工作。推销工作包括很多内容，人员推销的重点在于，代表企业或公司形象的人员必须直接面对顾客，了解顾客的愿望和要求，介绍产品或服务的信息，处理顾客意见，与顾客洽谈，说服顾客并达成交易。

广义推销是指任何人运用个人的影响力让他人接受自己的思想、观念、情感、想法、愿望和企图，从而满足个人需要或双方需要的行为。个人影响力的实现就是推销的实现。通过这样的推销，个人能实现自己的愿望，达成个人的目的。有效沟通对个人影响力的实现起着很重要的作用。因此，推销并非是一种单向的说服工作，而是一种双向的沟通工作。在这里，我们主要研究狭义的推销，即企业为销售自己的产品或服务——推销客体，派出推销人员与推销对象(顾客)面对面地沟通，运用各种推销技术和手段，说服推销对象接受推销客体(推销品)的活动过程。可以看出，推销活动包括三个要素，即推销人员、推销对象和推销客体，其中推销人员和推销对象是推销活动的主体。

二、推销的范围

推销以推销人员当面拜访、直接沟通和说服为其特征，以满足顾客需求、实现企业销售任务为其目标。推销现象在商品经济和市场行为中可以说无处不在，无时不有。因此，推销所涉及的范围是十分广泛的。

推销人员的职业主要有如下几种：

①生产性企业的推销员；

②批发性企业的供货员；

③零售性企业的售货员；

④进出口企业的外贸人员；

⑤各类贸易公司的业务员；

⑥房地产开发公司的售楼业务员；

⑦保险公司的保险业务推销员；

⑧银行、信托、金融财务、期货公司的经纪人和业务员；

⑨交通、邮政、运输等服务行业的业务员；

⑩宾馆、饭店、游乐场所等旅游娱乐业的业务员、导游员和服务员。以上这些职业均

可称为推销人员。

除了以上列出的明显以面谈为特征的职业为推销员的范围外，从更广泛的意义上说，各种行业的管理人员均有推销人员的特征。事实上，现代企业的推销越来越显示出一种集体活动的性质，需要各方面人员与推销人员的配合，其中包括以下几种类型：

①企业的领导人。他们在交易过程中起着重要作用，特别是在大额交易中尤为重要；

②工程技术人员。他们在交易中配合推销员，向顾客提供有关技术情报；

③产品服务人员。他们向顾客提供安装维修和其他售后服务；

④其他办事人员。其中包括财务会计人员、合同管理人员、仓库管理人员、货物运输人员等。

三、推销与营销的关系

（一）推销是营销的一项重要内容

推销是一种有着悠久历史的职业，在商品经济的发展中发挥着重要作用。但随着社会经济的发展和企业管理水平的提高，销售产品不仅仅通过推销来进行。产品策略、价格策略、渠道策略和促销策略等新型营销工具被广泛地运用，推销成为营销工具中的一项内容。在美国营销学家麦卡锡的4ps策略组合理论中，促销包括人员推销和非人员推销，因此，人员推销是促销的一种主要方式。

（二）做好营销工作是进行推销的基础

美国管理学权威彼得·杜拉克(Peter Drucker)说过：“市场营销的目标就是使推销成为多余。”在做好了营销工作的基础上，推销工作做起来就会更容易。一个深入人心的品牌能减少推销人员对产品的介绍，合理的价格策略也能让成交变得容易。

（三）营销的发展推动推销观念的发展

随着市场营销理论的发展，作为促销策略的重要组成部分，人员推销也从传统的推销观念向现代推销观念发展。对推销人员的素质要求也在不断提高。在进行人员推销的过程中更加注重营销的整体性，体现营销的特点，即不再以说服顾客购买为推销目的，而更强调满足顾客的需要。

推销的特点与作用

一、推销活动的特点

（一）说服性

说服是推销的重要手段，也是推销工作的核心。在推销过程的各个阶段，如寻找顾客、接近顾客、约见顾客、推销面谈、处理异议、推销成交等，每一个阶段都必须靠说服顾客，才能使顾客接受推销人员的推销主张，进而接受推销品。所以有人说，推销就是说服顾客购买商品的活动。

(二)灵活性

推销人员在与顾客的交往中，为便于双方建立感情，推销人员可随时灵活地处理顾客遇到的问题，解答顾客的疑问，化解顾客的不满，协商解决有争议的问题，促成交易的达成。推销人员作为企业的代表，除完成推销任务外，还可以从事其他工作，如安装、维修、指导、顾客调查等。

(三)针对性

从推销活动的过程来看，无论推销过程的哪个环节，都是针对特定的顾客而言的，任何一次推销活动都有一定的针对性。为了达到推销目的，必须针对不同顾客的特点、推销品的特点和环境特点来开展，以有的放矢地灵活运用不同的推销技巧和策略，才能保证推销活动取得良好的效果。

(四)双重目的性

推销是一种互惠互利的活动，必须达到推销主体双方的目的才可能达成交易。也就是说，一方面要达到推销人员的目的，把商品卖出去，实现利润；另一方面，是要实现顾客的目的，买到能为自己解决问题的商品，满足自己的各种需要。因此，在推销活动中，推销人员既要考虑自己的目的，也要考虑顾客的目的，才能实现成功推销。

(五)及时性

由于推销是推销人员与顾客面对面地进行，所以推销人员在推销过程中，可以对顾客的购买动机、购买欲望和促成交易的时机进行把握，一旦顾客流露出购买愿望，推销人员可及时抓住机会，促成买卖行为发生。

(六)完整性

推销人员承担了整个销售过程中的工作，从选择准顾客、接近与拜访准顾客、介绍说明、洽谈磋商，一直到最后的交易达成，甚至还提供售前的咨询、售中的合同履行和售后的培训、维修及提供零配件等服务，所以推销人员的推销过程是最完整的。

(七)高成本性

有不少人认为企业广告推销的成本最大。实际上，人员推销的成本要比其他促销方式的成本高得多。其成本包括推销人员的招聘、培训费用，推销时的差旅费、公关交际开销，以及工资、奖金、福利和其他待遇等开销。尤其是在市场广阔、目标顾客分散、市场竞争激烈的情况下，人员推销的成本会更高。

(八)难管理性

推销人员的管理是当前企业最难管理的内容之一。其管理牵涉到推销人员招聘、面试、培训、考核、激励、晋升等诸多方面，尤其是如何在竞争对手如林的行业中留住那些懂业务、懂行情、能独当一面、完成特定推销任务的人才，是十分困难的。

（九）艺术性

由于推销工作必须与顾客面对面进行沟通，引发顾客的购买欲望，谈判和成交，其中每一个环节都需要发挥推销人员的创造性，需要随机应变，在遵守原则的前提下灵活处理，所以从一定程度上说，推销是一门艺术。

二、推销的作用

推销是现代企业开拓市场不可缺少的一个重要手段，工业发达国家的许多企业明确指出，“没有推销员就没有企业”，“优秀的推销员是企业的生命线”，可见推销工作的重要性。

（一）推销对社会的作用

推销工作通过促进商品的交流，从而促进社会经济的发展，满足人们日益增长的物质文化需要。从历史上看，古代商人们的推销行为，曾带来了东西方文化的交流和繁荣，推动了人类历史的进程，比如著名的丝绸之路就曾经是联系东西方的桥梁。进入现代社会，代表着不同国家的文化、不同企业形象的推销人员在人与人之间，国家与国家之间，企业与企业之间进行沟通，加强了社会联系的纽带，传递着超出商品之外的信息和文化。

推销是实现社会再生产目的的主要形式。社会生产的主要目的在于向人们提供有形与无形的产品，满足人们日益增长的物质文化需要。推销人员一方面可以通过对人们需求的了解和分析，引导企业生产人们需要的产品；另一方面可以通过推销活动把产品推销给需要者，满足需求，从而，使社会再生产的目的得以实现。此外，推销活动为社会提供了大量就业机会。在我国，随着市场经济的发展，推销日益受到各类企业的重视。从事各类推销工作的人员正在急剧增长，但无论是质量还是数量，都不能适应市场经济的要求。估计推销行业今后若干年仍然是就业机会增长最快的行业之一。据有关资料统计，仅在证券业、保险业、房地产业从事推销工作的人员就达 100 万人之多，每 17 个就业者中就有一个是推销人员。最后，通过推销可以促进消费增长，从而推动经济增长。

（二）推销对企业的作用

据有关部门对 680 家经营效果良好的企业进行的调查表明：人员推销对工业用品、耐用消费品、非耐用消费品的生产企业都是最重要的促销方式。推销对企业的基本作用包括以下几方面：

①实现商品的价值，使企业获得生存与发展所必须的经营收入；

②促进企业生产适销对路的产品，增强企业产品的竞争能力；

③避免产品积压，缩短货币回笼时间，提高企业的经济效益；

④传播企业文化，使企业营销战略最终得以实现。

（三）推销对个人的作用

推销工作能磨练人的意志、提升个人素质，通过推销商品和自我推销，能更好地实现个人的意志和愿望。推销需要人才，同时推销也造就人才。因为推销是一种具有挑战性、创造性和刺激性的工作，能培养推销人员超人的意志和胆识；推销人员经过推销活动的磨砺，和各种各样的人打交道，处理各种各样的突发事件，必然会心胸豁达，具有敏锐的分析问题、判断问题和解决问题的能力，提升应变能力，积累越来越多的人脉，逐渐形成良好的性格、处世态度及待人接物的风范、礼仪等，推销是一种大有可为的工作，可以使人施展抱负，实现自身价值。

推销观念

推销观念是推销人员开展推销工作的指导思想和哲学理念，取决于企业和推销人员对推销工作的认识。有什么样的推销观念，就有什么样的推销手段和方式。

一、传统推销观念

是指以“推”为导向的产品销售观念，其重点是通过推销人员的说服工作，把产品卖给顾客。在进行推销时基本不考虑顾客的真正需要，主要靠推销人员的讲解、对产品的展示、热情服务等来说服或打动顾客购买产品。其基本特点如下：

①产品销售主要靠推销进行；

②推销的唯一目的是出售产品，为企业或个人创造利润；

③推销的主要方法是说服和展示，重点在于介绍产品的优点；

④推销员个人行为在销售中起着至关重要的作用；

⑤推销注重技巧，不惜利用顾客的心理弱点，容易陷入“推销术”的误区；

⑥“诚信”是推销的一种手段，目的在于实现更多销售，企业往往只看重推销的业绩，而不把诚信作为对推销工作的要求。

二、现代推销观念

现代推销观念是一种以满足顾客需要为中心的观念。在长期的销售实践中，企业意识到单靠推销人员的说服工作来销售产品的做法已经无法适应新的经济形势的需要，与此同时，在西方发达国家也涌现出一批优秀的管理学家、营销学家，提出了市场营销的理论。企业把销售的重点放在市场研究、推销战略等方面，广告、营业推广、公共关系、关系营销等手段成为企业销售工作的重点，人员推销成为企业整体营销工作的一部分。其基本特点如下。

①产品销售不仅仅依赖产品质量和高压式的推销，同时企业营销战略对销售也起着重

要的作用；

②推销的目的是满足顾客需要，追求双赢的效果；

③推销的主要方法是与顾客沟通，倾听顾客的需要，重点在于为顾客提供令人满意的服务；

④企业文化对推销人员的个人素质起着很深的影响作用，推销人员在推销活动中更多地传达着企业的文化；

⑤爱心、诚信等不再是一种销售手段而是对推销人员的素质要求，对业绩的考核更加注重服务的质量。

三、传统推销观念与现代推销观念的关系

传统推销观念是现代推销观念的基础，现代推销观念根植于传统观念之上。传统观念既有值得发扬的很多理念，同时也必须看到其局限性和存在的问题。比如，传统观念中对顾客的说服和对产品的展示在现代推销观念中仍然存在，但强行推销、倾力推销逐渐会被温和式的柔性推销所代替。在现代推销观念的指导下，推销人员个人素质会有更大提高。

传统推销观念与现代推销观念的比较，如表4－1所示。

表4－1　　传统推销观念与现代推销观念的比较

关键点 \ 观念	传统推销观念	现代推销观念
目　的	出售产品，创造利润	满足顾客需要
效　果	企业或个人获益	双赢
模　式	高压式、劝说式	温和式、沟通式
重　点	介绍产品的优点	倾听顾客的要求
主要方法	说服、展示	询问、倾听、展示
研究工作侧重	产品、销售辞令	消费者需要层次、背景

任务要求：

通过简短的介绍语言，巧妙地让人记住自己的名字、性格、特长等，给人留下良好的第一印象。

任务评价标准：

任务要素	语言表达	信息丰富	形象得体	同学评价
分值(100分)	25分	25分	25分	25分

参考文献

[1] 郑毅．零售管理[M]．北京：科学出版社，2005.
[2] 董丛文，易加斌．营销策划原理与实务[M]．北京：科学出版社，2008.
[3] 纪宝成．市场营销学教程[M]．北京：中国人民大学出版社，2008.
[4] 吴健安．现代推销理论与技巧[M]．北京：高等教育出版社，2008.
[5] 陈启杰．市场调研与预测[M]．上海：上海财经大学出版社，2008.
[6] 江林．消费者行为学[M]．北京：首都经济贸易大学出版社，2009.
[7] 中国营销传播网：http://www.emkt.com.cn
[8] 中国营销网：http://www.chinam.net.com
[9] 3SEE：http://www.mall.3see.com
[10] 网络营销论坛：http://www.webpromote.com.cn
[11] 高职高专市场营销国家精品课程网站：http://jpkc.zjbti.net.cn/scyxx
[12] 高职高专市场营销国家精品课程网站：http://jpkc.zbvc.cn/scyx/shouye.htm
[13] 高职高专市场营销国家精品课程网站：http://218.108.81.184/yxwz1/newchjp/in dex.asp
[14] 李海琼．市场营销理论与实务[M]．北京：清华大学出版社，2008.
[15] 陈永顺．市场营销学[M]．北京：中国纺织出版社，2008.
[16] 赵有生，李鹰．市场营销学[M]．北京：经济科学出版社，2009.
[17] 陈科鹤．现代市场营销学[M]．重庆：重庆大学出版社，2009.
[18] 吕朝辉．市场营销学[M]．北京：化学工业出版社，2008.
[19] 周永刚．市场营销[M]．长沙：湖南师范大学出版社，2014.